QUELLEN UND DARSTELLUNGEN ZUR HANSISCHEN GESCHICHTE

HERAUSGEGEBEN
VOM
HANSISCHEN GESCHICHTSVEREIN

NEUE FOLGE / BAND XXXVII

1991

BÖHLAU VERLAG KÖLN WIEN

KREDIT

IM SPÄTMITTELALTERLICHEN UND FRÜHNEUZEITLICHEN EUROPA

HERAUSGEGEBEN
VON
MICHAEL NORTH

1991
BÖHLAU VERLAG KÖLN WIEN

Die Deutsche Bibliothek – CIP Einheitsaufnahme

Kredit im spätmittelalterlichen und frühneuzeitlichen Europa
hrsg. von Michael North. – Köln ; Wien : Böhlau, 1991
(Quellen und Darstellungen zur hansischen Geschichte ; N.F., Bd. 37)
ISBN 3-412-06990-6
NE: North, Michael [Hrsg.]; GT

Satz: Setzerei Robert Hurler GmbH, 7311 Notzingen
Druck und buchbinderische Verarbeitung: Strauss Offsetdruck GmbH, 6945 Hirschberg 2
Printed in Germany

ISBN 3-412-06990-6

INHALT

VORWORT

Der vorliegende Band umfaßt die Vorträge des Zweiten Salzau-Kolloquiums. Dieses Kolloquium fand auf Einladung der Ministerin für Bildung, Wissenschaft, Jugend und Kultur des Landes Schleswig-Holstein und der Christian-Albrechts-Universität zu Kiel am 23. und 24. April 1990 im Herrenhaus Salzau statt und behandelte das Thema „Kredit in Spätmittelalter und Früher Neuzeit".

Für die großzügige Unterstützung der Tagung und des Vortragsbandes danke ich vor allem der Ministerin für Bildung, Wissenschaft, Jugend und Kultur sowie der Christian-Albrechts-Universität. Darüber hinaus spreche ich der Landeszentralbank Schleswig-Holstein, dem Sparkassen- und Giroverband für Schleswig-Holstein, der Sparkasse zu Lübeck, der Numismatischen Kommission der Länder in der Bundesrepublik Deutschland sowie der Münzhandlung H. G. Oldenburg meinen Dank aus, da sie mit ihren Spenden das schnelle Erscheinen der Publikation ermöglichten. Nicht zuletzt danke ich dem Vorstand des Hansischen Geschichtsvereins dafür, daß er den vorliegenden Sammelband in die Reihe der Quellen und Darstellungen zur Hansischen Geschichte aufgenommen hat.

Kiel, im Mai 1991 — Michael North

EINLEITUNG

Unter den Hansehistorikern war die „Kreditfeindlichkeit" der Hanse lange Zeit *communis opinio*. Aus den Kredit- und Borgkaufverboten der Hansetage schloß man auf eine allgemein kreditfeindliche Politik der Hanse. Im letzten Jahrzehnt entstand aber durch neue Untersuchungen, die auch die Maßnahmen der Hansetage in einem neuen Licht interpretierten, ein differenzierteres Bild von der Rolle des Kredits in der hansischen Wirtschaft[1]. Anstelle der generellen Rückständigkeit des hansischen Kreditwesens wurde ein West-Ost-Gefälle herausgearbeitet, das sich deutlich bei Gebrauch und Verwendung von Kreditinstrumenten und -innovationen abzeichnete. Die Bedeutung, die der Kredit in den verschiedenen hansischen Quartieren einerseits und in der europäischen Kreditgeschichte andererseits einnahm, ist allein im europäischen Vergleich zu ermessen. Dabei kann die europäische Kreditgeschichte unter verschiedenen – geographischen, technischen, ökonomischen, sozialen, juristischen – Aspekten untersucht werden.

Im Zweiten Salzau-Kolloquium und damit auch für den vorliegenden Band wurde eine geographische Strukturierung gewählt, innerhalb der vor allem die technischen und ökonomischen Gesichtspunkte des Kredits zu behandeln waren. Im Mittelpunkt der Diskussion stehen die Kreditentwicklung in den verschiedenen europäischen Ländern, die Kreditinstrumente und die Innovationen auf diesem Gebiet sowie die Rolle des

---

[1] S. Jenks, War die Hanse kreditfeindlich? VSWG 69 (1982), S. 305–337; Ders., Hartgeld und Wechsel im hansisch-englischen Handel des 15. Jahrhunderts, M. North (Hg.), Geldumlauf, Währungssysteme und Zahlungsverkehr in Nordwesteuropa 1300–1800 (Quellen und Darstellungen zur Hansischen Geschichte 35), Köln–Wien 1989, S. 127–166. Allgemein dazu schon früher R. Sprandel, Das mittelalterliche Zahlungssystem nach hansisch-nordischen Quellen des 13.–15. Jahrhunderts (Monographien zur Geschichte des Mittelalters 10), Stuttgart 1975.

Kredits in den einzelnen Sektoren der Wirtschaft, d.h. in Handel, Gewerbe und Landwirtschaft.

Jede Beschäftigung mit der Kreditgeschichte muß von dem italienischen Beispiel ausgehen, da Italien auf diesem Gebiet den Vergleichsmaßstab für die Kreditentwicklung im übrigen Europa liefert. So zeigt Giuseppe Felloni in seinem Überblick über das italienische Kredit- und Bankwesen, daß sich hier bereits im beginnenden 15. Jahrhundert mit dem Wechsel und der doppelten Buchführung die grundlegenden Techniken sowie mit der öffentlichen Schuldenverwaltung, der ersten öffentlichen Bank und den Pfandleihhäusern die wichtigsten Institutionen der Kredit- und Bankentwicklung herausgebildet hatten. Hinzu kam in der Gestalt der Wechsler und der „merchant-bankers" ein lokal wie international leistungsfähiges Kreditgewerbe. Die folgenden Jahrhunderte brachten in Italien Verbesserungen auf institutionellem Gebiet und die Diffusion der Innovationen auf europäischer Ebene. Das Zentrum zur Verbreitung der neuen Kredittechniken war zweifellos Brügge, wo Flamen, Hansen und ebenso Engländer bereits im 14. Jahrhundert mit der Überlegenheit der italienischen Clearingbanken konfrontiert wurden[2]. Hier in Brügge und vor allem später in Antwerpen fand dann auch die Symbiose der Kreditinstrumente Südeuropas und Nordwesteuropas, des Wechsels und des Inhaber-Schuldscheins, statt. Dabei verfügte Nordwesteuropa mit dem Inhaber-Schuldschein über ein Kreditinstrument, das auch während der – vor allem durch die restriktive Politik der Münzherren ausgelösten – Krise der Clearingbanken und des Wechslergewerbes im 15. Jahrhundert den Kaufleuten den notwendigen Kredit verschaffte. Mit der Übertragbarkeit der Inhaber-Schuldscheine vollzog sich in Nordwesteuropa im frühen 16. Jahrhundert der Übergang vom mittelalterlichen zum neuzeitlichen Kredit. Herman Van der Wee hat nämlich in seinen gründlichen Untersuchungen nachgewiesen, daß die schon früher im Bekanntenkreis praktizierte Weitergabe von Schuldscheinen erstmals 1507 in einem Antwerpener Urteil gerichtlich anerkannt wurde, indem das Stadtgericht dem Inhaber des Schuldscheins die gleichen Vollstreckungsrechte gegenüber dem säumigen Schuldner wie

[2] Grundlegend R. de Roover, Money, Banking, Credit in Mediaeval Bruges: Italian Merchant-Bankers, Lombards and Money-Changers (Mediaeval Academy of America 51), Cambridge, Mass., 1948.

dem ursprünglichen Gläubiger zugestand[3]. 1541 wurden die Ansprüche des Inhabers schließlich auch durch kaiserliches Edikt gesetzlich geschützt.

Von diesen Kreditinstrumenten machten die Kaufleute vor allem im englisch-flämischen Handel sowie im hansischen Englandhandel Gebrauch. So ist es vielleicht kein Zufall, daß Herman Van der Wee das früheste Beispiel einer Diskontierung, der neben der Übertragbarkeit von Kreditinstrumenten wichtigsten Innovation, in den Geschäftspapieren des englischen Kaufmanns Kitson fand[4]. England nimmt denn auch im vorliegenden Band eine zentrale Stelle ein. Natalie Fryde untersucht hauptsächlich auf der Grundlage der Chroniken von Matthew Paris und Arnold fitzThedmar, dem Alderman aller Deutschen in England, die Rolle der Cahorsins im Wirtschaftsleben Englands des 13. Jahrhunderts. Die „marchands-banquiers" aus Cahors – unter dem Namen „Kawerschen" tauchten sie schon bald auf dem Kontinent auf – gewährten sozusagen als Vorgänger der italienischen Bankhäuser Kredite gegen sichere Einnahmen oder die Verpfändung von Zöllen und anderen Abgaben. Kreditinstrumente aus dem Ausland, wie der Wechsel, scheinen aber erst mit den italienischen Handels- und Bankhäusern nach England gekommen zu sein. Für Überweisungen nach Italien benutzten englische Kaufleute die Wechsel dann schon früh; jedoch spielte der Wechsel in ihrem eigenen Handel erst im 15. Jahrhundert eine Rolle, als sie ein Netz dauerhafter Handelsbeziehungen und Korrespondenzfirmen auf dem Kontinent aufgebaut hatten[5]. Der Inhaber-Schuldschein war dagegen, wie der Beitrag John Munros verdeutlicht, in erster Linie auf die Bedürfnisse des reisenden Messekaufmanns zugeschnitten, der auf den Brabanter und Flanderner Messen einkaufte oder verkaufte. Ob die englischen Kaufleute den Wechsel oder den Inhaber-Schuldschein im Handel mit den Niederlanden verwendeten, hing vor allem davon ab, wie sie ihren

[3] H. Van der Wee, The Growth of the Antwerp Market and the European Economy (Fourteenth-Sixteenth Centuries), II, The Hague 1963, S. 127–150, 333–368; Ders., Monetary, Credit and Banking Systems, The Cambridge Economic History of Europe, V: The Economic Organization of Early Modern Europe, Cambridge 1977, S. 325–327.

[4] Van der Wee, Credit and Banking Systems, S. 329.

[5] M. M. Postan, Private Financial Instruments in Medieval England, Ders., Medieval Trade and Finance, Cambridge 1973, S. 59–63.

Handel führten und die Zahlungen arrangierten. Denn durch ihre Übertragbarkeit, die zumindest in begrenztem Umfang gewährleistet war, gingen die Schuldscheine von Hand zu Hand bis sie dem Aussteller präsentiert wurden. Es entwickelte sich so ein Handels- und Kreditkreislauf zwischen England und dem Kontinent, an dem sich Staplers, Mercers und Hansen beteiligten. Die Staplers übertrugen die ihnen ausgestellten Inhaber-Schuldscheine (gegen einen Wechsel) an die Mercers, die mit dem daraus fälligen Geld auf den niederländischen Messen Importwaren für England einkauften. Gleichzeitig erwarben die hansischen Messebesucher – wie Stuart Jenks herausarbeitet – in London Tuch auf Borg von den Mercers, setzten das Tuch in Brabant ab und bezahlten ihre Schulden mit dem Erlös daraus bei den Mercers, die mit dem Geld wiederum auf den Messen einkauften. Dies funktionierte auch im „Kreiswechselverkehr", den die Londoner Mercers zusammen mit den Kölner Englandfahrern aufgebaut hatten: die Warenschulden der Hansen wurden auf den Brabanter Messen, die der Mercers in London per Wechsel beglichen.

Wie die Kaufleute dabei im konkreten Fall verfuhren, ist gewöhnlich nur dann bekannt, wenn die Kreditoperationen in Auseinandersetzungen vor Gericht endeten. Auskunft über die Kredittechniken des Handels könnten aber die Kaufmannsnotizbücher geben, die Peter Spufford hier in einem Projektbericht als Quelle vorstellt. Jedoch sind bereits die Erfassung und die partielle Rekonstruktion der verstreut überlieferten Kaufmannsnotizbücher ein Problem für sich, und danach kann erst die eigentliche Auswertung hinsichtlich der Kreditoperationen beginnen.

Eine bisher noch nicht erwähnte Form des Kredits in Stadt und Land war der Rentenkredit. In den nordwestdeutschen Hansestädten des Spätmittelalters und der Frühen Neuzeit stellte der an Hausbesitz gebundene Rentenverkauf das wichtigste Instrument der Darlehnsbeschaffung dar, wogegen der Rentenkauf eine sichere Geldanlage bot. Klaus-Joachim Lorenzen-Schmidt zeigt in seinem Beitrag, daß Kaufleute bei der – oft längerfristigen – Geldanlage am Rentenmarkt dominierten, wogegen die Kreditnehmer nur in begrenztem Maße sozial eingegrenzt werden können. Auch die Kreditverwendung bleibt im dunkeln; jedoch ist an Zwischenfinanzierungen im Handel sowie an Investitionen für Hausbau oder Hauskauf, für den Erwerb von Schiffsparten u. ä. zu denken. Parallelen ergeben sich zu Westeuropa, wo der Rentenkredit als wichtigste Form des Investitionskredits auf lokaler Ebene (für Baumaßnahmen und Bodenmelioration) im 15. und 16. Jahrhundert zunehmende Bedeutung gewann[6].

Im sekundären Sektor der Wirtschaft, d.h. in der gewerblichen Produktion, die Rudolf Holbach hier als Kreditempfänger vorstellt, war der Verkauf einer Rente aber nur eine von vielen Möglichkeiten der Kreditbeschaffung. Im Gewerbe bevorschußte man die Produzenten mit Rohstoffen, Halbfertigwaren und Betriebsmitteln und gab darüber Konsumtivkredite zur Deckung ihrer Lebenshaltungskosten. Auf diese Weise wurde vor allem die Zeitdifferenz zwischen dem Herstellungsprozeß und dem Absatz der Waren überbrückt. So erhielten z.B. 1533 die Tuchmacher von Poperinghe in Flandern Wolle, Alaun, Waid u.a. von Brügger Kaufleuten als Kredit auf die Abnahmegarantie der Hansen, da die Tuchmacher nicht in der Lage waren, die Zeit zwischen der Rohstoffbeschaffung und der Bezahlung durch die Hansekaufleute finanziell zu überstehen. Je weiträumiger die Gewerbe verflochten waren und je mehr sich eine interregionale oder sogar internationale Arbeitsteilung herausbildete, desto notwendiger war der Kredit.

Daß die internationale hansische Arbeitsteilung durch Kredit eigentlich erst ermöglicht wurde, zeigt Henryk Samsonowicz in seinem Beitrag über das spätmittelalterliche Polen. Dort hatte sich ein Kreditnetz ausgebildet, das von den großen Hafen- und Handelszentren über die kleineren Städte bis zu den Produzenten in den entfernteren Regionen reichte. Die Kreditnahme oder -gewährung beschränkte sich jedoch auf den Kauf von Tuch, Pelzen, Getreide und Ochsen, d.h. auf Güter, die entweder importiert wurden oder für den Export nach Westen bestimmt waren. Die Rückzahlung der Kredite vereinbarte man für Jahrmarktstermine oder Zeiten besonderer wirtschaftlicher Aktivität wie z.B. den Beginn der Schiffahrt auf der Weichsel.

Die Rolle des Nahrungsmittel- und Rohstofflieferanten, die Polen innerhalb der hansischen Arbeitsteilung übernahm, verweist aber auch auf die nicht zu unterschätzende Bedeutung des Kredits in der Landwirtschaft und damit im primären Sektor der Wirtschaft. Kaufleute gaben den ländlichen Produzenten häufig Kredit auf die künftige Ernte, indem sie Getreide „auf dem Halm“ kauften oder Gewerbe- und Färberpflanzen (Flachs, Hanf, Krapp, Waid) noch vor der Ernte erwarben. Dabei

[6] Van der Wee, Credit and Banking Instruments, S. 303–305.

verschafften sich die Bauern – wie Willi A. Boelcke herausarbeitet – kurzfristig dadurch Konsumtiv- und Investitionskredite, daß sie Zinsen oder Renten an Bürger, geistliche Institutionen oder andere Bauern verkauften. Grundlegend veränderte sich das ländliche Kreditangebot mit der Einführung der Hypotheken, da diese den Kapitalanlegern durch die Publizität des Grundbuchs und die festgelegte Priorität der Belastungen erstmals größere Sicherheiten für ihr Kapital boten. Erling Ladewig Petersen verdeutlicht dies am Beispiel Dänemarks, wo sich die Grundbesitzer mit Hilfe frühmoderner Hypotheken vom Kapitalmarkt des Kieler Umschlags unabhängig machten und den Kredit der schleswig-holsteinischen Ritterschaft durch dänisches Adels- und Kaufmannskapital ersetzten. Jedoch standen diese Kreditmöglichkeiten gewöhnlich nur den Gutsbesitzern zur Verfügung, da die bäuerliche Kapitalaufnahme durch das grundherrliche Konsensrecht eingeschränkt wurde. Hauptgläubiger der Bauern waren daher auch in der Frühen Neuzeit noch die Gemeinden sowie die Kirche[7]; deren Rolle als unentbehrlicher Kreditgeber in Stadt und Land in Dänemark und im Herzogtum Schleswig behandelt Troels Dahlerup.

Im letzten Beitrag des Bandes zeigt Herman Van der Wee die Schwerpunkte künftiger Forschungen auf dem Gebiet der Kreditgeschichte auf. Im Mittelpunkt der Untersuchungen sollten dabei stehen:

- die Diffusion der Kredittechniken;
- die Bedeutung des Kredits als Faktor wirtschaftlicher Entwicklung;
- die ökonomischen und sozialen Erträge des Kredit- und Kapitaleinsatzes;
- der Einfluß des Kredits auf die ökonomische Theoriebildung.

Damit sind zugleich die Forderungen an die hansische Kreditforschung abgesteckt. Diese hat aber in erster Linie von den vielfältigen Techniken und Formen des Kredits im Hanseraum auszugehen. Während sich die Kölner Kaufleute, bedingt durch ihren Handel mit Italien, Flandern, England und Oberdeutschland, kredittechnisch auf der Höhe der westeuropäischen Entwicklung befanden, wurden die Formen des

[7] Vgl. dazu H. Wunder, Finance in the ‚Economy of Old Europe‘: The Example of Peasant Credit from the Late Middle Ages to the Thirty Years War, P.-C. Witt (Hg.), Wealth and Taxation in Central Europe: The History and Sociology of Public Finance, New York 1987, S. 19–47.

Kredits, je weiter man nach Osten kam, zunehmend archaischer, wenn sie nicht wie im Rußlandhandel überhaupt restriktiv gehandhabt wurden. Auch scheint es, was den Wechselverkehr betrifft, im 15. Jahrhundert im hansischen Kernbereich um Lübeck und Hamburg einen Rückschlag gegeben zu haben. War dies eine Folge der Krise der europäischen Depositen- und Clearingbanken im 15. Jahrhundert? Lübeck verlor nämlich nach dem Tod des letzten Medici-Korrespondenten de Boeris und nach dem Scheitern verschiedener Lübecker Bankunternehmungen seine vorübergehende Bedeutung als Wechselplatz, obgleich Nürnberger Kaufleute anstelle der Italiener die Geldvermittlungen für Lübeck und die Lübecker übernahmen[8]. Kredit beschaffte man sich hier auch im 16. Jahrhundert noch auf dem Rentenmarkt oder mit Hilfe der Obligation („*Handschryft*")[9]; daneben wurden Waren auf Borg gekauft und für Darlehen Warenvorräte als Pfand gesetzt[10].

Möglicherweise hatten in dieser Zeit die Danziger aufgrund ihres intensiven Westhandels die Lübecker hinsichtlich der Verwendung des Wechsels und anderer Kredittechniken überholt[11]. Dagegen war der Wechselverkehr Hamburgs um die Mitte des 16. Jahrhunderts noch ziemlich begrenzt. Sonst hätte Richard Clough, als er in den 1560er Jahren im Auftrag der Merchant Adventurers nach einer Niederlassungs-

---

[8] Einen Überblick über die Literatur gibt M. North, Geldumlauf und Wirtschaftskonjunktur im südlichen Ostseeraum an der Wende zur Neuzeit (1440–1570) (Kieler Historische Studien 35), Sigmaringen 1990, S. 235–239.

[9] P. Jeannin, Les instruments de crédit dans l'espace hanséatique au XVIe siècle, Credito, Banche e Investamenti Secoli XIII–XX. Atti della „Quarta Settimana di Studio", Firenze 1985, S. 59–61; M.-L. Pelus, Wolter von Holsten marchand Lubeckois dans la seconde moitié du seizième siècle. Contribution à l'étude des relations commerciales entre Lübeck et les villes livoniennes (Quellen und Darstellungen zur Hansischen Geschichte 25), Köln-Wien 1981, S. 377–386.

[10] Daß die Borgkäufe in der zweiten Hälfte des 16. Jahrhunderts in Lübeck erhebliche Bedeutung besaßen, belegt das Rechnungsbuch des Lübecker Maklers Steffen Molhusen; A. von Brandt, Waren- und Geldhandel um 1560. Aus dem Geschäftsbuch des lübeckischen Maklers Steffen Molhusen, ZVLGA 34 (1958), S. 55–56.

[11] Hierauf lassen zumindest die zahlreichen von Max Neumann zusammengestellten Beispiele des späten 15. und 16. Jahrhunderts schließen; M. Neumann, Geschichte des Wechsels im Hansagebiete bis zum 17. Jahrhundert (Zeitschrift für das gesamte Handelsrecht 7, Beilageheft), Erlangen 1863.

möglichkeit für die Handelsgesellschaft Ausschau hielt, bestimmt nicht geschrieben: „Wechselgeschäft mit anderen Plätzen wird in Hamburg nur von wenigen Kaufleuten betrieben, und diese sind Fremde, die in Hamburg nicht dauernd wohnen. Ebenso wenig wird von anderen Plätzen nach Hamburg gewechselt“[12].

[12] R. Ehrenberg, Hamburg und England im Zeitalter der Königin Elisabeth, Jena 1896, S. 67.

KREDIT UND BANKEN IN ITALIEN, 15.–17. JAHRHUNDERT*

von

Giuseppe Felloni

Jede Beschäftigung mit der Geschichte des Kredits und der Banken sollte mit der Definition der beiden Begriffe beginnen, die uns im Laufe der Zeit in vielerlei Gestalt begegnen. Dabei konnten sich die Historiker bisher nicht auf eine Definition einigen. So verstehen einige unter Kredit ein Liquiditätsdarlehen (Geld oder Guthaben, die in Hartgeld zu konvertieren waren), das man zu einem späteren Zeitpunkt – gegen eine Entschädigung – zurückzahlte. Andere begreifen Kredit in einem weiteren Sinn als Umlaufmittel, das Geld ersetzte oder sogar völlig überflüssig machte (indem man mit Titeln, die auf dem Papier standen, bezahlte). Nach der zweiten – umfassenderen – Definition, die ich auch im folgenden zugrunde lege, diente der Kredit als Mittel zur Ausweitung des Handels über die Grenzen hinaus, die durch die Hartgeldmenge festgelegt waren.

Größere Einigkeit unter den Historikern besteht bei der Definition der Banktätigkeit. Hier werden die Gewährung von Kredit (mit Hilfe von Eigen- und Anlagekapital), die Zahlung im Auftrag von Gläubigern sowie der Geldwechsel als wesentliche Merkmale genannt. Jedoch können wir nicht erwarten, all diese Funktionen – wie heute – immer in einem Unternehmen zu finden. Denn die heutige Symbiose ist das Resultat eines historischen Prozesses, in dem die verschiedenartigen Bankaktivitäten zu einem homogenen Dienstleistungsprofil verschmolzen.

Lassen Sie uns nach dieser kurzen Einleitung zurück ins Spätmittelalter, in das beginnende 15. Jahrhundert, gehen. Italien war zu dieser Zeit, was Kredit und Banken betrifft, das am weitesten entwickelte europäi-

---

* Aus dem Englischen übertragen von Michael North.

sche Land[1]. Natürlich hatte nicht ganz Italien ein gleichhohes Niveau erreicht. Obwohl Detailstudien fehlen, wurden die Kreditoperationen auf dem Land und in den Gebirgsregionen sehr wahrscheinlich noch in sehr einfacher oder rudimentärer Form abgewickelt, vor allem als Geld- oder Naturaldarlehen, vermutlich gegen Pfand. Klöster, Kirche, Grundherrn und kleine jüdische Geldverleiher gewährten diese bis zur nächsten Ernte für den täglichen Verbrauch. Eine zweite Kreditart war der Renten- oder Zinskauf („*census consignativus*"), durch den ein Bauer eine bestimmte Summe erhielt, wenn er sich zur Zahlung einer jährlichen Rente von seinem Ernteertrag verpflichtete. Die Gläubiger, d.h. die Käufer des Zinses, waren wiederum Klöster, kirchliche Institutionen, reiche Grundbesitzer und – falls gestattet – jüdiche Geldverleiher. Hiervon unterschied sich die Situation in den größeren italienischen Städten, insbesondere in den Hauptstädten und administrativen Zentren der Territorien, grundsätzlich. Diese Städte, deren Größe die fortgeschrittene Arbeitsteilung widerspiegelt, bildeten das Herz der italienischen Geldwirtschaft, und hier entwickelten sich die vielfältigen Formen des Kredits als Folge der verschiedenartigen Bedürfnisse.

Eine Form des Kredits, die die Begleichung von Zahlungsverpflichtungen ohne die Übergabe von Bargeld erlaubte, war die Kompensation. Gegensätzliche Ansprüche konnten so direkt zwischen zwei Kaufleuten aus der Welt geschafft werden, wenn beide gleichzeitig Gläubiger und Schuldner der Gegenseite waren oder wenn sie einen Dritten zur Überweisung eines bestimmten Betrages an einen anderen Kaufmann beauftragten. Eine große Hilfe war bei diesen Kompensationsmethoden die doppelte Buchführung. Sie stellte nicht nur die Veränderungen auf der Soll-Seite und der Haben-Seite deutlich dar, sondern sie erleichterte auch die Streichung von Forderungen, die im zweiseitigen Rechnungsschema getrennt nach positivem und negativem Vorzeichen ausgebracht wurden. Diese Technik fand allgemeine Verwendung im öffentlichen Rechnungs-

---

[1] Einen bibliographischen Überblick über das italienische Bankwesen bieten E. de Simone, Storia della banca dalle origini ai nostri giorni, Napoli 1987, S. 405–409; A. Sapori, Saggio di una bibliografia per la storia della banca in Italia fino al 1815, J. G. van Dillen (Hg.), History of the Principal Public Banks, London 1964, S. 360–384; L. Sandri, Saggio bibliografico di scritti sull'attività bancaria nei secoli XVI e XVII, Archivi storici delle aziende di credito, I, Roma 1956, S. 405–418.

wesen von Florenz, Venedig und Genua, wo sie bereits für das 14. Jahrhundert nachzuweisen ist, obwohl sie vermutlich erheblich älter war[2]. Daß die Kompensation oder der Zahlungsausgleich in den Stadtbüchern ausführlich dokumentiert sind, liegt in der Rechtskraft begründet, die der Eintrag oder die Löschung von Forderungen gewannen, wenn sie von städtischen Bediensteten vorgenommen wurden.

Eine andere Form des Kredits stellte ein Bargelddarlehen gegen ein schriftliches Zahlungsversprechen (zu einem festgelegten Datum) dar. Das Versprechen wurde als konventionelle Urkunde von einem öffentlichen Notar aufgesetzt, der dabei aus einer Vielzahl von Mustern römischer Herkunft wählen konnte, was aber die Rechtskraft einschränkte. Neben dem Zins- oder Rentenvertrag, der nicht nur auf dem Land, sondern auch in der Stadt verwendet wurde, finden wir Gelddarlehensverträge gegen Zins. Dieser wurde zur Umgehung des kanonischen Zinsverbots in vielfältige Verträge gekleidet:

- Verträge über Kauf und Verkauf von Grundbesitz, wobei die Preisdifferenz den Zinssatz ausdrückte;
- Nutzpfandverträge, in denen der Schuldner dem Gläubiger Grundbesitz zur Verzinsung und Rückerstattung übergab;
- Anlage- oder Einzahlungsverträge, möglicherweise gegen Pfand;
- Schiffsausrüstungsverträge, die eine Rückzahlung des Darlehens auf den Zeitpunkt terminierten, an dem das Schiff einen festgesetzten Bestimmungsort erreichte;
- Wechselverträge, in denen der Schuldner sich zur Rückzahlung des Darlehens an den Gläubiger oder dessen Vertreter an einem anderen Ort durch einen eigens Beauftragten verpflichtete.

Das „*instrumentum ex causa cambii*“ war das einzige rechtsgültige Dokument für die gesamte Wechseloperation und sie hatte als Appendix ein privates Dokument, die „*littera*“ oder Zahlungsorder, in dem der Schuldner seinen Vertreter mit der Zahlung der fälligen Summe beauftragte. Die Historiker debattieren noch darüber, ob der Wechsel im „*instrumentum*“ oder in der „*littera*“ seinen Ursprung habe. Letzteres

[2] John Day, Moneta metallica e moneta creditizia, R. Romano, U. Tucci (Hgg.), Economia naturale, economia monetaria (Storia d'Italia Annali 6), Torino 1983, S. 357.

erscheint mir mehr wahrscheinlich[3]. In der Tat war der Wechsel im frühen 15. Jahrhundert weit verbreitet, was durch die Einführung von Wechselakzeptanz (Florenz 1393, Lucca 1396, Genoa 1403)[4] und Wechselprotest (Genua 1384?)[5] begünstigt wurde. Da man das Indossament noch nicht kannte, war zur Übertragung von Wechseln eine formelle Vollmacht nötig. Der Wechsel wurde für Transaktionen auf fremden Märkten, für Geldtransfer zu weit entfernten Agenten oder Faktoren sowie zur Verbergung des Zinses beim ungesetzlichen lokalen Geldverleih genutzt. Eine der Hauptursachen für die wachsende Popularität des Wechsels war nämlich die Möglichkeit, die Zinsforderung hinter den verschiedenen Wechselkursen der Märkte verstecken zu können.

Das öffentliche Schuldenwesen ähnelte grundsätzlich dem privaten, obgleich der Kredit bedingt durch Privilegien oder Finanzbedarf auch andere Formen annahm. Private Darlehen von einem oder mehr Finanziers waren ebenso üblich wie Anleihen bei den Bürgern, die den Anlegern einen Zinsertrag brachten. Als Garantie diente die Verpfändung öffentlicher Einnahmen, die von der Stadtregierung, wie in Mailand, Venedig und Florenz, oder im Falle Genuas, wo die Regierung schwächer war, von den Gläubigern verwaltet wurde. Die Unfähigkeit der Städte zur regelmäßigen Schuldenrückzahlung führte zu einer dauerhaft fundierten Stadtschuld, die im frühen 15. Jahrhundert in Venedig, Florenz und Genua schon beträchtliche Ausmaße annahm, während sie in Siena und Mailand noch ziemlich gering war[6]. Wir erwähnen dies hier, weil darin die Ursache für den wachsenden Handel mit öffentlichen Anleihen lag, die als Investitions- und Spekulationsobjekte bei den vermögenderen Schichten und Institutionen sehr begehrt waren.

Schließlich ist eine dritte Form des Kredits zu erwähnen. Es handelt

---

[3] A. Lattes, Genova nella storia del diritto cambiario italiano, Rivista del diritto commerciale 13 (1915), S. 196.

[4] Lattes, Genova, S. 195–196.

[5] Digesto italiano, VI, 1, „cambiale".

[6] Vergleichszahlen bei Day, Moneta metallica, S. 354. Jedoch zieht Day im Falle Genuas nur die über San Giorgio abgewickelten Anleihen heran. Die gesamte Stadtschuld betrug aber 5 1/2 Millionen Floren, Ministero per i Beni Culturali e Ambientali, Archivio di stato di Genova, Inventario dell'archivio del Banco di San Giorgio (1407–1805) sotto la direzione di Giuseppe Felloni, Roma 1989, S. 19.

sich dabei um finanzielle Mittel, die zwar *„hic et nunc“* Hartgeld repräsentierten, obwohl man sie in anderer Form lieber verwendete, nämlich um rudimentäre Arten des Papiergeldes. Wenn die Überlieferung auch unsicher ist, existierten doch Zahlungsanweisungen der Regierenden an die Stadtkasse, die die Zahlungsbegünstigten zur Begleichung ihrer eigenen Verpflichtungen benutzten. Die *„cartas debiti Comuni Mediolani“*, die auf dem Markt Mailands bis zur Mitte des 14. Jahrhunderts umliefen[7], sowie die von der Stadt Genua ausgegebenen *„apoxidie“*[8] gehören möglicherweise in diese Kategorie.

Die Kreditgeber gehörten verschiedenen sozialen Schichten an und erfüllten spezifische Funktionen auf dem Kapitalmarkt des frühen 15. Jahrhunderts. Auf der unteren Ebene finden wir kleine Geldverleiher, die Konsumdarlehen meist gegen Pfand vergaben. Diese Geldverleiher waren oft Juden, die vom Handwerk durch die sich entwickelnden Zünfte und vom internationalen Handel durch die italienischen Kaufleute ausgeschlossen wurden. Ihnen blieben daher nur der Handel mit Waren aus zweiter Hand und der Geldverleih. Obwohl sie durch den Besitz von Bargeld, die Solidarität der jüdischen Gemeinden und die finanzielle Unterstützung ihrer Familien eine privilegierte Stellung innehatten, arbeiteten sie aufgrund der latenten Feindschaft der Bevölkerung und der instabilen Beziehungen zu den Herrschaftsträgern allein mit Eigenkapital und nur in Territorien (*„conductae“*), die ihnen infolge Hartgeldmangels Geleit gewährten. Eine Stufe darüber befanden sich die *„campsores“* oder *„cambiatores“*. Ihre Tätigkeit ist bereits für das ausgehende 12. Jahrhundert in Genua belegt. Sie wurden *„bancherii“* genannt, da sie nicht als Handwerker oder Händler in einer Werkstatt oder einem Laden arbeiteten, sondern hinter einem Tisch (*„bancus“*) irgendwo auf dem Marktplatz. An diesem Tisch wechselten sie Münzen und handelten mit fremder Währung; sie akzeptierten Einlagen, die zu einem festen Termin oder bei Bedarf auszahlbar waren und die sie verzinsten; sie verliehen Geld, das zu einem festgesetzten Datum oder mit einem Säumniszins zurückgezahlt werden mußte; sie beteiligten sich an Fernhandelsun-

[7] G. Barbieri, Aspetti dell'economia lombarda durante la dominazione visconteo-sforzesca. Rassegna di documenti, Milano 1958, S. 31.

[8] V. Polonio, L'amministrazione della res publica genovese fra tre e quattrocento. L'archivio „Antico comune“, Genova, Atti della Società ligure di storia patria 91, n.S. 17 (1977), 1, S. 30–31.

ternehmungen und kauften Güter zum Verkauf in Genua oder anderswo. Sie waren daher zur gleichen Zeit Geldwechsler, Bankiers, Kaufleute sowie Geschäftspartner im Land- und Seehandel. Jedoch hatten die Wechsler im frühen 15. Jahrhundert bereits einige dieser Funktionen der Anfangszeit eingebüßt. In vielen Städten verließen sie die Gilden der *„negotiatores"* oder *„mercatores"* und gründeten ihre eigenen Gilden (Bologna 1240, Prato 1293, Florenz 1299, Perugia 1326, Rom 1400 etc.). In anderen Städten mußten sie durch die Hinterlegung einer Kaution eine Konzession erwerben (Genua, Venedig, Siena)[9]. Ihre Transaktionen am *„bancus de scripta"* – auch *„banco de tappeto"* genannt – sind für Venedig, Genua und Rom gut dokumentiert.[10] Die Wechsler wechselten Geld, handelten mit Wechseln und nahmen Einlagen an; sie führten die Transaktionen ihrer Kontoinhaber durch und gaben kleine Darlehen, die Zinsen eintrugen, an Kaufleute, Handwerker und den Staat, aber sie waren nicht mehr im Großhandel tätig.[11] In der Tat hatte sich ein höherer Grad an beruflicher Spezialisierung entwikkelt. Während sich die Wechsler in das wirtschaftliche und soziale Gefüge der Städte einfügten, entstand eine neue Berufsgruppe von Kaufleuten, die die internationalen Messen besuchte und die wichtigen Bankoperationen übernahm.

Diese neue Gruppe der „merchant-bankers" gehörte der städtischen Führungsschicht an. Ihr Fernhandel und ihre auf fremde Märkte ausgerichtete Verlagsproduktion verlangten ausreichend Kapital, das leicht von einem zum anderen Markt transferiert und ohne Schwierigkeiten flüssig gemacht werden konnte. Ein Teil des Kapitals wurde darüber hinaus dauerhaft durch die Darlehen an ausländische Herrscher und ein-

---

[9] H. Sieveking, Studio sulle finanze genovesi nel medioevo e in particolare sulla Casa di San Giorgio, Genova, Atti della Società ligure di storia patria 35 (1905/06), 2, S. 55; De Simone, Storia, S. 66.

[10] Die bedeutenderen Wechsler, bei denen man Konten unterhalten konnte, hießen *„bancherii"*, während die kleinen Geldwechsler *„bancheroti"* genannt wurden, Sieveking, Studio sulle finanze, S. 52.

[11] Für Venedig siehe R. C. Mueller, The Role of Bank Money in Venice 1300–1500, Studi veneziani n. S. 3 (1979), S. 47–96; für Genua Sieveking, Studio sulle finanze, S. 54–61; für Rom I. Lori Sanfilippo, Operazioni di credito nei protocolli notarili romani del Trecento, Credito e sviluppo economico in Italia dal medio evo all'età contemporanea, Verona 1988, S. 53–66.

heimische Regierungen absorbiert, die Kredite für die Erteilung von Privilegien und Konzessionen forderten. Diese Kredit- und Finanzoperationen boten zwar hohe Gewinne, aber sie bargen auch das Risiko, daß die mächtigen Schuldner insolvent wurden. Opfer solcher Bankrotte wurden z.B. die Bonsignori gegen Ende des 13. Jahrhunderts in Siena und um die Mitte des 14. Jahrhunderts die Bardi und Peruzzi in Florenz. Trotzdem gab es gute Gründe für Darlehen an die Herrschenden: königliche Protektion für den eigenen Handel im Ausland sowie die Hoffnung für die noch nicht zurückgezahlten Anleihen mit neuen Darlehen entschädigt zu werden. Schließlich fürchtete man, daß eine Darlehensverweigerung den Herrscher zur Schuldenannulierung oder zum Zugriff auf das Vermögen des merchant-banker veranlassen könnte. Der Ruin der großen Sieneser und Florentiner Handelshäuser hielt auch die späteren merchant-bankers nicht von entsprechenden Darlehen ab. Ende des 14. Jahrhunderts gewährten die Lomellini in Genua dem portugiesischen König mehrere Darlehen[12], während zur gleichen Zeit die Florentiner Häuser der Medici, Pazzi, Pitti und Strozzi die führende Position der Florentiner Banken in Europa aufbauten. Der Umsatz der neuen Protagonisten war beträchtlich. So handelten die Lommelini z.B. mit einer Vielzahl von Märkten, die vom Mittleren Osten über die Küsten Italiens und Spaniens bis nach Brügge reichten. Ihr jährlicher Bargeldumsatz betrug nach einer oberflächlichen Schätzung mehr als eine halbe Million Floren in den letzten Jahren des 14. Jahrhunderts.

Im frühen 15. Jahrhundert waren daher Kredit und Bankaktivitäten in Italien bereits sehr deutlich ausgebildet. In den nächsten drei Jahrhunderten verfeinerte sich durch eine Reihe von Innovationen und neuen Institutionen das Bild. In der Historiographie wurden die Neuerungen teilweise erkannt, aber es fehlen noch systematische Untersuchungen über die technischen Aspekte sowie über die sich daraus ergebenden Veränderungen für Wirtschaft, Recht und Unternehmertum. Ein wichtiger Aspekt wäre dabei die Betrachtung der verschiedenen Kreditformen hinsichtlich ihrer Einschätzung durch die Kirche einerseits und ihrer juristischen Behandlung andererseits. Meiner Meinung nach sind hier Diskrepanzen festzustellen, denen aber kompetentere Wissenschaftler nachgehen sollten. Ich möchte an dieser Stelle nur daran erinnern, daß

[12] Archivio di stato di Genova, San Giorgio, pand. 17, n. 7124.

der erwähnte *„census consignativus"* sich aus dem alten grundherrlichen Zins entwickelt hatte. 1423 wurde diese Kreditform von Papst Martin V. in einer Bulle bestätigt und festgelegt, daß der *„census"* nicht mehr als 10% des Besitzes betragen dürfe. 1450 billigte dagegen Papst Nikolaus V. auf Bitte Königs Alfons von Aragon einen Vertrag, der einen Zinssatz von 33% beinhaltete und – nach den spanischen Besitzungen – auch in Sizilien und Neapel eingeführt werden sollte. 1455 wurde das Zinslimit von 10% von Papst Calixtus III. für Deutschland abgesegnet, anscheinend jedoch ohne bindende Wirkung. 1569 versuchte erneut ein Papst, Pius V., die kontroversen Verlautbarungen in einer Bulle einheitlich zu regeln. Beim Zins- oder Rentenkauf sollte ein Notar anwesend sein und der Zinskauf wurde auf Grundbesitz und seine Erträge beschränkt. Der Zins oder die Rente war zurückzukaufen, wobei das Rückkaufsrecht allein dem Verkäufer des Zinses zustand[13]. Die Bedeutung dieser Regelung ist nicht zu unterschätzen, denn sie bot Sicherheit und Gesetzlichkeit. Davon machten im 16. und 17. Jahrhundert nicht allein Privatpersonen reichlichen Gebrauch[14], sondern auch die Regierungen, denen es nun leichter möglich war, verzinsliche Darlehen – in der Forn von *„compere, monti, depositi"*, etc. – auf die öffentlichen Einnahmen aufzunehmen; denn nach der Meinung der Kanonisten entsprachen Steuereinnahmen den Erträgen aus Grundbesitz.

Der Weg des Wechsels bis zur kanonischen Legalisierung war schwieriger. In einem Dekret von 1571 verurteilte Papst Pius den Trockenwechsel, da sich dahinter Wucherzinsen verbargen. Die Verwendung des Wechsels wurde nur gestattet, wenn die dabei zugrunde liegenden Geschäfte gesetzlich waren. Die Haltung der Kirche in dieser Frage war jedoch weder deutlich noch fest. Ausnahmen und flexiblere Interpretationen sind schon bald festzustellen,[15] und im 18. Jahrhundert wurde ein

---

[13] Die theologischen und rechtlichen Aspekte des Problems behandelt C. Ciano, L'acquisto dei censi nel pensiero di un teologo del Cinquecento, Fatti e idee di storia economica nei secoli XII–XX. Studi dedicati a Franco Borlandi, Bologna 1977, S. 417–426.

[14] M. Cattini, Dalla rendita all'interesse: il prestito tra privati nell'Emilia del Seicento, Credito e sviluppo economico in Italia dal medio evo all'età contemporanea, Verona 1988, S. 255–266; D. Bolognesi, Attività di prestito e congiuntura. I „censi" in Romagna nei secoli XVII e XVIII, Credito e sviluppo..., S. 283–306.

[15] Lattes, Genova, S. 197; G.D. Peri, Il negotiante. Parte prima, Venezia 1672, S. 62–76.

moderater Zins als rechtmäßig anerkannt. Auch Rechtsgelehrte – Scaccia in Rom sowie Torre und Casaregis in Genua – nahmen an dem Disput über den Wechsel teil; sie konnten sich aber nicht zwischen der kanonischen Doktrin und den objektiven Bedürfnissen der Kaufleute entscheiden[16]. Dagegen zeigten die Richter, die in der Rechtsprechung mit diesen Fragen konfrontiert wurden, mehr Sinn für die Anforderungen des Marktes und des Handels. So wurden z. B. in den Genueser Statuten 1498 und 1589 Veränderungen zur Absicherung der Zahlungsansprüche eingeführt, nach denen einem insolventen Wechselschuldner 24 Stunden zur Zahlung blieben, bis man zur Vollstreckung schritt[17]. In Neapel führte man 1565 auf Bitten Genueser und Florentiner Kaufleute die Vollstreckbarkeit der Zahlungsansprüche ein, wenn die Wechsel bei Fälligkeit noch nicht akzeptiert worden waren[18]. Das Indossament fand erst spät und nicht ohne Schwierigkeiten Verwendung[19], obwohl es schon bekannt war. Lange Zeit wurden die Tratten mit Hilfe notarieller Urkunden übertragen. Denn diese eigneten sich anscheinend gut zur Domizilierung der Wechsel auf den Messen, was damals die gängige Praxis war. Es ist daher wohl nicht bloßer Zufall, daß nach 1620, als die Wechselmessen ihren Niedergang erlebten, an verschiedenen Plätzen plötzlich das Indossament häufiger verwendet wurde, obwohl es z. B. in Florenz und Venedig[20] sowie im Königreich Neapel[21] verboten oder eingeschränkt blieb.

---

[16] R. Savelli, Between Law and Morals: Interest in the Dispute on Exchanges during the 16th Century, V. Piergiovanni (Hg.), The Courts and the Development of Commercial Law, Berlin 1987, S. 40–102; G. Cassandro, Un trattato inedito e la dottrina dei cambi nel Cinquecento, Napoli 1962.

[17] Lattes, Genova, S. 196; Sieveking, Studio sulle finanze, S. 62.

[18] G. Cassandro, Vicende storiche della lettera di cambio, Bollettino storico del Banco di Napoli, 9–12 (1955), S. 52.

[19] F. Melis, Documenti per la storia economica dei secoli XIII–XVI, Firenze 1972, S. 94–97. Die Interpretation der von Melis angeführten Beispiele ist noch immer strittig (in bezug auf ihren Inhalt und ihre Repräsentativität).

[20] R. de Roover, L'évolution de la lettre de change, XIVe–XVIIIe siècles, Paris 1953, S. 100. Vgl. auch J. Schneider, Hat das Indossament zum Niedergang der Wechselmessen im 17. und 18. Jahrhundert beigetragen? M. North (Hg.), Geldumlauf, Währungssysteme und Zahlungsverkehr in Nordwesteuropa 1300–1800 (Quellen und Darstellungen zur Hansischen Geschichte 35), Köln–Wien 1989, S. 183–193.

[21] Cassandro, Vicende storiche, S. 85.

Das Rechnungswesen erfuhr ebenfalls grundlegende Verbesserungen. Diese beruhten – unabhängig von moralischer oder kirchenrechtlicher Beurteilung – allein auf dem technischen Fortschritt und dessen juristischer Legitimation. Auch wenn das Rechnungswesen bereits die doppelte Buchführung verinnerlicht hatte, stellten doch die Ausdehnung der italienischen Staaten sowie die neuen Strukturen der Großhandelsfirmen erheblich höhere Anforderungen als bisher[22]. So lieferte das 1494 in Venedig gedruckte Werk des toskanischen Mönches Luca Paciolo nur das theoretische Fundament für die Praxis der doppelten Buchführung, aber der Druck trug zu ihrer weiteren Verbreitung bei. Immerhin war zu dieser Zeit nicht unumstritten, ob in doppelter Buchführung und in arabischen Zahlen geführte Bücher vor Gericht Bestand haben sollten. Ersteres wurde 1413 per Gesetz in Genua akzeptiert, das die Aufzeichnungen der Bankiers nicht nur zugunsten der Gläubiger, sondern auch zugunsten der Schuldner als Beweis anerkannte[23]. Was die arabischen Zahlen betrifft, ist die Frage noch nicht geklärt; in Genua waren sie seit langer Zeit bekannt, aber in den Stadtrechnungen verwendete man bis zum Ende des 16. Jahrhunderts lateinische Zahlen, die dann durch arabische ersetzt wurden.

Die Verbesserungen auf dem Gebiet der Technik und der Rechtssicherheit trugen zum Aufschwung des Kreditwesens bei. Wie bereits erwähnt nahm mit der Legitimierung des „*census*“ die Zahl der öffentlichen Anleihen in der Form der „*monti*“ deutlich zu. Der Name „*monti*“ bezieht sich auf die Organisation, die unter öffentlicher Kontrolle – zum Vorteil der Gläubiger – die für eine Anleihe bestimmten Steuereinnahmen verwaltete (Zinsen und Tilgung). Der nominale Wert einer Anleihe setzte sich aus den Anteilen, den „*luoghi*“ (zu je 100 lokalen Rechnungseinheiten), zusammen, die man handelte, da immer neue Anleihen aufgelegt wurden. Florenz gründete 1345 einen „*Monte comune*“, mit dem die öffentlichen Schulden zu einem Satz von 5% kon-

---

[22] Siehe z.B. M.A. Romani, Alle fonti della ragioneria pubblica: un revisore dei conti alla corte dei Gonzaga, Dall'età preindustriale all'età del capitalismo, Parma 1977, S. 151–202.

[23] Sieveking, Studio sulle finanze, S. 56–57. Die Beweiskraft der geführten Bücher wurde dann anscheinend auch in den anderen „Bankplätzen“ anerkannt.

solidiert werden sollten[24]. In Genua schlossen sich die Zeichner der städtischen Anleihen zu einem Konsortium zusammen, der „*Casa delle compere di San Giorgio*", die den Zinssatz der öffentlichen Schulden auf 7% vereinheitlichte und für die nächsten vier Jahrhunderte – durch den Erwerb neuer städtischer Einnahmen – das Herz der Genueser Finanzen bildete. Manchmal teilte sich der „*monte*" auch die Verwaltung einer Anleihe mit dem Bank- und Versicherungsgewerbe; in Florenz erhielt der „*monte*" des Jahres 1415 treuhänderisch Geld, und der von 1423 zahlte den Anlegern eine Leibrente. Erfindungsreicher war der „*Monte doti*" („Mitgiftsmonte") 1424: wenn die Anleger innerhalb der nächsten siebeneinhalb oder fünfzehn Jahre heirateten, erhielten sie 250% bzw. 500% der anfänglichen Einlage; falls sie vorher starben oder nicht heirateten, verfiel diese zugunsten der öffentlichen Hand[25]. Neben den öffentlichen „*monti*" wurden in Rom von 1585 verschiedene private („*Monti baronali*") aufgelegt, mit denen zahlreiche Patrizier langfristige Darlehen aufnahmen, die auf Grundbesitz basierten und unter öffentlicher Kontrolle standen[26].

Wenn wir zu den Wechseln zurückkehren, ist allgemein bekannt, daß die Verwendung des Wechsels zur Beschaffung langfristigen Kredits vom 13. Jahrhundert in engem Zusammenhang mit den großen Messen stand; während sich der Wechsel auf den Messen von Genf und Lyon im Laufe des 15. Jahrhunderts durchsetzte, erlangte er in Genua noch größere Bedeutung, da die Teilnehmer auf den Genueser Messen ausschließlich mit Wechseln handelten. Diese Messen hatten ihren Ursprung in der Aussperrung der Genueser Kaufleute aus Lyon im Jahre 1535, die dann ihre Wechselgeschäfte nach Besançon verlegten. Von hier aus wanderten die Treffen allmählich nach Piacenza sowie nach Novi und Sestri Levante in der Nähe Genuas. Obwohl die Genueser Messen noch 1763 stattfanden, erlebten sie ihren Höhepunkt in der Zeit zwischen 1575 und 1620, als die Genueser die Spanische Krone und deren militärische

---

[24] B. Barbadoro, Le finanze della repubblica fiorentina. Imposta diretta e debito pubblico fino alla istituzione del Monte, Firenze 1929; M. Becker, The Monte from its Founding (1343–45) until the Late Fourteenth Century: Florence in Transition, Baltimore 1968.

[25] Sieveking, Studio sulle finanze, S. 46–48.

[26] J. Delumeau, Vie économique et sociale de Rome dans la seconde moitié du XVIe siècle, I, Paris 1957, S. 469–485.

Unternehmungen finanzierten. In der Folgezeit büßten die Messen zwar ihre Bedeutung auf europäischer Ebene ein, aber sie blieben auch weiterhin Italiens größter Finanzplatz. Die Messen verwaltete ein von der Genueser Regierung gewählter Magistrat, der nicht nur die Einhaltung der Messeregeln überwachte, sondern auch bei allen Streitfällen in erster Instanz Recht sprach. Auf den Messen trafen Bankiers, Kaufleute und deren Bevollmächtigte zusammen, die ihre eigenen Firmen und/oder andere Geschäftsleute vertraten. Dabei überwogen die Genueser hinsichtlich ihrer Zahl und ihres Handelsvolumens[27]. Die Messen hatten vor allem folgende Funktionen:

- Akzeptanz von Wechseln, die an anderen Orten gezogen worden waren und die zur Messe fällig wurden;
- Ausstellung von Wechseln, die an anderen Plätzen fällig wurden;
- Ausgleich der aus den vorgenannten Tätigkeiten entstandenen Ansprüche und Verbindlichkeiten.

Die Bilanz wurde, falls überhaupt nötig, in „*écus d'or*" (und seit 1671 auch in Silbermünzen) beglichen, die in einer festen Relation zur Rechnungseinheit der Messen, dem „*écu de marc*"[28], standen. Die Genueser Messen waren daher gleichzeitig ein Markt für Wechsel und ein internationales Clearing-Zentrum. Die Wechsel benutzte man zum Ausgleich offener Handelsrechnungen oder mit Hilfe der „*ricorsa*" für finanzielle Transaktionen.

Durch die Verbesserung der doppelten Buchführung trat die bargeldlose Abrechnung in den Mittelpunkt, so daß immer seltener Münzen benötigt wurden. In den Hauptbüchern der Genueser Kaufleute finden wir vom ausgehenden 16. Jahrhundert an zunehmend das „*conto corrente*", bei dem die beiderseitigen Ansprüche und Verbindlichkeiten bis zum Ende des Geschäftes automatisch abgerechnet wurden. Auch der indirekte Ausgleich, besonders in den Büchern der privaten und öffentlichen Banken, machte deutliche Fortschritte. Mit den Messen bildete sich so ein hochentwickelter internationaler Clearing-Mechanismus heraus[29].

---

[27] G. Felloni, All'apogeo delle fiere genovesi: banchieri ed affari di cambio a Piacenza nel 1600, Studi in onore di Gino Barbieri, II, Pisa 1983, S. 883–901.

[28] G. Felloni, Un système monétaire atypique. La monnaie de marc dans les foires de changes génoises, XVIe-XVIIIe siècles, J. Day (Hg.), Études d'histoire monétaire XIIe–XIXe siècles, Lille 1984, S. 249–260.

[29] Felloni, All'apogeo, S. 883–901.

Im Kreditgewerbe wurden vom beginnenden 15. Jahrhundert an die kleinen Geldverleiher (zumeist Juden) aus dem Kreditgeschäft in Dörfern und Kleinstädten durch die entstehenden Leihhäuser verdrängt[30]. Aus den gleichen Gründen konzentrierten sich die Bankiers in den größeren Städten auf den Geldwechsel. Besser sind uns die Aktivitäten der merchant-bankers vertraut, z. B. durch den „Banco Medici"[31] oder durch Städte wie Rom, wo ihre Tätigkeiten mit der öffentlichen Finanz einen Aufschwung erlebten[32]. Aber auch hier gab es Erfolg und Mißerfolg im Laufe der Zeiten. Die großen toskanischen Bankiers (die Medici, Chigi, Strozzi, Pazzi, etc.) beherrschten wieder die europäische Bühne im 15. Jahrhundert. Aber bereits in den 1520er Jahren wurden sie von den Genueser Bankiers, den letzten bedeutenden Repräsentanten des italienischen Finanzkapitals, verdrängt. Dank ihrer vollendeten Fertigkeiten im Wechselgeschäft waren sie in der Lage, die Spanische Krone überall und jederzeit mit Bargeld zu versorgen, wofür ihnen dann das Amerikanische Silber zur Verfügung stand. Obwohl die spanischen Staatsbankrotte der Jahre 1575 und 1596 den Genueser Bankiers keinen großen Schaden zufügten, war die neue Zahlungsunfähigkeit 1607 für sie der Anlaß, den spanischen Kunden loszuwerden und die mit Spanien verdienten Gelder nach Italien zu transferieren. Das Genueser Jahrhundert neigte sich so seinem Ende zu. Die spanischen Gewinne wurden zu einem Teil in Pomp und Paläste und zum anderen Teil in italienische öffentliche Anleihen investiert, die aber zunehmend geringere Profite abwarfen. Gegen Ende des 17. Jahrhunderts aber wurden neue Darlehensformen ausprobiert, die dann die Genueser Bankiers wieder auf die europäische Bühne bringen sollten[33].

Neben der Geschichte der merchant-bankers war die Gründung völlig neuer Kreditinstitutionen wie der öffentlichen Bank und des Pfandleih-

[30] M. Luzzati, La casa dell'ebreo. Saggi sugli ebrei a Pisa e in Toscana nel Medioevo e nel Rinascimento, Pisa 1985; A. Esposito, Prestito ebraico e monti di pietà nei territori pontifici nel tardo Quattrocento: il caso di Rieti, Credito e sviluppo…, S. 97–111.

[31] R. de Roover, The Rise and Decline of the Medici Bank, 1397–1494 (Harvard Studies in Business History 21), Cambridge, Mass., 1963.

[32] Delumeau, Vie économique, II, Paris 1959, S. 845–937.

[33] G. Felloni, Gli investimenti finanziari genovesi in Europa tra il Seicento e la Restaurazione, Milano 1971.

hauses das wichtigste Ereignis in der italienischen Kreditgeschichte. Der Unterschied zwischen diesen Institutionen und den merchant-bankers ist sehr ausgeprägt. Die merchant-bankers erhielten Einlagen von Verwandten, Freunden oder Kunden; sie arbeiteten aber hauptsächlich mit ihrem Eigenkapital und investierten dies in Darlehen, Handel und Gewerbe. Ungehindert von Restriktionen ließen sie sich bei ihren Investitionen von der Gewinnaussicht leiten. Es konnten sich zwar durch Erfahrung, Know-how und persönliche Bindungen gewisse Spezialisierungen – z.B. bei Genueser Finanztransaktionen – herausbilden, aber man verzichtete grundsätzlich nicht auf verschiedenartige Operationen, die die Risiken einer zu engen Spezialisierung verringerten. Im Gegensatz dazu mußten eine Bankgesellschaft oder ein Pfandleihhaus den in ihrer Gründungsurkunde festgelegten Prinzipien treu bleiben, da sie sonst die Rechtmäßigkeit ihrer Existenz aufs Spiel gesetzt hätten. Die erste öffentliche Bank in Italien wurde 1408 durch die Casa di San Giorgio in Genua gegründet. Sie erhielt Geld in der Form des Kontokorrents, transferierte dieses von einem zum anderen Gläubiger und verlieh Geld an den Staat oder die Käufer öffentlicher Einnahmen. Die Bank wurde aber bereits 1445 geschlossen, als es zu Perturbationen des Geldumlaufs kam. 1531 gründete man eine andere Bank, die Zahlungen für Warenkauf, Frachten, Löhne, Renten und Mitgiften abwickelte, Darlehen gewährte und Wechseltransaktionen beglich. Um der großen Nachfrage Herr zu werden, mußte bereits 1539 eine zweite Bank mit dem gleichen Dienstleistungsangebot gegründet werden. Die durch das amerikanische Silber bewirkte Geldentwertung und der Wunsch nach einer stabilen Rechnungseinheit in Gold erklärt die Eröffnung einer neuen Bank, die ausschließlich mit goldenen écus (den Münzen der Genueser Messen) handelte. Andere Banken für silberne écus (1606), spanische Realen (1625) und später (1675) für alle gesetzlichen Währungen folgten. In der Zwischenzeit hatten sich öffentliche Banken überall in Italien verbreitet, die neben den gängigen Leistungen Konto und Giro meist noch bestimmte Spezialdienste anboten: der *„tavole“* in Palermo (1553) und Messina (1587), der Banco di Rialto (1587) in Venedig, der Banco Sant' Ambrogio in Mailand (1593) und andere in Neapel, Rom und Siena etc. In der zweiten Hälfte des 16. Jahrhunderts gaben einige dieser Banken Bargeldquittungen mit dem Namen der Einzahler aus, die diese für Abhebungen oder als Geld benutzten. Diese Scheine (*„biglietti di cartulario“* in Genua und *„fedi di deposito“* in Neapel) mußten bei Präsentation von der Bank bezahlt werden und waren durch Indossament zu übertragen.

Eine weitere bedeutende Innovation auf dem italienischen Kreditsektor stellten die Pfandleihhäuser dar, die auf die Aktionen der Franziskaner zur Beseitigung des Wuchers in Stadt und Land zurückgingen. Das erste entstand 1462 in Perugia, und kurze Zeit später schossen überall in Nord- und Mittelitalien die Pfandleihhäuser wie Pilze aus dem Boden (Orvieto, Gubbio und Foligno 1463, Bologna 1473, Savona 1479, Milano und Genua 1483, Rom 1488, Piacenza 1490, etc.). Man kann zwei Arten dabei unterscheiden. In den Städten gaben die sogenannten „*Monti di Pietà*" an jeden, der persönliches Eigentum als Pfand zurücklassen konnte, ein Darlehen; ein moderater Zins wurde gefordert, und die Summe mußte in einer bestimmten Zeit zurückgezahlt werden. Auf dem Lande liehen die „*Monti frumentari*" Weizen zur Aussaat, der ihnen mit der Ernte zurückerstattet wurde. In den ärmsten Regionen finden wir sogar Kastanienleihhäuser. Ursprünglich hatte die Kirche die Pfandleihhäuser mit Spenden unterhalten, wozu Stiftungen und Zuwendungen der öffentlichen Hand kamen. Als aber mit der Zeit die Kreditnachfrage die Kapitalausstattung deutlich überschritt, erlaubte Papst Leo X. 1515 in einer Bulle den Leihhäusern, verzinsliche Einlagen anzunehmen und die Zinskosten bei der Kreditvergabe zu berechnen. Aufgrund dieser weisen Entscheidung blieben die Leihhäuser lebensfähig und verbreiteten sich in der Folgezeit über große Teile Italiens.

Einige Bemerkungen sollen diese Skizze abschließen. Doppelte Buchführung, Clearing von Ansprüchen und Verbindlichkeiten, Wechselmessen, neue Formen der öffentlichen Schuldenverwaltung, Pfandleihhäuser, öffentliche Banken, Frühformen der Banknoten, Papiergeld der Regierungen habe ich behandelt. Was gab es noch? Es wurde deutlich, daß die alte Vitalität dem italienischen Bankwesen auch im 15. und 16. Jahrhundert erhalten blieb. Die italienische Kreativität in der Schaffung neuer Kreditinstrumente und -institutionen schien unübertrefflich. Die Anstrengungen der Italiener zur Verbreitung der Vorteile des Kredit- und Bankwesens waren bemerkenswert. Aber Italiens Wirtschaft befand sich schon nicht mehr auf der Höhe der Zeit: das Zeitalter der Regionalstaaten war passé, die Zukunft schien für die stärkeren nationalen Mächte reserviert zu sein.

DIE KAUFLEUTE AUS CAHORS IM ENGLAND DES 13. JAHRHUNDERTS

von

Natalie Fryde

Der Ruf der Carhorsins im England des 13. Jahrhunderts wird maßgeblich durch die Berichte des Chronisten Matthew Paris bestimmt. Er nannte sie *„pestis abominanda"*. Matthew schilderte ausführlich bestimmte Aspekte ihrer Geldgeschäfte und beschuldigte sie, „eine neue Art jüdischen Wuchers in die christliche Gesellschaft eingeführt zu haben".[1] Bevor wir jedoch seinen Beschuldigungen trauen, sind auch andere Quellen zu untersuchen. Die Cahorsins erscheinen auch dort als sehr unpopulär, ob aber aus den Gründen, die Matthew anführt, ist eine andere Frage.

Nach seinem ersten Zornausbruch gegen sie, behauptete Matthew, daß sowohl der König als auch der Klerus ihnen riesige Summen schuldeten.[2] Der erste dieser Vorwürfe ist schwierig zu beweisen. Die große Last der Finanzierung des Krieges in Frankreich lag anscheinend nicht auf ihren Schultern, sondern auf denen der Kaufleute aus Bordeaux. Die Quellen für die private Finanzierung der Hofhaltung sind größtenteils verloren. In den wenigen erhaltenen Zeugnissen erscheinen die Cahorsins hauptsächlich als Lieferanten von Wein und Luxuswaren, worauf sie durchaus dem König kurzfristige Kredite gewährten. Matthew, der öfter die Verschwendung am Königshof kritisierte, mußte solche Kredite als besonders übel empfinden. Damit mag sich seine Abneigung vielleicht zum Teil erklären.

---

[1] H.R. Luard (Hg.), Matthaei Parisiensis monachi sancti Albani Chronica Majora, III: 1216–1239, London 1876, S. 328: *„Invaluit autem his diebus adeo Caursinorum pestis abominanda, ut vix esset aliquis in tota Anglia, maxime praelatus, qui retibus eorum jam non illaquearetur. Etiam ipse rex debito inaestimabili eis tenebatur obligatus."*

[2] Ebenda.

Auch mit Kredit an den Klerus hatte Matthew eigentümliche Erfahrungen. Er gibt in extenso einen Schuldschein für 140 Mark einer nicht genannten Abtei und für Kaufleute aus Cahors wieder.[3] Sein Zugang zu diesem Material beweist, daß der Chronist in nahem Kontakt zu den Gläubigern oder eher ihren Schuldnern stand. Antonia Gransden konnte ermitteln, daß 1246 König Haakon von Norwegen ihn beauftragt hatte, den Mönchen von St. Benet Holm, einer Abtei auf der Insel Niderholm, bei ihren Verhandlungen wegen ihrer Schulden mit Kaufleuten aus Cahors beizustehen. Anscheinend hinterließ das Ergebnis bei Matthew einen schlechten Nachgeschmack.[4] Mit den Gewinnen ihres Wuchers, klagte er, bauten sie sich äußerst noble Palais. Offenbar hatten ihm solche Paläste eine visuelle Erinnerung an seine unangenehmen Verhandlungen eingeprägt.[5]

Wo die Cahorsins auftraten, trafen sie auf Matthews Empfindlichkeiten. Er war prinzipiell ausländerfeindlich, besonders gegenüber den französischen Favoriten König Heinrichs III.[6] Die Cahorsins waren ihm also von daher mißliebig, doppelt zuwider jedoch in ihrer vermeintlichen Rolle als päpstliche Steuereinnehmer, die von König und Papst protegiert waren. Selbst der hohe Klerus Englands, für den Matthew zu sprechen meinte, konnte nichts gegen sie ausrichten. Entsetzt erzählte er, wie eine durch den Bischof von London über sie verhängte Exkommunikation von Papst Innozenz IV. widerrufen wurde.[7] Sein Zorn aber machte ihn blind, denn niemals dienten unter Heinrich III. Cahorsins als päpst-

---

[3] Ebenda, S. 339.

[4] A. Gransden, Historical Writing in England, c. 550–1307, London 1974, S. 356.

[5] Luard Chronica, V, S. 245–246: „*Temporibus sub eisdem, usurarii transalpini, quos Caursinos appellamus, adeo multiplicati sunt et ditati, quod nobilissima palatia Londoniarum sibi comparantes stabilem sibe more civium indigenarum mansionem statuerunt.*" Matthews Gespräche mit einem Kaufmann aus Cahors über solche Paläste bestätigt eine persönliche Bekanntschaft: „*Dixerat unus eorum mihi haec de ipsis scripturo sub attestatione magni sacramenti, quod nisi sibi mansiones sumptuosas comparassent Londoniis, vix aliquis eorum in Anglia remansisset.*"

[6] Ebenda, III, S. 244, 259; IV, S. 233; V, S. 705, 730–731, 739, 747.

[7] Ebenda, III, S. 331: „*Ac ipsi tumentes et superbi, de Papali defensione confidentes, sine difficultate et morae dispendio, in Romana curia impetrarunt...*" (V, S. 1880: „*Nec sunti ausi praelati obmutire, quia se mercatores domini Papae extitisse affirmarunt*").

liche Kollektoren. Dies Privileg war italienischen Kaufleuten vorbehalten. Schon Denholm-Young kam zum Schluß, daß Matthew die Kaufleute aus Cahors mit denen aus Italien zu Unrecht in einen Topf warf. Die Rede des berühmten Theologen Robert Grossesteste auf seinem Sterbebett, gegen die Cahorsin, die Matthew überliefert, war in Wahrheit auch gegen die Italiener gerichtet, da sie eine Anklage gegen die Finanzagenten des Papstes beinhaltete. Womöglich hat Matthew sie Grossesteste untergeschoben.[8]

An einer Stelle seiner Chronik nennt er die Cahorsins „*transalpini*", dagegen an einer anderen, wo er sie der Münzfälschung beschuldigt, unterscheidet er sie durchaus von den Kaufleuten aus Siena.[9] Matthew stand dem Königshof nahe, besonders dem Königsbruder Richard von Cornwall, was ihm Zugang zu Informationen auf hoher Ebene verschaffte. Von seinen Aversionen überwältigt, vergaß er aber oft, sich an die Wahrheit zu halten. Zwar war König Heinrich den Cahorsins verschuldet, aber in viel geringerem Ausmaß als den Italienern oder – für seine Kriegsfinanz – den Kaufleuten aus Bordeaux.[10]

Cahors lag an der Grenze zum angevinischen Territorium, ungefähr hundert Meilen landeinwärts von Bordeaux entfernt. Die Stadt gehörte, zusammen mit der umliegenden Grafschaft Quercy, den Grafen von Toulouse. Zwischen 1158–1188, dann nochmals 1189 und 1199 lag die Oberherrschaft bei England. Während der Albingenserkriege war Cahors und ein Teil von Quercy durch den Bischof von Cahors usur-

---

[8] Ebenda, V, S. 404: „*Caursini enim manifesti usurarii... quia antea hac peste Anglia non laborabat, ejecerunt, iste Papa suscitavit et protegit suscitatos.*" N. Denholm-Young, The Merchants of Cahors, Collected Papers, Oxford 1969, S. 293, R. W. Southern, Robert Grossesteste, Oxford 1986, S. 66. Ein Beweis dafür, daß Matthew die „*Caursini*" nicht mit der Stadt assoziiert, liefert sein Abdruck einer Urkunde mit dem Titel „*Forma Caursinorum obligandi debitores, indies tamen ingravescens... Noveritis nos mutuo recipisse apud Londonias, pro nostris et ecclesiae nostrae negotiis utiliter expediendis, ab illo N. et illos N. pro se et sociis suis, civibus et mercatoribus civitatis N. centum et quatuor marcas...*" Vgl. C. Tithon, Aperçus sur l'établissement des Lombards dans les Pays-Bas au XIIIe et XIVe siècles, Revue belge de philologie et d'histoire 39 (1961), S. 334–364, wo auch in Flandern um die Mitte des Jahrhunderts „*Cahorsin*" mit südeuropäischem Wucherer synonym gebraucht wurde.

[9] Luard, Chronica, III, S. 245.

[10] N. Fryde, Les marchands français en Angleterre au XIIIe siècle, F. Crouzet (Hg.), Le negoce intercontinental au XIIIe–XXe siècle, Paris 1989, S. 18.

piert, der nur ab und zu die Oberherrschaft der Könige von England anerkannte.[11] Womöglich kam die Wende in den Geschäften der Cahorsins, die durch Weinhandel reich geworden waren, durch den Albingenserkreuzzug. Sie schlüpften in die Rolle von Kriegsfinanziers und zwar für den Schlächter der Albingenser Simon de Montfort. Es wirkt als Ironie der Geschichte, daß sie zur „bête-noire" seines Sohns gleichen Namens wurden, der im Krieg der Barone die Magnatenpartei gegen Heinrich III. anführte. Vielleicht waren Erinnerungen an die Schuldenlast seines Vaters die Wurzeln seiner Feindseligkeit gegen die Cahorsins.[12] Matthew, mit seiner starken Sympathie für Simon de Montfort und die „Reformbewegung", übernahm auch die Animosität dieser Partei gegen die Cahorsins.

Ähnlich wie Matthew – absichtlich oder nicht – die Italiener und Cahorsins durcheinanderbrachte, erscheint ihr Charakterbild wenig später in Kontinentaleuropa. Dort war *„Kawerschen"* der Sammelbegriff für christliche Wucherer, die jedoch eigentümlicherweise nicht aus Südfrankreich, sondern aus Asti oder Chieri in Piemont stammten. Aber es gab auch englische Zeitgenossen Matthews, die durchaus in der Lage waren, zwischen Kaufleuten aus Cahors und denen aus Italien zu unterscheiden: Arnold fitzThedmar, Londoner Patrizier und Alderman deutscher Herkunft, erwähnte die Cahorsins zweimal in seiner Chronik. Jeweils unterschied er zwischen den *„Ytallici et Caurcini"*[13] und, im zweiten Fall noch genauer, zwischen den Italienern, Cahorsins und den Kaufleuten der Provence.[14] Dieser letztere Unterschied war wichtig, da die Kaufleute aus Cahors genau wie die aus Bordeaux Untertanen des Königs von England waren, während die Provençalen zum Machtbereich des Grafen der Provence, des Vaters der unpopulären Königin Eleanor gehörten.

Andere englische Quellen liefern uns ein Bild der Cahorsins und ihrer Geschäfte, das sich von dem Matthews erheblich unterscheidet. Sonder-

---

[11] E. Hallam, Capetian France, 987–1328, London 1980, S. 267–268. N. Denholm-Young, Merchants, S. 290, Anm. 3

[12] Sir M. Powicke, Henry III and the Lord Edward, Oxford 1947, S. 201–202.

[13] T. Stapleton (Hg.); De Antiquis legibus Liber. Cronica Maiorum et Vicecomitum Londoniarum, London 1846, S. 62. N. Fryde, Arnold Fitz Thedmar und die Entstehung der Großen Deutschen Hanse, HGbll. 107 (1989), S. 27–42.

[14] Ebenda, S. 118–119.

lich geschätzt erscheint ihre Tätigkeit auch dort nicht, aber der konventionellen Vorstellung der „*Kawerschen*“ oder gar der Juden entsprach sie auch nicht. Weder waren sie jenen an Zahl vergleichbar, noch waren Wucherdarlehen der für sie typische Geschäftszweig. Im Gegenteil, während der Regierungszeit Heinrichs III. finden wir nur ungefähr zehn Kaufleute von Bedeutung aus ihrer Stadt in England! Schon deswegen kann man sie überhaupt nicht mit den Juden oder Italienern vergleichen. Ich habe auch bisher überhaupt keinen Bürger oder Bauern gefunden, der ihnen gegenüber verschuldet war und vorläufig nur wenige Schuldscheine, die nicht vom Klerus, sondern von Mitgliedern kleinadeliger Familien stammten.[15] Die englischen Quellen dieser Epoche sind allerdings kaum zu erschöpfen, so daß neue Entdeckungen durchaus möglich sind. Ich bezweifle aber, ob sich das Bild erheblich ändern würde. Wir finden Cahorsins in Abteien in den Provinzen, wo sie Wolle kauften, aber nur dann erwähnt, wenn sie ihre Verträge brachen.[16] Wir finden sie auch an den verschiedenen Häfen beim Verfrachten von Wolle. Den Schwerpunkt ihrer Geschäfte bildete jedoch die Hauptstadt London mit dem Königshof in Westminster.

Eine zeitgenössische Klage gegen die Cahorsins berichtet darüber: im Mai 1258 erhoben die Magnaten eine Petition gegen die vielen Ungerechtigkeiten im Lande. Zwei Paragraphen dieses sehr gründlichen Dokuments klagen laut gegen den Wucher.[17] Der erste (Nr. 24) betraf den jüdischen Wucher und solche Magnaten, die jüdische Forderungen aufkauften, um die Ländereien der Schuldner an sich zu bringen. Diese Praxis führte angesichts der großen Verschuldung des Niederadels zum Aufkauf ihrer Länder durch den hohen Adel, wobei sich Angehörige des Königshauses hervortaten. Eine geradezu umwälzende Landverschiebung war die Folge.[18] Der folgende Klagepunkt, der uns mehr angeht, ist gegen die Cahorsins gerichtet: „Weiter bitten sie um Hilfe in der Sache der christlichen Wucherer, z. B. der Cahorsins, die in London wohnen, da es gegen die christliche Religion ist, solche Leute zu unterstützen und

---

[15] Z. B. Calendar of Close Rolls (C.Cl.R) 1264–68, S. 25.

[16] C. Cl. R 1288–96, (1291) S. 193–195.

[17] I. J. Sanders (Hg.), Documents of the Baronial Movement of Reform and Rebellion, Oxford 1973, S. 87 u. Anm. 16.

[18] E. King, Large and Small Landowners in Thirteenth-Century England: the Case of Peterborough Abbey, Past and Present 47 (1970), S. 26–50.

begünstigten, zumal sie Anspruch auf den Namen Christen stellen. Viele nämlich sind durch ihren Wucher verarmt, sogar ruiniert. Und sie kaufen Waren auf, die sich sowohl auf dem Land als auch auf dem Wasserweg nach London befinden zum großen Schaden der Kaufleute und aller Leute der City und auch zum Schaden des Königs, da sie keinen Beitrag zum Tallagium und auch sonst keine Gebühren oder Dienste leisten."

Der Schwerpunkt dieser Beschwerde lag somit nicht auf dem Wucher der Cahorsins, sondern auf ihren Geschäften als Zwischenhändler im Importhandel der Stadt London. Der Grund für ihre Unpopularität unter den Magnaten und den Londonern, die Simon de Montfort unterstützten, wird klarer: ihr Gewinn im Zwischenhandel und ihre Abgabefreiheit erregten Neid. Viel eher als die Zornausbrüche Matthews bietet diese Petition eine zutreffende Darstellung der Geschäfte der Cahorsins. Bevor wir zu diesen Quellen kommen, will ich als Gegendarstellung Matthews einen anderen Chronisten, Arnold fitzThedmar gegenüberstellen. Als Londoner Patrizier war er besser als jener in der Lage, ein zuverlässiges Bild der Cahorsins zu bieten. Unter den Ereignissen für das Jahr 1260 berichtet er und liefert dabei einmalig zuverlässige Details der damaligen Geschäftspraxis:[19]

„Memorandum. Nach den Bräuchen der Stadt London pflegen alle ausländischen Kaufleute, die die Stadt aufsuchen, mit ihren Waren in den Herbergen der Bürger Quartier zu nehmen. Ihre Waren, die nach Zentnern gehandelt werden, wie Wachs, Alaun und ähnliches, müssen sie auf der großen Waage des Königs wiegen lassen. Andere Waren, die pfundweise angeboten werden, wie Pfeffer, Ingwer, Rotholz (Brazil), Purpur (Grana) und ähnliches, pflegen sie mit Ellen, Kramwaagen, Scheffeln und Körben ihrer Gastgeber zu messen, so daß dem Käufer pro Zentner vier Pfund Verschnitt gerechnet werden, beim mittleren Zeiger wie beim Gold oder Silberwiegen. Als seiner Zeit Italiener, „*Kaurcinii*" und Kaufleute aus der Provence mit ihren Waren nach London kamen, zunächst nur wenige, hielten sie sich daran. Jedoch im Laufe der Zeit, als immer mehr Kaufleute aus jenem Lande kamen, darunter einige, die enorm reich waren, schafften sie in die Stadt Waren in solch riesigen Mengen, die die Bürger gar nicht durchschauen konnten. Sie wollten nicht in den öffentlichen Herbergen hausen, sondern errichteten sich Steinhäuser in

[19] Stapleton, Liber, S. 62.

der Innenstadt und hielten sich dort mit ihren Gütern unter sich. Seitdem wogen sie mit ihren Waagen und vertrieben ihre Güter gegen die Rechtsbräuche der Stadt, so daß das Zentnergut, das eigentlich über die Waage des Königs gehen sollte, zu dessen Schaden und Gebührenverlust mit ihren eigenen Großwaagen gewogen wurde. So trieben sie es mehrere Jahre. Als der König den Bürgern eine neue Stadtfreiheit verlieh, war darin bestimmt, daß kein fremder Kaufmann irgendwelche Waren kaufen oder verkaufen dürfe, die nicht das Waagamt des Königs passiert hatten, bei Androhung der Konfiskation. Wie wohl dies durch die ganze Stadt verkündet wurde, wogen jene Kaufleute wie zuvor zuhause. Der König ließ daraufhin durch seine Bailiffs alle Waagen und Gewichte beschlagnahmen und ließ jene Kaufleute Bürgschaft stellen. Am Donnerstag vor Simon und Judas mußten sie in Westminster vor dem König und seinem Rat erscheinen und, überführt daß ihre Waagen und Gewichte sich bei der Prüfung im Excambium als falsch erwiesen hatten, wurden sie dem König auf Gnade und Ungnade überstellt. Ungefähr zwanzig von ihnen wurden im Tower ins Gefängnis geworfen. Anderentags wurden ihre Waagen und Gewichte in Westchep auf offenem Markt verbrannt oder kleingehauen. Jene Kaufleute aber unterwarfen sich dem König auf eine Buße von Tausend Pfund Sterling unter der Drohung, sonst im erbärmlichsten Kerker zu enden."

Soweit fitzThedmars Bericht. Er bestätigt, daß die Beschwerden der Magnaten gegen die Cahorsins nicht so sehr ihrem Wucher, sondern hauptsächlich ihren üblen Geschäftspraktiken galten. Matthews Zornausbruch gegen ihre Palais bekommt Substanz. Jene Häuser waren nicht nur Schemen, Projektionen seiner Neidgefühle. Sie standen vielmehr realiter in der City als Stadtburgen, ihrer Rechts- und Geschäftsbräuche zum Trotz. Solche Gebäude „ex territorio" waren immer ein Dorn im Auge der Kommune, was auch für den Stalhof der Deutschen galt. Die von fitzThedmar genannte Zahl von zwanzig Personen (einschließlich Italiener und Provençalen) bestätigt, daß wir es bei den Cahorsins mit einer kleinen Zahl von Großkaufleuten und nicht einer großen Zahl von Kleinkaufleuten zu tun haben. Vergleiche zwischen ihnen und den Juden mit ihrem weitgespannten, ziemlich dichtmaschigen Netz provinzieller Wucherer lagen und liegen also daneben.[20] Es trifft zu, was Renouard

[20] R. Stacey, Politics, Policy and Finance under Henry III, 1216–1245, Oxford 1987, Kap. 4 u. S. 132.

schrieb, daß die Cahorsins in England im 13. Jahrhundert noch hauptsächlich Großhändler waren.

Namen wurden weder von fitzThedmar noch von Matthew Paris genannt. Ohne Zweifel kannten beide die größte Cahorsin-Firma in England zu dieser Zeit, die Beraud. Sie erscheint zuerst in den zwanziger Jahren. Renouard fand einen isolierten Kaufmann aus Cahors in England schon 1205.[21] Am Anfang des Jahrhunderts jedoch war La Rochelle der französische Hafen für die Ausfuhr von Wein nach England. Der Verlust von La Rochelle zusammen mit Saintonge, Limousin und Perigord 1224 bedeutete, daß die Kaufleute von Bordeaux, das in englischem Besitz blieb, den Weinbedarf Englands nicht voll stillen konnten. Womöglich traten die Cahorsins in diese Lücke. Cahors lag sowohl auf der Straße zwischen Montpellier und La Rochelle als auch an der zwischen Lyon und Bordeaux und war selbst das Zentrum eines bedeutenden Weinbaugebiets. Der Verlust der nördlichen angevinischen Länder verschob den Schwerpunkt des Weinhandels weiter nach Süden und ebenso den Kriegsschauplatz. Der jüngere Bruder des Königs, Richard von Cornwall, vor kurzem zum Ritter geschlagen und erst 16 Jahre alt, wurde nach Bordeaux geschickt. Er sollte die restlichen Länder Aquitaniens gegen den König von Frankreich verteidigen. Seine Lage war schwierig, da Geld aus England knapp war. 1225 organisierte der Graf von Salisbury, der für den jungen Prinzen die Kriegsführung leitete, erstmals ein Darlehen von 1000 Mark von Kaufleuten aus Cahors. Als deren Firmenchef agierte in diesem Fall Guillaume Lard, der für die Beraud am Anfang ihrer Karriere handelte. Ein zweites Darlehen folgte schnell darauf, diesmal von der Firma Raymond William.[22] Es ist nicht auszuschließen, daß Richard trotz seiner Jugend selbst auf die Idee gekommen war, die Cahorsins zu benutzen, um seine Finanznot zu überbrücken. Später wurde sein Geschick in Gelddingen in ganz Europa legendär. Im Jahr 1257 trug dies dazu bei, daß ihm die Deutsche Königskrone angetragen wurde. Kurz vor diesem Kriegskredit in der Gascogne und zwar 1224 erschienen die Beraud in England und zwar als Importeure von Silberbullion für die Münze.[23] Dies ist übrigens das einzige Mal, wo wir

---

[21] Y. Renouard, Les Cahorsins, Hommes d'àffaires français au XIIIe siècle. (Transactions of the Royal Historical Society, 5. Ser. 11) London 1961, S. 54.

[22] N. Denholm-Young, Richard of Cornwall, Oxford 1947, S. 4–6. Calendar of Close Rolls 1224–27, S. 534; Calendar of Patent Rolls 1216–25, S. 538.

[23] Ebenda, S. 448.

Cahorsins im Silberhandel finden. Sie waren auch nicht im Cambium selbst tätig, der zentralen Münzprägestelle Englands, obwohl Ausländer – Deutsche und Flamen – dort durchaus zu finden waren.[24]

Während der zwanziger Jahre beantragten Arnold Beraud und sein Bruder Peter häufig Handelslizenzen.[25] 1231 war Peter Opfer eines Diebstahls im Weinhafen von Bristol.[26] 1242 war Arnold beschäftigt, Wolle und wahrscheinlich auch Tuch in der Tuchstadt Beverley in Yorkshire zu kaufen.[27] Im Jahr darauf kaufte Arnold Seidentuch für König Heinrich III. in Provins, der großen Messestadt der Champagne.[28] Die Firma Beraud führte ihr Weinimport- und Wollexportgeschäft während der ganzen Regierungszeit Heinrichs III. bis 1271, als sie zum letzten Mal bezeugt ist. Peter war sicher jetzt ein alter Herr, als er laut den Exportlisten dieses Jahrs eine Lizenz erkaufte, um 1690 Sack Wolle zu exportieren.[29]

Diese Nachrichten ziehen über die Cahorsins einen harmlosen Schleier. Wie kamen sie dennoch zu ihrem üblen Ruf als *„pestis abominanda"*? Für Matthew Paris' Chronik klingt dies immerhin ziemlich drastisch. Als der Krieg mit Frankreich 1231 die Vertreibung aller französischen Kaufleute veranlaßte, mußten wie alle anderen die Beraud die Insel verlassen. Ihre konfiszierten Waren aber wurden in die Obhut Richard Rengers gegeben.[30] Renger war Generalpächter des Cambiums 1226–28 und Mayor von London 1222–27 und 1238–39. Als solcher war er auch der Führer der royalistischen Fraktion der Londoner Aldermen und Sheriffs. Im gleichen Jahr 1231 diente ein Angestellter von Renger auch als Agent der Beraud in Bristol.[31] Solche „Arrangements" führten zum Skandal in der City, wo die royalistische Fraktion um Renger sehr

[24] N. Fryde, Silver, Recoinage and Royal Policy in England 1180–1250, E. Van Cauwenberghe, F. Irsigler (Hgg.), Münzprägung, Geldumlauf und Wechselkurse (Trierer Historische Forschungen 7), Trier 1984, S. 19.

[25] N. Denholm-Young, Merchants, S. 296.

[26] C. Cl. R. 1227–31, S. 551–552.

[27] Ebenda, 1237–42, S. 471.

[28] C. P. R. 1232–47, S. 378.

[29] P. Wolff, Le Problem des Cahorsins, Annales du Midi 62 (1980), S. 229–238.

[30] C. Cl. R. 1227–31, S. 576–577; C. Cl. R. 1237–42, S. 410.

[31] C. Cl. R. 1227–31, S. 554-555.

umstritten war.[32] Der Eindruck, daß die Cahorsins sich über das Gesetz hinwegsetzen konnten, wurde durch solche Manöver verstärkt – zumal der König jede Gelegenheit benutzte, sich mit seinen Gegnern in der Stadt anzulegen. Dazu waren die Cahorsins geeignete Parteigänger, da sie als Ausländer völlig vom König abhängig waren. Arnold bekam 1243 Hoftracht vom König, d. h. er war in den königlichen Haushalt als Mitglied aufgenommen und anerkannt.[33] Dies geschah zu einer Zeit, als das Geschrei gegen die ausländischen Günstlinge des Königs laut und bissig geworden war.[34] Vom Standpunkt der Zeitgenossen war dies verständlich. Sie ekelten die parasitären Verwandten des Königs am Hof an, wo ihnen die bestdotierten Pfründen des englischen Klerus übertragen und die weiblichen Angehörigen der Familienclans den reichsten Erben Englands angetraut wurden. Außerdem drohten die Franzosen auch den Staatsapparat zu übernehmen. – Der spektakulärste Fall war der des Bischofs von Winchester, Peter des Roches aus dem Poitou, der als Justitiar Stellvertreter des Königs war. Des Roches katapultierte seinen unehelichen Sohn Peter des Riveaux in zahlreiche bis dahin leitende Ämter der königlichen Verwaltung, was ihm gewissermaßen eine mittelalterliche Premierministerstelle mit unbegrenzter bürokratischer Macht verlieh. Diese Machtballung wurde aber allmählich sogar dem König zu viel und des Riveaux landete 1234 vorübergehend im Tower und Peter des Roches verlor sein Amt als Justitiar und mußte ins Exil. Die Wardrobe jedoch, der private Finanzapparat des Königs, blieb weiterhin in französischen Händen und Peter des Riveaux war seit 1257 wieder ihr Chef. Auch Vater des Roches kehrte nach einiger Zeit aus dem Exil nach England in sein Bistum zurück.[35]

Die Cahorsins, die dem Königshof als Hoflieferanten und mit Warenkrediten dienten, wurden deswegen von den Magnaten oben wie vom Volk unten automatisch verabscheut. Arnold Berauds Berufung zum Chamberlain von London 1251 erwies sich als eine ernsthafte Herausforderung in einer explosiven Situation.[36] Der Chamberlain war als Ver-

---

[32] G. Williams, Medieval London from Commune to Capital, London 1970, S. 329–330.

[33] C. Cl. R. 1242–47, S. 143.

[34] M. T. Clanchy, England and its Rulers, London 1983, S. 230–235.

[35] J. E. Davis, The Wardrobe of Henry III of England 1234–72, Mississippi State University Ph. D., 1970.

[36] C. Cl. R. 1247–52, S. 420.

treter des Königs in der Stadt eo ipso unpopulär. Seine Kontrolle über Käufe und Erwerbungen für den Hof führte häufig zu Zusammenstößen mit den großen Kaufleuten. Als der Bürgerkrieg endlich 1258 ausbrach, gehörten daher gerade die Cahorsins zu den Opfern. Nicht nur waren sie auf den Straßen Londons persönlich bedroht, sondern auch ihre Waren waren gefährdet, die sie zur Sicherheit in Abteien rings um die Hauptstadt deponiert hatten. Die Abtei von Nocton Park in Lincolnshire wurde geplündert, weil Peter Beraud ihr Verwalter war.[37] Das Haus litt nicht nur unter der Feindschaft gegenüber den Beraud, sondern auch unter den Cahorsins selbst. Der Prior erhob Klage gegen Arnold vor dem Gericht des Königs und anschließend vor seinem Kronrat. Obwohl die Firma vor dem König Rechnung für ihre Verwaltung des Hauses legen sollte, erschienen die Beraud nicht zum vorgesehenen Termin. Sie verweigerten dem Prior die Rückgabe von Schuldbriefen. Peter Beraud war wahrscheinlich auch anderswo in Schwierigkeiten, da er 1261 einen Schutzbrief vom König erwarb, um nicht für Schulden zu haften, für die er weder als Bürge noch als Hauptschuldner figurierte.[38] Dazu erkaufte er sich einen weiteren Schutzbrief, daß er überall im Lande handeln dürfe, solange er alle gesetzlichen Gebühren bezahle. Die Klage des Priors scheint die Erfolge der Firma nicht gebremst zu haben. Im Gegenteil, der König verlieh ihr 1263 die Verwaltung der Juden, die durch die Ausbeutung der Krone ruiniert und durch Massaker während des Bürgerkriegs dezimiert waren.[39] Die Firma verdankte diese Verleihung wahrscheinlich Prinz Edward, der die Regierung von seinem alten Vater Heinrich III. praktisch übernommen hatte. Glatt ging es nicht. Bald mußte der Prinz die Beraud mahnen, nicht noch schlimmer als ohnehin gegen die Juden vorzugehen.[40] Drei Jahre später war Arnold Beraud in ein Geschäft mit dem Juden Hagin von Lincoln verwickelt. Er hatte von Hagin 40 Sack Wolle gekauft und auch 500 L von ihm als Darlehen

[37] H. Hall (Hg.), Select Cases Concerning the Law Merchant, II: Central Courts, A.D. 1239–1633, London 1930 (Selden Society Publications 46) S. 12–13; C.P.R. 1258–66, S. 582.

[38] C.P.R. 1258–66, S. 191.

[39] Ebenda. Es muß offen bleiben, wieweit Heinrich III. den Cahorsins verschuldet war. Edward I. jedenfalls war es sehr erheblich. Vielleicht hing dies mit seiner Rolle als Seneschall der Gascogne zusammen (1253–38); C.P.R. 1258–66, S. 263.

[40] Ebenda, S. 283.

erhalten. Als Sicherheit dafür waren dem Juden Forderungen an Prinz Edward eingesetzt. Sir John Walerand, Warden des Towers, Walter Hervey, Bailiff der City, Alderman Sir Edward Blund und andere Figuren, die Prinz Edward nahe standen, dienten als Zeugen. Hagin aber verlor seinen Schuldschein und damit sein Recht auf Rückzahlung.[41]

Die zunehmende Macht des Prinzen kam den Cahorsins nur zugute; 1268 bekam die Firma von James Donedu aus Cahors den Zoll von Bordeaux gegen 15 000 neu-Pfund (von Bordeaux) verpfändet.[42] 1270 übertrug Edward eine Abgabe („*aid*"), die er zuvor an die Firma von Deudatus Guillaume aus Cahors verpfändet hatte „da er ersichtlich um den halben Wert betrogen war", bis zum Betrag von 40 000 Mark an Peter Beraud für Forderungen, die er schon aus früheren Darlehen schuldete. Beraud durfte seinen eigenen Steuereinnehmer einsetzen. Dies war ein außergewöhnliches Privileg, das sicher nicht zur Popularität des Cahorsins beitrug.[43] Zu dieser Zeit bekam auch ein anderer Cahorsin, Bernard Nichol, den Titel „Königlicher Kaufmann".[44] Königin Eleanor hatte ihren eigenen Hofkaufmann, nämlich eben jenen Deudatus Guillaume, der Prinz Edward um seine Steuereinnahme betrogen hatte! Guillaume ist anderwärts als Kaufmann des Königs von Frankreich bezeugt, was für die internationale Rolle dieser Großbankiers spricht.[45] Eleanors Schwester Margaret war mit Ludwig IX. von Frankreich verheiratet. Prinz Edwards Favorit unter den Cahorsins war anscheinend Poncius de La More.[46] Er wurde zum Haupteinkäufer für Wein für den Hof ernannt. Auch dies war eine Stelle, die keine Sympathien eintrug, da es sich oft um Zwangskäufe handelte. Vielleicht wegen solcher Risiken erkaufte sich Poncius das Bürgerrecht Londons.[47]

---

41 J.M. Rigg (Hg.), Select, Pleas, Starrs and other Records from the Rolls of the Exchequer of the Jews, A.D. 1220–1284, London 1902, S. 33–35.

42 C.P.R. 1266–72, S. 24; J.P. Trabut-Cussac, Les coutumes des droits de douane perçus à Bordeaux sur les vins et les marchandises par l'administration anglaise de 1252 a 1307, Annales du Midi 62 (1950), S. 140–141.

43 C. P. R. 1258–66, S. 463. Beraud wurde aber auch von seinen Agenten betrogen; C. P. R. 1272–82, S. 286.

44 C.P.R. 1247–58, S. 539.

45 C.P.R. 1266–74, S. 534.

46 Ebenda, S. 509, 553.

47 Ebenda, S. 509; Williams, Medieval London, S. 227.

Gegenüber Matthew Paris Beschreibung der Cahorsins ist also ziemliche Skepsis angebracht. Auf keinen Fall kann man sie im gleichen Atemzug mit den Juden nennen, eher mit den italienischen Kaufleuten. Von diesen gab es zwei Gruppen in England – auf der einen Seite die päpstlichen Bankiers, wie Peter Saracenus, der dem König gelegentlich Geld vorstreckte aber keinen Warenhandel betrieb. Auf der anderen Seite gab es die Woll- und Tuchhändler aus der Toskana, die allmählich in größere Finanzkredite verwickelt wurden, nachdem sie zuerst kurzfristige Kredite auf von ihnen selbst gelieferte Waren gewährt hatten. Die Cahorsins ähnelten eher dieser zweiten Gruppe. Sie waren die Vorgänger der großen italienischen Bankhäuser in England, da sie Kredite gegen gesicherte Revenuen oder Verpfändung von Zöllen und anderen Abgaben gewährten. Es gab zwei Gründe für die besonders starke Abneigung gegenüber diesen erfindungsreichen Kaufleuten aus Cahors. Sie wurden mit der südfranzösischen Clique am Hof identifiziert, sowohl weil sie südfranzösisch sprachen als auch weil sie unpopuläre Tätigkeiten wie Steuereintreibung, Judenverwaltung und Zwangskäufe für den Hof ausübten. Nicht als Provinzwucherer, sondern als sagenhaft reiche Financiers eines verhaßten Regimes wurden sie verabscheut. Matthew Paris' Chronik spiegelt nicht die populäre Meinung über sie, sondern die der adligen politischen Opposition.

DIE ANFÄNGE DER ÜBERTRAGBARKEIT: EINIGE KREDITINNOVATIONEN IM ENGLISCH-FLÄMISCHEN HANDEL DES SPÄTMITTELALTERS (1360–1540)*

von

John H. Munro

Die mittelalterlichen privaten Kreditinstrumente unterschieden sich von den neuzeitlichen, wie allgemein behauptet wird, dadurch, daß sie nicht negotiabel waren. Negotiabel und damit verkäuflich wurden die Wechsel oder Schuldscheine aber erst, nachdem die Innovationen Übertragbarkeit, Indossament und Diskontierung rechtsgültig und gesetzlich durchsetzbar geworden waren. Die Übertragbarkeit bedeutete, daß ein Dritter, dem man den Wechsel überschrieb, bei Fälligkeit des Wechsels, den vollen gesetzlichen Anspruch auf Zahlung hatte. Nach A. P. Usher vollzog sich der erste und entscheidende Schritt hin zur modernen Veräußerbarkeit von Kreditinstrumenten mit den Inhaber-Schuldscheinen, die in den Niederlanden im beginnenden 16. Jahrhundert umliefen. Streitigkeiten über diese Schuldscheine führten zu dem „Meilenstein"-Urteil des Brügger Kaufmannsgerichts, das 1527 „entschied, daß der Inhaber alle Rechte eines Gläubigers habe"[1].

---

* Aus dem Englischen übertragen von Michael North.

[1] A.P. Usher, The Early History of Deposit Banking in Mediterranean Europe, I (Harvard Economic Studies 75), Cambridge, Mass., 1943, S. 98–99. Er zitiert ein Dokument aus L. Gilliodts-Van Severen (Hg.), Coutume de la ville de Bruges, II, Brussel 1875, Nr. 127, S. 318. Seiner Meinung nach hatten die Antwerpener Gerichte ähnliche Regelungen eingeführt. Die Statuten für Dordrecht und Südholland (1570/71) bekräftigten diese Haltung gegenüber dem Inhaber.

Ushers Hypothese über die innovative Rolle der Niederlande ist in der Folgezeit von Herman Van der Wee gründlich überprüft worden[2]. Er fand, daß das Antwerpener Stadtgericht und nicht Brügge die Pionierleistung vollbrachte und die Übertragbarkeit gesetzlich anerkannte; denn das Urteil („*turba*") von 1507 „gewährte dem Inhaber des Schuldscheins die gleichen Rechte wie dem ursprünglichen Gläubiger hinsichtlich der Verfolgung eines zahlungsunfähigen Schuldners". Zuvor mußte sich der Inhaber, der einen säumigen Schuldner belangen wollte, „erst eine ausdrückliche Vollmacht vom ursprünglichen Gläubiger... oder eine offizielle Übertragung mittels einer formellen „*cessio*" besorgen"[3]. Van der Wee entdeckte auch das früheste dokumentierte Beispiel einer Diskontierung in den Papieren eines englischen Kaufmanns namens Kitson: einen Inhaber-Schuldschein diskontiert in Antwerpen 1536. Aber dieser diskontierte Schuldschein war etwas sehr Ungewöhnliches, da alle Kreditinstrumente von Hand zu Hand wanderten und nicht vor Fälligkeit eingelöst und zu Geld gemacht wurden[4]. Die Diskontierung verbreitete sich innerhalb der Antwerpener Kaufmannschaft auch erst im späten 16. Jahrhundert; allgemeine Verwendung fand die Diskontierung dann zusammen mit dem Indossament im frühen 17. Jahrhundert. Zu dieser Zeit hatte die Flut der Inhaber-Schuldscheine finanzielle Transaktionen ohne urkundliche Übertragung riskant gemacht, so daß man nach einer schriftlichen Fixierung der Übertragung durch den Zedenten verlangte[5].

---

[2] H. Van der Wee, The Growth of the Antwerp Market and the European Economy (Fourteenth-Sixteenth Centuries), II, The Hague 1963, S. 127–150, 333–368; Ders., Anvers et les innovations de la technique financière aux XVIe et XVII siècle, Annales: Economies, sociétés, civilisations 22 (1967), S. 1067–1089; Ders., Monetary, Credit, and Banking Systems, The Cambridge Economic History of Europe, V: The Economic Organization of Early Modern Europe, Cambridge 1977, S. 290–393, besonders S. 322–332.

[3] Van der Wee, Credit and Banking Systems, S. 325.

[4] Van der Wee, Credit and Banking Systems, S. 329–331. Er bemerkt, daß vor der offiziellen Diskontierung Kaufleute auch zu Bargeld kommen konnten, wenn sie ihren Schuldnern für die frühere Zahlung (vor der Fälligkeit) einen Rabatt offerierten.

[5] Zu den Ursachen der nur allmählichen Verbreitung des Indossaments siehe Van der Wee, Credit and Banking Systems, S. 327–329.

Hatte die Übertragbarkeit von Kreditinstrumenten ihren Ursprung vielleicht auch woanders? Vielleicht lag der Ursprung in Italien oder sogar in Oberdeutschland, wenn wir an die Bedeutung italienischer und oberdeutscher „merchant-bankers" auf den Brabanter Messen im späten 15. und im 16. Jahrhundert denken. In Italien waren aber auch nach de Roover indossierte übertragbare Wechsel vor dem 17. Jahrhundert sehr seltene Ausnahmen – einer von Tausend – (und Inhaber-Schuldscheine noch seltener); und die meisten, wenn nicht alle wurden zur Begleichung von Schulden mit Dritten bei Fälligkeit benutzt[6]. Was Oberdeutschland betrifft, so liefern die neueren Untersuchungen zum Bankwesen keine Anhaltspunkte dafür, daß die Antwerpener Innovationen auf dem Kreditsektor aus dieser Region kamen[7]. Aber ebenso wichtig wie die italienischen und oberdeutschen Kaufleute waren auf den Antwerpener Messen

---

[6] Siehe R. de Roover, The Rise and Decline of the Medici Bank, 1397–1494, Cambridge, Mass., 1963, S. 137–140. Er zitiert ein Beispiel eines Wechsels, der 1438 von einer Bank in Barcelona auf Pierozzi & Co. in Florenz gezogen wurde und die Medici-Bank als Zahlungsempfänger bestimmte. Dieser Wechsel war wie folgt indossiert: „Wir Cosimo und Lorenzo de' Medici & Co befehlen euch [dem Bezogenen Pierozzi & Co], bei Fälligkeit für uns an Adoardo Giachinotti & Co zu zahlen". Usher, Deposit Banking, S. 10, behauptet, daß sogar nach 1600 die indossierten Wechsel selten und die zitierten italienischen Dokumente keine typischen Wechsel seien. Er bemerkte weiter, daß Neapel noch 1607 aufeinanderfolgende Indossierungen eines Wechsels verbot. Siehe ebenso M. Spallanzani, A Note on Florentine Banking in the Renaissance: Orders of Payment and Cheques, Journal of European Economic History 7 (1978), S. 145–168.

[7] Für Oberdeutschland siehe R. Ehrenberg, Das Zeitalter der Fugger. Geldkapital und Kreditverkehr im 16. Jahrhundert, I–II, Jena 1896; W. von Stromer, Funktion und Rechtsnatur der Wechselstuben als Banken, Bankhistorisches Archiv, Zeitschrift zur Bankengeschichte 10 (1979), 1, S. 3–34; J.-F. Bergier, From the Fifteenth Century in Italy to the Sixteenth Century in Germany: A New Banking Concept? F. Chiapelli (Hg.), The Dawn of Modern Banking, New Haven 1979, S. 105–129. Usher, Deposit Banking, S. 97–98, hat als Ursprung der flämischen Innovation der Übertragbarkeit das französische Traktat des späten 14. Jahrhunderts *„La Somme Rurale"* von Jean Boutiller vorgeschlagen. Dieser hatte bereits dem Inhaber des Schuldscheins das Recht zugestanden, gegen einen Schuldner zu klagen. Jedoch erscheint diese Verbindung – mit einem Zeitunterschied von mehr als 100 Jahren – etwas dürftig; und die französisch-flämischen Handelsbeziehungen waren zu schwach, um solche Innovationen zu verbreiten.

die englischen Tuchexporteure[8]. Da viele der auf diesen Messen zirkulierenden Inhaber-Schuldscheine auch englische Kaufleute betrafen, könnten die Engländer die Quelle für einige der Kreditinnovationen gewesen sein? Auf den ersten Blick erscheint dies ziemlich unwahrscheinlich. Nach dem Urteil vieler Historiker war das spätmittelalterliche England noch ein primitives agrarisches Rückstandsgebiet. Jedoch haben Postans Aufsätze über mittelalterliche Finanz viele ältere Bemerkungen über „das völlige Fehlen kaufmännischen Kredits" in der Wirtschaft des 14. Jahrhunderts widerlegt[9]. Trotzdem konnte James Holden, eine respektierte Autorität auf dem Gebiet englischen Kredits, der außerdem Postan viel verdankte, noch 1955 behaupten: „es war nicht vor der Mitte des 15. Jahrhunderts, daß der Wechsel [commercial paper] oft von einheimischen Kaufleuten benutzt wurde"[10]. Selbst de Roover hatte uns wissen lassen, daß „die Rückständigkeit Englands in Handel, Finanz und Geschäftsorganisation vor der Zeit Elisabeths nicht immer genügend hervorgehoben würde"[11]. Natürlich kann keiner ernsthaft leugnen, daß der spätmittelalterliche Handel Englands weit hinter Italien zurückstand.

Italiens wichtigster Beitrag zur Entwicklung der europäischen Finanz- und Kreditinstitutionen war ohne Frage der Wechsel[12]. Dessen Entwick-

---

[8] Siehe J. A. Van Houtte, La genèse du grand marché international d'Anvers à la fin du moyen âge, Revue belge de philologie et d'histoire 19 (1940), S. 29–47; Van der Wee, Antwerp Market, II, S. 18–142; J. Munro, Bruges and the Abortive Staple in English Cloth, Revue belge de philologie et d'histoire 44 (1966), S. 1137–1159.

[9] M. Postan, Credit in Medieval Trade, Economic History Review, 1. Ser. 1 (1928), und Private Financial Instruments in Medieval England, VSWG 23 (1930), Ndr. Ders., Medieval Trade and Finance, Cambridge 1973, S. 1–27, 28–64. Postan attackiert darin W. Cunningham, The Growth of English Industry and Commerce, I, Cambridge 1890², S. 326–327: „Dealing for credit was little developed, and dealing in credit was unknown".

[10] J. Holden, The History of Negotiable Instruments in English Law, London 1955, S. 21.

[11] R. de Roover, Gresham on Foreign Exchange, Cambridge, Mass., 1949, S. 177, Anm. 14; Usher, Deposit Banking, S. 108, versichert uns auch (nach Postan), daß England Kontinentaleuropa im Hinblick auf die Kreditinstitutionen erst im 17. Jahrhundert eingeholt habe.

[12] Zur Erklärung des Wechsels siehe vor allem R. de Roover, L'évolution de la lettre de change, XIVe-XVIIIe siècles, Paris 1953; J. Munro, Bullionism and

lung und Verbreitung muß jedoch vor dem Hintergrund zweier bedeutender Handelshemmnisse in der mittelalterlichen Wirtschaft verstanden werden. Das erste, „bullionism“ genannt, war die fürstliche Fiskalpolitik, die die Ausfuhr von Edelmetall zu verhindern und den Edelmetallzufluß zu fördern und in die Münzstätten zu lenken versuchte. Viele Fürsten werteten auch ihre Währung ab; und ihre Nachbarn waren gezwungen, die verdächtigen fremden Münzen zu verbieten oder sogar in eine *„guerre monétaire“* konkurrierender Abwertungen einzutreten, wenn sie nicht hilflose Opfer des Greshamschen Gesetzes werden wollten. Diese Politik entsprach zwar ursprünglich dem fiskalischen Motiv der Kriegsfinanzierung, aber sie artete schnell in die rigide Münzpolitik aus, mit der die Münzherren der monetären Kontraktion vom späten 14. Jahrhundert an begegneten[13]. Aber die bullionistischen Maßnahmen verstärkten nur die Edelmetallknappheit und die internationale monetäre Kontraktion; denn sie behinderten den internationalen Handel. Jedoch förderten sie gleichzeitig auch die Verbreitung von Kreditinstrumenten, insbesondere des Wechsels, da die Kaufleute sparsamer mit dem knapperen Edelmetall umgingen, verdächtige Münzen scheuten, Verluste durch Piraten, Räuber und Soldaten vermieden und andere Hindernisse des Edelmetalltransfers zu umgehen versuchten[14]. Für den spätmittelalterlichen englischen Handel wurde der Wechsel deshalb so wichtig, weil

---

the Bill of Exchange in England, 1272–1663: A Study in Monetary Management and Popular Prejudice, F. Chiapelli (Hg.), The Dawn of Modern Banking, New Haven 1979, S. 169–240; P. Spufford, Handbook of Medieval Exchange, London 1986, S. xxx-1.

[13] J. Day, The Great Bullion Famine of the Fifteenth Century, Past and Present 79 (1978), S. 1–54; H. Miskimin, The Economy of Early Renaissance Europe, 1300–1460, Cambridge 1976², S. 25–32, 132–150; P. Spufford, Money and its Use in Medieval Europe, Cambridge 1987, S. 339–362; John Munro, Wool, Cloth and Gold: The Struggle for Bullion in Anglo-Burgundian Trade, 1340–1478, Brussel-Toronto 1973, S. 11–41; Ders., Bullion Flows and Monetary Contraction in Late-Medieval England and the Low Countries, J. F. Richards (Hg.); Precious Metals in the Later Medieval and Early Modern Worlds, Durham, N. C. 1983, S. 97–158.

[14] So schrieb z. B. 1574 John Tavernier, der Finanzberater Königin Elisabeths I. der Wechsel *„was first devised and used by the trewe dealinge marchauntes immediately after that princes did inhibit the cariadge of gould and silver out of their Realmes“*, R. H. Tawney, E. Power (Hgg.), Tudor Economic Documents, III, London 1924, Nr. iii.5, S. 362.

England in einzigartiger Manier nicht nur den Export von Edelmetall und ausländischen Münzen verhinderte, sondern auch die Ausfuhr seiner eigenen gesetzlichen Zahlungsmittel (von 1364 an) verbot[15]. Indem er als Kreditinstrument diente, erlaubte der Wechsel den Kaufleuten die Geldaufnahme in einer Stadt zur Exportfinanzierung und die Rückzahlung der Schulden von den Verkaufserlösen in einer anderen Stadt in der dortigen Währung. Abgesehen vom Ausgleich von Zahlungsbilanzdefiziten wurden Waren und nicht (mehr) Edelmetall von einem Land zum anderen verschifft.

Für Raymond de Roover besaß der spätmittelalterliche Wechsel aber noch eine wichtigere Funktion. Er diente zur Umgehung der weitverbreiteten Wucherverbote, des zweiten Hemmnisses des Handels. Indem man die Zinszahlung hinter dem Wechselkurs „versteckte", konnte man den Kurs künstlich zugunsten des Gläubigers erhöhen[16]. Die kirchliche Anti-Wucher-Bewegung gewann nämlich – wie einige Historiker vor kurzem bemerkt haben – vom ausgehenden 13. Jahrhundert an beträcht-

---

[15] Munro, Bullionism, S. 187–192, Appendix B, S. 221–225. Die Ausfuhr englischer Silbermünzen war von 1299 verboten. Goldmünzen wurden bis 1343 nicht geprägt, der Export war jedoch nur bis 1364 erlaubt. Das Ausfuhrverbot für Edelmetall und ausländische Münzen blieb bis 1663, das für die Ausfuhr englischer Münzen sogar bis 1819 in Kraft. Die Haltung der europäischen Regierungen gegenüber dieser englischen Politik wird deutlich in den Verhandlungen um einen Handelsvertrag zwischen Erzherzog Philipp dem Schönen und den Gesandten König Heinrichs VII. 1499. Auf die Forderung Heinrichs VII., daß es den englischen Kaufleuten erlaubt sein sollte, unvermünztes Edelmetall beim Verlassen der Niederlande mitzunehmen, antworteten die Habsburgischen Unterhändler – nach Darstellung der englischen Gesandten – wie folgt: *„They sayne, that hit cannot be showne by eny tretes... to eny of your subiectes to convey billion oute of the archdukis landes. They thynk that theye do very moche for your subjectes to graunt them to conveigh oute of the archdukis landis all money current in thoos parties and also all manere of plate wrought and brought to eny men certen forme and fashion. For the archdukis subjectes may not have like pryvylage to convey money nether plate oute of your realme of England in to the archdukis parties, [nor] all manere of cune"*. G. Schanz, Englische Handelspolitik gegen Ende des Mittelalters, II, Leipzig 1881, Nr. 8, S. 1986. Siehe auch die folgende Anmerkung.

[16] Vgl. die verschiedenen Publikationen Raymond de Roovers, wiederveröffentlicht von J. Kirshner (Hg.), Business, Banking, and Economic Thought in Late Medieval and Early Modern Europe: Selected Studies of Raymond de Roover, Chicago 1974.

lich an Intensität, als sie von weltlichen Autoritäten, vor allem in England, unterstützt wurde. Wucher galt als Todsünde gegenüber dem Naturrecht und nicht mehr nur gegenüber dem Gebot der Nächstenliebe[17]. Diese Kampagne erklärt auch, warum die Diskontierung von Wechseln im spätmittelalterlichen Europa nicht offen gehandhabt werden konnte: jeder Diskont deklarierte ipso facto die Zinsforderung des Wechsels[18]. Die Diskontierung wurde daher erst nach der Legalisierung eines Zinssatzes möglich: in den Habsburgischen Niederlanden 1541 (bis 12%) und in England 1571 (bis 10%)[19].

Welche Bedeutung der Wechsel auch immer für das spätmittelalterliche Europa, insbesondere für die Italiener hatte, so stellt sich doch die Frage, ob die Engländer den Wechsel überhaupt benutzten? Einige kenntnisreiche aber ungeduldige Wissenschaftler werden sofort antworten, daß sie das nicht taten, sondern ein weniger entwickeltes Instrument, den Inhaber-Schuldschein („*bill obligatory*", „*letter obligatory*" oder „*writing*") verwendeten. Aber die Engländer gebrauchten ebenfalls Wechsel.

---

[17] Siehe J. Le Goff, Wucherzins und Höllenqualen. Ökonomie und Religion im Mittelalter, Stuttgart 1988; J. Noonan, The Scholastic Analysis of Usury, Cambridge, Mass., 1957, S. 38–195. Für England siehe die Erlasse an den Bürgermeister und die Aldermen von London, im März 1364 „*that they continue their diligence in suppressing usury*", A. H. Thomas (Hg.), Calendar of Plea and Memoranda Rolls Preserved Among the Archives of the Corporation of the City of London at the Guildhall, IV: A. D. 1413–1437, Cambridge 1943, S. 95–96. Im November 1487 verbot das englische Parlament den Trockenwechsel, Statutes of the Realm, II, S. 514.

[18] Richard Tawney behauptete in seiner Einleitung zu Thomas Wilson's A Discourse Upon Usury (1572), London 1925, S. 77, daß die Diskontierung englischer Wechsel bereits im 15. Jahrhundert vorkam. Aber er las die entsprechende Quelle falsch und interpretierte die Umrechnung flämischer Pfund Grote in englische Währung irrtümlicherweise als Diskontierung. Das Dokument ist veröffentlicht von H. Malden (Hg.), The Cely Papers: Selections from the Correspondence and Memoranda of the Cely Family, Merchants of the Staple, A. D. 1475–1488, I, London 1900, Nr. 38, S. 39.

[19] Für die Niederlande Van der Wee, Credit and Banking Systems, S. 302; für England: Statutes 37 Henrici VIII; sie gestatteten 1545 einen Zins von 10%, der 1552 widerrufen, aber 1571 wieder eingeführt wurde, Statutes of the Realm, III, S. 996, IV, 1, S. 155, 542. In der Folgezeit wurde die Wucherschwelle zusammen mit der allgemeinen Verringerung des Zinsniveaus gesenkt: von 10% auf 8% 1623, auf 6% 1660 und schließlich auf 5% 1713. R. D. Richards, The Early History of Banking in England, London 1958[2], S. 19–20.

Waren die Unterschiede in Wirklichkeit so signifikant? In vielerlei Hinsicht ähnelte der Inhaber-Schuldschein dem Vorläufer des italienischen Wechsels, dem *„instrumentum ex causa cambii"*, das sich im Handel der Italiener auf den Champagne-Messen des späten 12. und des 13. Jahrhunderts entwickelt hatte. Sowohl das ältere italienische als auch das englische Kreditinstrument betrafen drei und nicht vier Parteien, da der Schuldner (der Aussteller des Wechsels) und der Bezogene eine Partei darstellten. Außerdem lösten der Geld aufnehmende Kaufmann selbst, sein Partner oder sein Vertreter mit dem Verkaufserlös den Schuldschein ein; er benötigte daher keinen ausländischen merchant-banker, der als Akzeptant fungierte und in seinem Auftrag zahlte.

Daneben waren das *„instrumentum ex causa cambii"* und der Inhaber-Schuldschein eher Zahlungsversprechen und keine zwingende Zahlungsaufforderung wie später der Wechsel. Beide Dokumente wurden an festgesetzten Messeterminen eingelöst oder beglichen: das italienische *„instrumentum"* auf dem Champagne-Messen, der englische Inhaber-Schuldschein auf den Brabanter und Flanderner Messen. So waren beide Kreditinstrumente auf die Bedürfnisse des reisenden Messekaufmanns zugeschnitten. Dagegen setzte der italienische Wechsel, wie de Roover gezeigt hat, den sogenannten seßhaften Handel mit Faktoren und Filialen im Ausland voraus[20]. Hinsichtlich ihrer finanziellen Grundlage unterschieden sich die beiden Dokumente nicht voneinander, aber auch nicht vom italienischen „Vier-Parteien-Wechsel". Denn sie erfüllten – wie sowohl Postan als auch de Roover behaupteten – dieselben Funktionen eines Kredit- und Überweisungsinstruments bei der Finanzierung des internationalen Handels. Als die englischen Kaufleute es bequem zu finden begannen, ihre Waren an Faktoren zu senden oder Agenten mit der Begleichung ihrer Rechnungen in den Niederlanden zu betrauen – eine Folge des expandierenden Woll- und Tuchexports seit dem späten 14. Jahrhundert –, machten sie zunehmend vom Vier-Parteien-Wechsel Gebrauch. Aber der Wechsel ersetzte dann noch nicht den Inhaber-Schuldschein. Die Kaufleute benutzten bis in das 17. Jahrhundert Wech-

---

[20] Quellen, die sich mit Inhaber-Schuldscheinen beschäftigen, gehen mindestens bis 1275 zurück; Postan, Financial Instruments, S. 28–64; Holden, Negotiable Instruments, S. 4–20; E. Kerridge, Trade and Banking in Early Modern England, Manchester 1988, S. 39–44. Zum *„instrumentum ex causa cambii"* siehe De Roover, Lettre de change, S. 23–42.

sel und Schuldschein in Abhängigkeit davon, wie sie ihren Handel führten und ihre Zahlungen mit den Niederlanden arrangierten[21].

Der Inhaber-Schuldschein ähnelte auch dem *„instrumentum causa ex cambii"* hinsichtlich seines Alters. Im englischen Binnenhandel benutzte man nämlich seit dem ausgehenden 12. Jahrhundert sehr ähnliche *„littera obligatoria"* (auch bekannt als *„scripta obligatoria, escript obligatoire"*). Sie traten in zwei Arten auf: als formale, signierte und gesiegelte Schuldurkunde, vorbereitet von professionellen Schreibern, oder als formloses, ungesiegeltes Dokument, das der Kaufmann oder der Schuldner selbst ausstellte[22]. In beiden Formen waren sie die Vorläufer der modernen Schuldverschreibung. Jedoch legte 1283 das Statut von Acton Burnell fest, daß die Gläubiger die Schuldner dazu verpflichten konnten, ihre Darlehen vor den Bürgermeistern der Städte York, London und Bristol anzuzeigen. Die Stadtschreiber trugen die Schuld in die *„Rolls of Recognizances" („recognisaunce enroulee")* ein und fertigten für den Gläubiger einen entsprechenden Schuldschein (*„escrit de obligation"*) mit den Siegeln des Schuldners und des Königs an. Die *„recognizances"* oder *„recognitiones"* berechtigten den Gläubiger, bei Zahlungsverzug Hab und Gut des Schuldners ohne weitere Gerichtsverhandlung unter dem Schutz der *„Common Law Courts"* zu pfänden[23]. Gläubiger, deren Darlehen nicht als *„recognizances"* eingetragen waren, genossen nicht den gleichen rechtlichen und finanziellen Schutz.

---

[21] Postan, Financial Instruments, S. 62–64; De Roover, Gresham. S. 117; Ders., New Interpretations of the History of Banking, Journal of World History 2 (1954), S. 41–42. Zu Inhaber-Schuldscheinen und Wechseln im Handel des 17. Jahrhunderts siehe G. de Malynes, Consuetudo vel lex mercatoria, or The Ancient Law-Merchant, London 1622, Ndr. Amsterdam 1979, S. 95–103.

[22] Die formlosen Schuldscheine waren allgemein als *„bills of your own hand"* bekannt. Zum folgenden siehe Holden, Negotiable Instruments, S. 4–13; Kerridge, Trade and Banking, S. 39–44; besonders aber F. Beutel, The Development of Negotiable Instruments in Early English Law, Harvard Law Review 51 (1938), S. 813–828; Postan, Financial Instruments, S. 27–42.

[23] Statutum de Mercatoribus, 12. Oktober 1283, Statutes of the Realm, I, S. 53–54. Das Statutum Mercatorum vom Juni 1285 (Statutes of the Realm, I, S. 98–100) gestattete die Registrierung der *„recognizances"* vor den Bürgermeistern jeder „guten Stadt", erweiterte die Vorschriften zur Schuldenregistrierung und stärkte die Vollstreckungsrechte des Gläubigers in bezug auf die Pfändung und Schuldschaft des Schuldners. Vgl. Postan Financial Instruments, S. 29–33; Holden, Negotiable Instruments, S. 8–10.

Das Interessanteste an diesen Schuldscheinen oder Schuldurkunden für unsere Diskussion ist aber, daß sie – zwar in eingeschränktem Maße – übertragbare Schuldscheine sein konnten. Viele waren zahlbar nicht nur an einen bestimmten Zahlungsempfänger, sondern auch an dessen Agenten oder Vertreter, falls sie eine Order-Klausel mit den Worten *„vel suo certo nuncio"* enthielten[24]; in einigen jedoch selteneren Fällen waren sie sogar zahlbar an den Inhaber[25]. Wir haben jedoch keinen Grund zur Annahme, daß der Schuldschein, wenn er eine Order- oder Inhaber-Klausel oder eine Mischung aus beiden trug, bereits ein übertragbares Kreditinstrument darstellte. Vorsichtiger sollte man dagegen vermuten, daß die Inhaber Vertreter – Partner, Faktor, Bevollmächtigter, Diener – des bestimmten Zahlungsempfängers waren und in dessen Namen während seiner Abwesenheit (vielleicht in einer fremden Stadt) handelten. So konnte auch ein Vertreter, der eine *„recognizance"* in der Hand hatte, einen säumigen Schuldner vor den Common Law Gerichten nur verklagen, wenn er als Bevollmächtigter des Hauptgläubigers auftrat und dessen Vollmacht vorwies[26].

Während die formalen, gesiegelten und registrierten *„recognitiones"* den größten Teil der Kaufmannsschulden im 12., 13. und frühen 14.

---

[24] Oder *„attornata"*. Ein frühes Beispiel einer solchen Order-Klausel ist durch das Gericht der Messe von St. Ives 1293 überliefert, C. Gross (Hg.). Select Cases Concerning the Law Merchant, I: Local Courts, A.D. 1270–1638 (Selden Society Publications 23), London 1908, S. 59, 62.

[25] In England finden wir das früheste Beispiel eines Schuldscheins mit einer – zwar eingeschränkten – Inhaber-Klausel auf der Messe von St. Ives 1275. Robert und John Dunwich aus Norwich versprachen zu zahlen £ 8 10 s Sterling *„eidem Bruno vel cuicunque de suis scriptum* [obligatorium] *inter ipsos confectum portanti solvisse debuerunt ad Nat. S. Joh. Bapt. anno gracie m°.cc°.lxx°.quarto"* (für Wein, den ihnen der französische Kaufmann auf der Bostoner Messe 1273 verkauft hatte); F. W. Maitland (Hg.), Select Pleas in Manorial and Other Seignorial Courts, I: Reigns of Henry III and Edward I (Selden Society Publications 2), London 1889, S. 152. Der Text zeigt jedoch, daß der Inhaber mit Brun verbunden sein mußte (*„de suis"*). Siehe auch Holden, Negotiable Instruments, S. 6. Noch deutlicher ist ein Beispiel aus einem Londoner Rechtsstreit des Jahres 1309: *„solvendis eidem Betino, aut sociis suis, aut cuicumque hanc litteram deferenti, apud Londoniam…"* H. Hall (Hg.), Select Cases Concerning the Law Merchant, II: Central Courts, A. D. 1239–1633 (Selden Society Publications 46), London 1930, S. 79.

[26] Holden, Negotiable Instruments, S. 7–9.

Jahrhundert deckten, hielten in der Folgezeit die Kaufleute die *„recognitio“* immer weniger für ein geeignetes Kreditinstrument. Nach Postan waren die *„recognizances“* zu teuer für kurzfristige Transaktionen geworden; denn die Kosten für die Anfertigung durch die Schreiber, die gerichtliche Eintragung, Prozesse vor Gericht und Berufungen an höhere Instanzen summierten sich. Auch die Übertragung der registrierten Schulden war lästig und teuer, da ein Eintrag in eine Rolle nur durch einen entsprechenden neuen Eintrag übertragen werden konnte. Außerdem waren die spätmittelalterlichen Gerichte gegen die Übertragung von Schulden und unterstützten diese nur bei „gleichem Interesse“ von Zedent und Zessionar, oder wenn die Übertragung der Begleichung einer älteren Schuld diente[27].

Postan argumentierte weiter, daß die englischen Kaufleute im 14. Jahrhundert aufgrund dieser Hindernisse mehr und mehr die formlosen ungesiegelten Schuldscheine – zumindest für kurzfristige Schulden – verwendeten und die *„recognizances“* nur noch gebrauchten, wenn es sich um langfristige Darlehen handelte. Jedoch verzögerte dies die Entwicklung des Kaufmannskredits, denn allein die formalen gesiegelten *„recognizances“* hatten vor Gericht Bestand, und sicher nicht die formlosen Schuldscheine. Jedoch legt diese Annahme, wie der Beitrag von Stuart Jenks in diesem Band zeigt, eine falsche Dichotomie zugrunde. Viele Handelstransaktionen im spätmittelalterlichen England wurden nämlich mit Hilfe gesiegelter, von professionellen Schreibern ausgefertigter, Schuldurkunden vorgenommen, die mit Sicherheit keine registrierten *„recognizances“* waren[28]. Vermutlich genossen Gläubiger, die

[27] Postan, Financial Instruments, S. 37–54, besonders S. 43: „the court made use of the doctrine of the ‚chose in action‘, i. e. the doctrine of the unassignable nature of mere legal claims, to confine valid assignments to those cases only in which the assignor and the assignee could prove a ‚common interest‘ … so that the transfer of [such] an obligation in settlement of a debt could be enforced in Common Law“. Siehe hierzu auch Thomas, Calendar, III: A.D. 1381–1412, Cambridge 1932, S. xxxvi–vii; Holden, Negotiable Instruments, S. 13–14. Alle zitieren W. Holdsworth, A History of English Law, 15 Bde., London 1909–1966, V, S. 534–545.

[28] Vgl. den Beitrag von Stuart Jenks in diesem Band, S. Jenks widerspricht Postans Ansicht, daß der Gläubiger die Schuldurkunde in eine *„recognitio“* verwandelte, um sich den Rechtsweg gegen einen säumigen Schuldner zu ersparen. Zu den gesiegelten Schuldscheinen oder Schuldurkunden siehe auch Kerridge, Trade and Banking, S. 39–42.

solche Schuldurkunden präsentierten, gerichtlichen Schutz, aber wohl nicht das automatische Vollstreckungsrecht der *„recognitio"*-Inhaber. Umgekehrt setzten sich Kaufleute, die sich mit Hilfe der *„recognitio"* Kredit beschafften, bei Zahlungsverzug der Gefahr der Pfändung – und der Schuldhaft – aus. Vermutlich bevorzugten sie deshalb bei den meisten ihrer kleinen Kredittransaktionen die formlosen Schuldscheine, wenn nicht sogar aus Gründen der Kosteneinsparung. Letztlich entschieden natürlich Kreditangebot und -nachfrage darüber, welche Kreditinstrumente man benutzte. Postans Frage bleibt aber weiter offen: erschwerte der Gebrauch gesetzlich weniger geschützter Kreditformen die Entwicklung der Übertragbarkeit? Postans Argumentation selbst ist bei diesem Problem zweideutig. Einerseits bemerkt er: „Das mittelalterliche Recht machte die Entwicklung voll veräußerbarer Kreditinstrumente unmöglich", andererseits dachte er, daß die Rechtsprechung nicht ernsthaft das „verhinderte, was im Handel gängige Praxis war", da hier „die gesetzlichen und urkundlichen Formeln von sekundärer Bedeutung waren". Das Recht spielte eine geringere Rolle als die Gewohnheit, so daß die Bedingungen, unter denen die Schuldscheine von Hand zu Hand gingen, Zedent und Zessionar miteinander regelten[29]. Trotzdem hat der fehlende gesetzliche Schutz für dritte, denen der Schuldschein übertragen wurde, andere Historiker beschäftigt. Sie argumentierten, daß ein solcher Rechtsschutz in England bis zum Inkrafttreten des Promissory Notes Act 1704 fehlte[30].

Dieses Urteil trifft vielleicht für die Inhaber-Schuldscheine dieser Zeit zu, nicht aber für die Wechsel, die sich dieses Rechtsschutzes schon lange erfreuten. Es ist auch nicht relevant für das 15. Jahrhundert, als die englischen Kaufleute den Schutz für ihre Inhaber-Schuldscheine nicht bei den Common Law Gerichten zu suchen brauchten, sondern sich an die für sie preiswerteren und bequemeren Law Merchant Gerichte wenden konnten. Aber das Kaufmannsrecht fand nur geringe Aufmerksam-

[29] Postan, Financial Instruments, S. 42–43, 49, 54.

[30] Statute 3 & 4 Anne c. 8 (1704). Das Gesetz gewährte den Inhabern von Schuldverschreibungen die gleichen Zahlungsansprüche, die für die Inhaber der Wechsel schon lange anerkannt waren; Beutel, Negotiable Instruments, S. 833–834; Holden, Negotiable Instruments, S. 33–55, 73–80; Van der Wee, Credit and Banking Systems, S. 347–349; Richards, Banking, S. 44–46; Kerridge, Trade and Banking, S. 40–43.

keit bei Postan, da die wichtigsten Dokumente erst nach seinen beiden berühmten Aufsätzen zum mittelalterlichen Kredit veröffentlicht wurden[31].

Das Kaufmannsrecht war im wesentlichen ein Kodex internationaler Kaufmannsbräuche; und man berief sich darauf, wenn man Auseinandersetzungen zwischen einheimischen und ausländischen Kaufleuten in England und dann auch Streitfälle zwischen englischen Kaufleuten beilegte. 1285 hatte bereits Edward I. die Londoner Sheriffs mit der Gründung von Tagesgerichten betraut, in denen die ausländischen Kaufleute ihre Streitigkeiten regeln sollten[32]. In der Folgezeit erklärte er mit der „*Carta Mercatoria*" von 1303, daß gegenüber den Kaufleuten Kaufmannsrecht anzuwenden sei, und daß bei allen Handelsstreitigkeiten zwischen einheimischen und ausländischen Kaufleuten Landsleute der ausländischen Partei gleichberechtigt im Gericht vertreten sein müßten[33]. Schließlich vergrößerte die Stapel-Ordnung von 1353, die Stapelgerichte in zehn englischen, vier walisischen und in einer irischen Stadt einrichtete, die Bedeutung des Kaufmannsrechts. Sie legte fest, daß „alle Kaufleute, die zum Stapel kommen, ... nach dem Kaufmannsrecht („*lei marchant*"), ..., und nicht nach dem Common Law zu behandeln seien"; daneben wurde die Autonomie der Stapelgerichte ausdrücklich hervorgehoben[34]. Die Gerichte setzten sich aus dem Stapel- oder Bürger-

---

[31] Postan, Credit in Medieval Trade (1928), S. 1–27; und Financial Instruments (1930), S. 28–64. Die Dokumente zum Law Merchant wurden in der Folgezeit vor allem veröffentlicht von Hall, Select Cases, II, III (1930, 1932), und Thomas, Calendar, III (1932).

[32] H. T. Riley (Hg.), Munimenta Gildhallae Londoniensis: Liber Albus, Liber Custumarum, et Liber Horn (Public Record Office, Rerum Britannicarum Medii Aevi Scriptores 12), I: Liber Albus, London 1859, S. xcv–vi, 295–296; Thomas, Calendar, I: A. D. 1323–1364, Cambridge 1926, S. 259, Anm. 3, III, S. viii.

[33] Die „*Carta*" ist auch unter dem Namen „*Statutum de Nova Custuma*" bekannt; veröffentlicht bei N. S. B. Gras, The Early English Customs System: A Documentary Study of the Institutional and Economic History of the Customs from the Thirteenth to the Sixteenth Century, Cambridge, Mass., 1918, S. 260–261, und Riley, Munimenta, II: Liber Custumarum, S. 207–208.

[34] Statutes of the Realm, I, S. 332–343. Im Februar 1355 befahl Edward III. den Londoner Sheriffs, einen Schuldner aus dem Newgate-Gefängnis zu entlassen: „*We willing the Ordinance aforesaid to be firmly observed in all its articles order you ... to cause him, John of Wendover, ... to be brought back to the Staple aforesaid ...*" Hall, Select Cases, III, S. 64, Nr. 38.

meister, zwei Constablern und der Geschworenenbank zusammen, die aus in- oder ausländischen Kaufleuten oder beiden Gruppen – abhängig vom Streitfall – bestand[35]. Die Kaufmannsgerichte besaßen außerdem das Recht, das Hab und Gut eines säumigen Schuldners zu pfänden[36]. Zwar konnten die Kläger weiterhin auf der Grundlage des Common Law bei den königlichen Gerichten klagen – eine Option zumindest für die *„recognitio"*-Inhaber –, aber die Popularität der Stapelgerichte erklärt den Übergang von den *„recognizances"* zu weniger schwerfälligen Kreditinstrumenten[37].

Die überlieferten Quellen, die besonders reichlich im Falle Londons vorhanden sind, zeigen deutlich, daß sich diese Stapel- oder Bürgermeistergerichte gewöhnlich mit Inhaber-Schuldscheinen (gesiegelten und formlosen) und vom späten 14. Jahrhundert an auch mit Wechseln befaßten[38]. Da viele dieser formlosen Schuldscheine und Wechsel übertragbar waren, hatten die Stapelgerichte die gesetzlichen Rechte von Dritten, denen die Schuld übertragen wurde, zu berücksichtigen. Oft betrafen diese Schuldübertragungen die Begleichung anderer Schulden: zur Zahlung an Kaufmann B übertrug Kaufmann A einen Betrag, den ihm Kaufmann C schuldete[39]. Dieses Zahlungssystem mag schwerfällig erschei-

---

[35] Siehe oben, Anm. 32; Thomas, Calendar, I, S. 258, II: A.D. 1364–1381, Cambridge 1929, S. 248–249, Analysen des Law Merchant im spätmittelalterlichen England bieten Thomas, Calendar, III, S. vii–xli; Hall, Select Cases, III, S. xi–xxxii.

[36] Thomas, Calendar, III, S. xxiii–iv.

[37] *„recognizances"* wurden auch weiterhin mit gutem Grund bei großen Transaktionen verwendet. Z. B. kaufte am 15. August 1384 der Londoner Mercer Robert Harengeye verschiedene Wolltuche für £ 178 16 s (eine Summe die 6130 Tageslöhnen eines Londoner Maurers entsprach): *„payable by certain portions, the first being due on 24 June [1385]. He entered into a recognizance for payment, and for greater security John Fressh became surety for him in all his goods and chattels"*. Thomas, Calendar, III, S. 99–100.

[38] Die Stapelordnung von 1353 hatte Westminster und nicht London zum Stapelort gemacht, aber in der Praxis war das Stapelgericht das Londoner Bürgermeistergericht; vgl. Thomas, Calendar, II, S. 276–277.

[39] Das Londoner Bürgermeistergericht liefert im März 1305 ein frühes Beispiel: der Kläger Reginald de Thonderle hatte vom Kaufmann William Foundepe zwei Schuldscheine im Wert von £ 70 15 s 11 d gekauft, die dem Beklagten Reymund de St. Clement zur Überbringung an den Kläger anvertraut worden waren; A.H. Thomas (Hg.), Calendar of Early Mayor's Court Rolls Preserved

nen, aber es erklärt sich aus dem Fehlen von Wechsel- oder Clearingbanken nach italienischem Muster in England[40]. Paradoxerweise könnte jedoch diese Rückständigkeit Englands Beitrag zur Entwicklung übertragbarer Kreditinstrumente stimuliert haben. Im ausgehenden 14. und beginnenden 15. Jahrhundert fand als Mittel der Schuldenübertragung die Inhaber-Klausel immer häufiger Verwendung[41]. Während die Common Law Gerichte die Order-Klausel mit einer Vollmacht sowie einen gesiegelten Schuldschein als Beweis für den Anspruch des Zessionars forderten, benötigten die außerhalb des Common Law operierenden Kaufmannsgerichte nichts dergleichen.

Unser Interesse gilt nun den Kreditinstrumenten, die im englischen Transkanalhandel mit den Niederlanden benutzt wurden. Dabei ist zu untersuchen, ob zwischen den englischen Handelspraktiken, so wie sie das Kaufmannsrecht auslegte, und dem flämischen Kreditinnovationen irgendwelche erkennbaren Beziehungen bestanden. Im Gegensatz zu den oben zitierten Aussagen über Englands verzögerte Kreditentwicklung[42] verkauften englische Kaufleute schon vor der Gründung des Calaiser Stapels (1364) Wolle auf Kredit. Dieses Kartell englischer Wollkaufleute sollte vor allem zur Kontrolle des Wollexports und zur Abwälzung der hohen Exportzölle auf die ausländischen Käufer dienen. Außerdem versprach sich die Krone davon einen verstärkten Edelmetallzustrom in die königlichen Münzstätten[43]. Aber Edward III. bemerkte

Among the Archives of the Corporation of the City of London at the Guildhall, A.D. 1298–1307, Cambridge 1924, S. 172. Weitere Beispiele im Anhang.

[40] Zu den Wechsel- und Clearingbanken siehe De Roover, Rise and Decline; Ders., Money, Banking, and Credit in Mediaeval Bruges: Italian Merchant-Bankers, Lombards and Money-Changers: A Study in the Origins of Banking (Publications of the Mediaeval Academy of America 51), Cambridge, Mass., 1948; R. C. Mueller, The Role of Bank Money in Venice, 1300–1500, Studi veneziani, n. S. 3 (1979), S. 47–96. Ich verdanke diese Vermutung einem Kommentar Prof. Muellers während der Diskussion des Vortrags auf dem Salzau-Kolloquium.

[41] Beispiele für Inhaber-Schuldscheine mit Inhaber-Klausel finden sich bei Thomas, Calendar, III, S. 107, IV: 1413–1437, S. 159.

[42] Siehe oben S. 2–3, und Anm. 9–1 sowie Postan, Financial Instruments, S. 57–58. Siehe auch unten Anm. 46.

[43] T. Lloyd, The English Wool Trade in the Middle Ages, Cambridge 1977, S. 193–224; Munro, Wool, Cloth, and Gold, S. 17–41. In Calais war zu diesem Zweck eine neue Münzstätte errichtet worden.

bald, daß die Staplers seine bullionistische Politik durchkreuzten. Er beklagte sich bitter, „daß die genannte Wolle und andere Waren von euch und anderen Kaufleuten auf Kredit [„*par voi d'apprest*"] verkauft wird, ohne irgendwelche Zahlungen in Gold oder Silber, so daß nichts in unsere Münzstätten gebracht wird". Edward III. verbot dann Verkäufe auf Kredit in Calais durch ein Edikt (1364), das sich aber als nicht durchsetzbar erwies[44].

Ein interessantes Beispiel für den Wollverkauf auf Kredit und die Übertragung der Schulden bietet ein Prozeß vor dem Londoner Stapelgericht im Jahre 1382. Im Januar 1381 hatte Luke Bragadyn, ein venezianischer Kaufmann, ungefähr 130 Säcke Cotswold-Wolle in Calais von den beiden Londoner Kaufleuten Richard Morell und Henry Pensehurst erworben und seinen Sohn Nicholas authorisiert, mit zwei Schuldscheinen über £ 566 15 s und £ 341 9 s, fällig am 7. März 1381 bzw. am 12. Januar 1382, zu zahlen. Als Bragadyn nach dem Verkauf der Wolle in Brügge seine Schulden nicht beglich, verklagten ihn Morell und Pensehurst „nach dem Kaufmannsrecht". Bragadyn erklärte sich zur Zahlung bereit, aber an einen anderen Londoner Kaufmann, Sir Nicholas Brembre, dem die Kläger die Schuldscheine zum Begleichen einer älteren Schuld übertragen hatten – vorausgesetzt, ein Luccheser Kaufmann, Peter Gracian, zahlte Bragadyn die noch ausstehenden Beträge[45]. Andere Fälle vor dem Londoner Stapelgericht in den 1380er und 1390er Jahren liefern weitere Beispiele für übertragbare Schuldscheine und Wechsel

---

[44] T. Rymer (Hg.), Foedera, conventiones, literae, et acta publica, 12 Bde. London 1709–1712, III, 2, S. 725–726 (März 1364): *„que les dites leines et marchandise par vous et autres marchantz sont venduz par voi d'apprest, sans rien paiere dor au argent, que rien purra estre apporte a nos Coignages"*. Dasselbe Dekret verbot dann alle Verkäufe auf Kredit, und das Parlament untersagte noch im gleichen Jahr die Ausfuhr jeglichen Edelmetalls und, zum ersten Mal, aller Münzen; Statutes of the Realm, I, S. 383.

[45] Am 10. Juli 1385 erschienen Nicholas Brembre, Luke Bragadyn und Peter Gracian vor Gericht und verkündeten, daß sie zu einer Einigung über die komplizierten ineinandergreifenden Schulden gekommen seien. Bragadyn erkannte mit einem Schuldschein über £ 500 seine Schuld gegenüber Brembre an, wogegen Gracian nach der Vereinbarung einen Schuldschein über £ 410 für James Dyne aus Florenz, fällig am 1. April 1386, ausstellte; Thomas, III, S. 27–28, 83–89, 100–101. Zu diesen Londoner Wollhändlern siehe Lloyd, Wool Trade, S. 250–252.

(„*lettres de paiementz*") sowie für Inhaber-Schuldscheine, die im Woll-, Tuch- und Importhandel in Calais, Brügge und Middelburg verwendet wurden[46]. Bemerkenswert ist ein längerer Prozeß der Jahre 1381–83, dem Wechseltransaktionen zwischen Brügge und London zugrunde lagen. Von den 54 genannten Kaufleuten waren mindestens 15 Engländer, die zusammen mit den Hansen und den flämischen Kaufleuten die Italiener an Zahl deutlich übertrafen[47].

Diese Art der Kreditbeschaffung im englischen Woll- und Tuchhandel mit den Niederlanden war demnach keine Erfindung des 15. Jahrhunderts, wie man vielleicht aus den verschiedenen Publikationen über den späteren Handel schließen könnte. Postan, Power, Lloyd, Hanham und andere haben gezeigt, daß die Staplers in Calais gewöhnlich ein Drittel des Kaufpreises der Wolle in bar verlangten und für den Rest zwei Inhaber-Schuldscheine oder Wechsel. Diese wurden auf eine der zahlreichen Messen gezogen, die in Flandern und Brabant in Abständen zwischen sechs und zwölf Monaten stattfanden[48]. Oft zog man die Wechsel oder Schuldscheine auch auf einen „*wisselaer*", einen Wechsler und Clearingbanker in Brügge oder Antwerpen, bei dem man zur Wechselverrechnung ein Konto unterhalten konnte, und der die Wechsel oft nicht bar einlöste sondern als Buchkredit dem Konto des Zahlungsempfängers

---

[46] Alle bei Thomas, III.

[47] Der Prozeß Gisors gegen Colshull, der nach dem Law Merchant 1369–1372 geführt wurde; Thomas, Calendar, III, S. xxxviii–ix und 31–35.

[48] Guten Einblick geben die Cely-Papers, einer der führenden Stapler-Familien (1472–1488), die auch kompliziertere Zahlungsmuster zeigen: Am 5. August 1485 erhielten die Celys z. B. nur 22% in bar und den Rest in drei aufeinanderfolgenden (über 8 Monate verteilten) Wechseln, fällig in Calais zu Michaelis, in Bergen-op-Zoom auf dem Dezember-Markt („*Koude Markt*") und in Antwerpen auf dem Oster-Markt („*Paessche Markt*"); A. Hanham, The Celys and Their World: An English Merchant Family of the Fifteenth Century, Cambridge 1985, S. 109–254, 186–187; Ders., Foreign Exchange and the English Wool Merchant in the Late Fifteenth Century, Bulletin of the Institute of Historical Research of the University of London 46 (1973), S. 160–175; Ders. (Hg.), The Cely Letters, 1472–1488, London 1975; Malden, Cely Papers. Siehe auch Postan, Credit in Medieval Trade, S. 49–64; E. Power, The Wool Trade in the Fifteenth Century, M. Postan, E. Power (Hgg.), Studies in English Trade in the Fifteenth Century, London 1933, S. 39–90; Lloyd, Wool Trade, S. 257–317; Munro, Wool, Cloth, and Gold, S. 65–185.

oder des Wechsel/Schuldschein-Inhabers gutschrieb[49]. Die Stapler übertrugen häufig die Inhaber-Schuldscheine verschiedenen Mercers, englischen Kaufleuten, die Waren von den niederländischen Messen nach England importierten. In anderen Worten: ein Stapler (als Überbringer) verkaufte oder tauschte seinen Anspruch auf künftige Zahlung auf diesen Messen gegen einen Wechsel, den ein Mercer (Aussteller) auf sein Londoner Kontor (Bezogener-Akzeptant) zog. Das Kontor wurde angewiesen, zu einem bestimmten Datum an einen Vertreter des Staplers (Zahlungsempfänger) in Sterling zu zahlen[50]. Der Mercer ließ sich daraufhin den Inhaber-Schuldschein des Staplers in Brügge, Antwerpen oder auf einer anderen Messe in flämischer Währung auszahlen, um damit Waren für den Import nach England zu kaufen. Seine Firma in London benutzte dann den Verkaufserlös zur Einlösung des Wechsels und damit zur Begleichung der Schuld gegenüber den Staplers bei Fälligkeit[51]. Zur gleichen Zeit finanzierte eine aus Tuchhändlern bestehende Untergruppe der Mercers, die späteren Merchant Adventurers, ihre Exporte nach Antwerpen, indem sie auf Antwerpen und andere Messen gezogene Wechsel und Schuldscheine verkaufte oder dort fällig werdende Inhaber-Schuldscheine ausstellte. Die Staplers oder Mercers, die die Wechsel und Inhaber-Schuldscheine in den Niederlanden in Empfang nahmen, transferierten die Gelder – wie beschrieben – nach England[52].

Ein Zwischenfall im Calais-Handel der 1440er Jahre verdeutlicht, daß ein Inhaber-Schuldschein so oft von Hand zu Hand gehen konnte, daß er nach Postan „fast die Bezeichnung einer Währung verdiente“. Der Stapler John Felde hatte Wolle an einen Niederländer verkauft und als Bezahlung einen Inhaber-Schuldschein erhalten, der an seinen Vertreter Lowes Fyncham gegeben wurde. Dieser überschrieb ihn an John Petite, der dann den gleichen Schein benutzte, um Waren von Jacob Flemming

---

[49] Die Celys zogen z.B. Wechsel auf die Brügger Wechsler Collard de May und John Newenton; Hanham, The Celys, S. 187–189; Ders., Foreign Exchange, S. 160–175.

[50] Beispiele aus den Cely-Papers siehe unten im Anhang, Nr. 9–13.

[51] Dieses Zahlungsmodell kann vielleicht die historische Realität verzerren. Denn nachdem der Londoner Mercer den Wechsel akzeptiert hatte, mußte er ihn bei Fälligkeit einlösen – unabhängig davon, ob bereits ein Verkaufserlös mit den Importen erzielt war.

[52] Tawney, Power, Tudor Economic Documents, III, S. 94.

zu kaufen[53]. Ein Betrugsfall zeigt darüber hinaus, daß auch ein anderes im Stapelhandel benutztes Kreditinstitut übertragbar geworden war: der „Münz-Schein" („*mint-bill*"), eine formale Quittung, die die Münze in Calais für empfangenes Edelmetall ausstellte. Ein ziemlicher schlechter Stapler mit Namen Richard Whitecroft hatte verschiedene Münzscheine über £ 2 und £ 3 Sterling erhalten und fügte dann den Buchstaben „c" hinzu, so daß sich Quittungen nun auf £ 200 und £ 300 beliefen. Der Betrug wurde ein Jahr später entdeckt, als einige unglückliche niederländische Kaufleute, die mit diesen Scheinen bezahlt worden waren, die Quittungen beim Wollkauf am Calaiser Stapel präsentierten[54].

Natürlich beweisen die angeführten Beispiele nicht, daß diese verschiedenen Scheine bereits zu gesetzlich veräußerbaren Kreditinstrumenten geworden waren. Denn welchen gesetzlichen Schutz hatte eigentlich der Besitzer oder Zessionar des Schuldscheins, vor allem wenn er nur der „Inhaber" war? Eine wichtige Antwort gibt der berühmte – aber nicht vollständig bekannte – Prozeß Burton gegen Davy des Londoner Bürgermeistergerichts, das am 29. November 1436 in der Guildhall sein Urteil fällte. Der Prozeß betraf einen nichthonorierten Wechsel, dessen fünf Parteien sämtlich englische Flandernkaufleute waren[55]. In Brügge hatte John Audely, der Faktor des Londoner Mercers Elias Davy, in dessen Auftrag Leinen und andere Waren gekauft und „auf dem Wege des Wechsels nach Kaufmannsbrauch" mit den flämischen Geldern von Thomas Hanworth bezahlt, der wiederum der Faktor des Kaufmanns John Burton aus Norwich war. Hanworth (der Überbringer) erhielt von Audely (dem Aussteller) einen Wechsel über £ 30 Sterling, datiert am 10. Dezember (1435) in Brügge, der auf Elias Davy (Akzeptant oder Bezogener) in London gezogen war und „John Burton... oder den Inhaber dieses Wechsels"[56] als Empfänger der am 14.

---

[53] Postan, Financial Instruments, S. 49.

[54] J. Stevenson (Hg.), Letters and Papers Illustrative of the Wars of the English in France During the Reign of Henry VI of England, I, London 1861, S. 464–469; eine niederländische Version findet sich bei H. J. Smit (Hg.), Bronnen tot de geschiedenis van den handel met Engeland, Schotland, en Ierland, 1150–1485 (Rijksgeschiedenkundige Publikatiën 65, 66), II, Den Haag 1928, Nr. 1293, 1308, S. 831–832, 846–847.

[55] Voller Text bei Hall, Select Cases, III, S. 117–119.

[56] Ebenda, S. 117. Siehe unten im Anhang, Nr. 4.

März 1436 fälligen Zahlung bestimmte. Am Fälligkeitstag verweigerte Davy die Zahlung an den Inhaber, John Walden, der den Wechsel inzwischen von Burton als Bezahlung in einer anderen Transaktion erhalten hatte. Nach mehrfacher Zurückweisung suchte Walden Rechtshilfe vor dem Bürgermeistergericht in der Guildhall (10. August) und legte dort den nicht honorierten Wechsel sowie eine „im Namen des vorgenannten John Burton eingereichte Supplik nach dem Kaufmannsrecht und der Gewohnheit der City of London“ vor. Burton nahm sonst nicht am Prozeß teil. Nach der Durchsicht der Dokumente luden Bürgermeister Henry Frowyk und sein Gericht Davy für den 1. September vor, erkannten Waldens Rechte als Inhaber an und sicherten ihm vollen gesetzlichen Schutz zu[57]:

„And it is said to the aforesaid John Walden, bearer of the letter aforesaid, who is held, reputed, and admitted in place of the said supplicant in this case [Burton], *according to the Law Merchant and custom before said, that he is to keep his day here then, ...“*

Am 1. September hörte das Gericht die Aussagen von Walden und Davy und vertagte die Sitzung auf den 3. November. In der Zwischenzeit bemühte sich Davy um eine Verlegung des Rechtsstreits zum Common Law Gericht von King's Bench in Westminster, da dort der Inhaber keinen gerichtlichen Schutz zu erwarten hatte[58]. Am 3. November antwortete der Bürgermeister (jetzt John Mitchell) auf das königliche Schreiben[59]:

„According to the Law Merchant and the ancient liberties and free customs of the city itself, as by divers statutes and parliaments... the mayor, etc. have the power and use of hearing and considering causes and actions of all and singular merchants, as to all manner of loans, barratries, exchanges and letters of payment and other things, and mercantile contracts made or entered into between merchants themselves or their factors making plaints at whatsoever ordinary fairs... or merchant towns outside the realm of England... and of trying

[57] Ebenda, S. 118.

[58] Ebenda, S. 118. Siehe auch R. Sharpe (Hg.), Calendar of Letter-Books Preserved among the Archives of the Corporation of the City of London at the Guildhall, 11 Bde., London 1899–1912, Letter Book K. Temp. Henry VI, London 1911, S. 208–209.

[59] Hall, Select Cases, III, S. 118–119; Sharpe, Letter Book K, S. 208–209.

those causes and actions by juries of merchants passing between a foreign place."

Daraufhin verwies die Krone den Rechtsstreit zurück und riet dem Bürgermeister und seinem Gericht, in der Verhandlung so zügig fortzufahren, wie es das Kaufmannsrecht erlaube. Das Gericht hörte als vereidigte Zeugen Thomas Hanworth, der das Geld übergab, und John Audely, der dessen Geld gegen Wechsel empfing. Das Gericht unterstützte die Position Waldens und entschied „gemäß Kaufmannsrecht und der vorgenannten Praxis in solchen Fällen", daß Elias Davy „nach Kraft, Form und Inhalt des genannten Briefes" an „den Supplikanten oder an John Walden, den Inhaber, der an seiner Stelle gehalten wird", £ 30 zu zahlen und einen Schadensersatz von 20 s zu leisten hatte[60].

Obwohl in diesem Rechtsstreit erstmals anerkannt wurde, daß der Inhaber des Wechsels, als Zessionar, die vollen Rechte eines Gläubigers besaß, läßt doch der Hinweis des Gerichts auf die Praxis nicht an einen bewußten Wandel in der Auffassung des Gerichts denken. Ein früherer Londoner Fall des Jahres 1414 legt die Vermutung nahe, daß das Gericht schon damals bereit war, die Rechte des Inhabers anzuerkennen[61]. Immerhin schien die rechtliche Position des Inhabers noch ziemlich unsicher gewesen zu sein; sonst hätte Walden vermutlich nicht im Namen von Burton, dem bestimmten Zahlungsempfänger, geklagt. Insgesamt verlieh der Prozeß Burton gegen Davy der Übertragung von Kreditinstrumenten eine ähnliche Rechtssicherheit – vor allem das Recht des Inhabers zu klagen – wie die „*turba*" des Antwerpener Gerichts 70 Jahre später (1507)[62]. Auch das Antwerpener Gericht praktizierte inter-

[60] Hall, Select Cases, III, S. 119: „*ideo consideratum est per eandem curiam mercatoriam juxta legem mercatoriam et consuetudinem predictam in hujusmodi casibus etc. usitatas et approbatas, quod idem Elias juxta vim, formam et effectum dicte litere solvat easdem xxxl. prefato supplicanti vel Johanni Walden portitori ejusdem litere, qui loco suo tenetur et habetur in hoc casu, etc., juxta legem mercatoriam antedictam, etc. et xxs. ultra pro dampnis in hac parte habitis et sustentatis, etc.*"

[61] Siehe unten im Anhang, Nr. 4.

[62] Siehe oben Anm. 3. Einige Rechtswissenschaftler haben jedoch eingewendet, daß das Urteil dem Inhaber keinen Vorrang vor dem bestimmten Zahlungsempfänger einräume und damit dem Inhaber auch nicht erlaube, den Aussteller oder den Zedenten bei Zahlungsunfähigkeit des Bezogenen zu verklagen. Der erste Punkt stand aber weder in dieser Zeit noch in dem Prozeß Burton gegen

nationales – vom englisch-flämischen Handel beeinflußtes – Kaufmannsrecht. In der Folgezeit ging die Regierung der Habsburgischen Niederlande mit den Edikten vom März 1537 (nur Inhaber-Schuldscheine) und vom Oktober 1541 noch einen Schritt weiter. Für die Niederlande wurde das Recht der Übertragung von Kreditinstrumenten ebenso festgelegt wie das Recht des Inhabers, die vorhergehenden Zedenten zur Zahlung zu verklagen[63].

Davy zur Debatte; der zweite Punkt ist irrelevant, da der Aussteller (Audeley) bloß der Faktor des Bezogenen war. Holden, Negotiable Instruments, S. 24–25, bemerkt, daß dieses Urteil die beiden wichtigsten Rechtsgrundsätze der Veräußerbarkeit von Kreditinstrumenten befriedigt. Der amerikanische Rechtsprofessor Beutel, Negotiable Instruments, S. 831, ging sogar noch weiter, indem er behauptete: „here is the complete development of the negotiable bill of exchange"; aber keiner nach ihm hat diese Interpretation aufrechterhalten. Entsprechend barsch wies auch Usher, Deposit Banking, S. 94–95, der die Bedeutung des Urteils verkannte, die These Beutels zurück.

[63] Van der Wee, Credit and Banking Systems, S. 326: „in this way, the various transferring creditors remained jointly responsible for payment". Der Text des Ediktes vom März 1537 findet sich bei C. Laurent, M.J. Lameere, H. Simont (Hgg.), Recueil des ordonnances des Pays Bas, 2. série, 1506–1700, IV, Brussel 1907, S. 15–17, 34–35. Das folgende Edikt vom 31. Oktober 1541 gibt Van der Wee, Antwerp Market, II, S. 344 wieder: „*Ordonnons que doresenavant tous ceulx qui aueront accepté... quelque lettre de change seront tenus de payer la somme contenue en ycelle en deniers évaluez... sans que pour lesdits changes ou aultre obligations contractez entre marchans on puist donner en payement aultres obligations par forme d'assignacions, lesquelles le créditeur ne sera tenu daccepter sil ne veult, et en acceptant lassignacion demeurera neantmoins le premier debteur obligé tant que le marchant sera réalement payé ou effectuellement contente de son due*". Siehe auch Usher, Deposit Banking, S. 98–99, und De Roover, Gresham, S. 117–152, der bemerkte, daß sich das Edikt des Jahres 1537 nur auf Inhaber-Schuldscheine und nicht auf Wechsel bezog, da Wechsel „rarely if ever have bearer clauses in them". Offensichtlich kannte er nicht die entsprechenden englischen Wechsel (oder das Edikt von 1541).

ANHANG

Kreditdokumente im englisch-flämischen Handel

1. 17. März 1386: London Mayor's Court: Atte Wode gegen Olneye

At Middelburg [Zeeland], John Olneye, London merchant, had purchased 22 sarplars of wool from John Caldham, factor of Richard Lewer of Donacaster, who had subsequently died. The executors of Lewer's estate, Thomas atte Wode and his wife Katherine [Lewer's widow], are claiming money and bonds arising from that wool sale to Olneye, who appeared in court, producing three bonds: (a) a bond from John Kimbel (London) for £ 176 „by reason of a loan, payable to them [John Caldham of Pickering and John Olneye] or to bearer at Christmas, 1383"; and (b) a bond from Kimbel for £ 25 also payable to Caldham and Olneye or to bearer, payable on 3 May 1384; and (c) a bond from Robert Dane and John Wodecock, London mercers, for 200 marks [£ 133 13 s 4 d] to secure the payment of 100 marks to Caldham and Olneye at Michaelmas [29 September] 1384. The „two bonds from John Kymbel [on which £ 20 were still owing] together with a letter touching a debt of James Fane [a bond for £ 60, also payable to Caldham and Olneye] were delivered to Thomas atte Wode and the said Katherine", while the Dane-Wodecock bond was returned to Olneye. Memorandum that Thomas and Katherine admitted having received £ 80 from John Olneye, who undertook to pay them a further sum of £ 25.

Thomas, Calendar, III, S. 106–107.

2. 30. Juli 1386: London Mayor's Court: Sutton gegen Hoo

At Middelburg, James Neurant, attorney for John Hoo of London, had borrowed £ 60 sterling from William Wodehill, servant of Robert Sutton, also a London merchant. Nuerant had „bound himself for repayment by an obligation, dated 17 December 1385, to the said William and a certain Thomas Maperley." On Wodehill death's, „Walter Dautrey, claiming to represent Robert Sutton, came to John Hoo and gave him the first letter of payment according to the law merchant and showed him the second letter of payment and the obligation and asked for payment." Hoo agreed to pay, but then Maperley laid a claim. Subsequently, „on Thomas Maperley's making default," the court ruled that „John Hoo should pay the money direct to Robert Sutton on condition that he warranted him against any other claimant."

Thomas, Calendar, III, S. 125.

3. 31. Mai 1414: London Mayor's Court: Ikelington gegen Hasard

Richard Ikelington, London merchant, had sued Tidmann Hasard of Utrecht for £ 72 sterling, for two dishonoured „letters of payment" („*litterae solucionis*") directed to [drawn upon] John Malteby, which the plaintiff Richard Ikelington, fishmonger, had obtained from William Marcheford, merchant. Malteby had refused to redeem the bills when Ikelington had presented them. The court ruled that Tidmann Hasard „should be quit of all claims for £ 72," because the bills of exchange were issued on conditions (unspecified) that made the requested form of payment invalid, according to supporting letters supplied by the town of Middelburg. Tidmann himself was required not to sue Ikelington for any „delays and troubles" caused by this suit.

Thomas, Calendar, IV, S. 12–13.

4. 10. August – 29. November 1436: London Mayor's Court: Burton gegen Davy

Klage wegen eines nicht honorierten Wechsels (10. August): A mon treshonure mestre Elys Davy, mercer, a Loundres, soit done: Treshonure sire vous please assavoir que jay resceu yci de John Burton [per manus Thome Hanworth mercatoris, tunc factoris sui] par eschange xxxl. [sterling], appaiers a Loundres al avauntdit John ou al portour diceste lettre de paiement le xiiii jour de March' proch[ein] a venir, par cest ma premier et seconde lettre de paiement. Et je vous emprie quil soit bien paie a le jour. Escript a Bruges, le x jour de Decembre [1435], par vostre attourne, JOHN AUDELEY, etc. Urteil am 29. November: Et super hoc quia tam per sacramentum dicti Thome Hanworth qui deliberavit, quam sacramentum predicti Johannis Audeley qui recepit denarios predictos per escambium in forma predicta...; ideo consideratum est per eandem curiam mercatoriam juxta legem mercatoriam et consuetudinem predictam in hujusmodi casibus, etc. usitatas et approbatas, quod idem Elias [Davy] juxta vim, formam, et effectum dicte litere solvat easdem xxxl. prefato supplicanti vel Johanni Walden portitori ejusdem litere, qui loco suo tenetur et habetur in hoc casu, etc., juxta legem mercatoriam et consuetudinem antedictam, etc., et xxs. ultra pro dampnis in hac parte habitis et sustentatis, etc.

Hall, Select Cases, III, S. 117–119.

5. 10. Mai 1443 – 18. Januar 1445: Prozeß Swan und Brandesby gegen Bolton, den Calaiser Stapel und seine Münzquittungen betreffend (in englischer Übersetzung):

With respect to the objection to the allowance of certain bills payable at the mint in Calais, long before bills for 30*l*. 4 s. were taken to that mint by John [Brandsby] and Simon [Swan], it was ordained in the Staple of Calais that on the sale of every sarpler of wool of Lindsey worth 14 marcs [£ 9 8 d sterling] or more, a bill should be brought to the mint to the value of 6*l*; and so for Yorkshire wool of the Wold and Scarsdale, of more than 12 and less than 14 marcs value, a like bill of 5*l*. was required; and for middle wool, 4*l*. And Brandesby, as Bolton's factor, not having bills or money ready to comply with the ordinance, namely for one third of the true value of the wool, became indebted to men of Flanders for certain exchanges amounting to 32*l*. 17 s 1 d, which the Bolton's auditors have disallowed, though this transaction was authorized by letters in the hands of the accountants.

Hall, Select Cases, II, Nr. 34, S. 158, Nr. 10

6. 20. Januar 1445: Petition Leidener Kaufleute vor dem Königlichen Rat:

„... the saide Holanders at sundry tymes deliverede to the saide Richarde [Whitecroft] ... in the mart at Andewerpe in the year passede ... £ 30 000 and more, and toke lettres of paiement of him therefore ... to be paide and answerede to theym for byeing of wolle and wollefelle at Caleys ... So hit happenede that at Beroghe at Estren [Bergen-op-Zoom] last passede, at Brugge mart thereafter, and at Witsontide [Whitsun or Pinkstermart at Antwerp] next thereaftere, the said Holanders deliverede to the said Richard in like wyse grete and notable sommes of money, and toke of him suche lettres as befoure, wheruppone the burghe-maister and xvi merchants of Lyethe [Leiden] cam to Caleys [August] ... to the entent to have employede the said money, and more that thei brought with them to Caleys, for byeing of wolle and wollefelle there ...

Stevenson, Letters, I, S. 464–469.

7. 4. April 1445: Inhaber-Schuldschein, ausgestellt von zwei Leidener Kaufleuten, zahlbar an einen Stapler oder den Inhaber in Antwerpen, am 16. Mai 1445:

Kenlic sy allen luden, dat ic, Jan Bertout ende Dirc Florijsz., coeplude van Leyden, gelooft hebben Cantelo [William Cantelo, Stapler], coepman van die stapel van Calis, of brenger des briefs, hondert pont staerninx [£ 100 sterling], die hi voir ons betaelt heeft als van die wolle ende vellen, die wy nu tot Calis gecoft hebben, end dit gelt sullen wy betalen in die Pinxstermarct tot Antwerpen naistcomende.

N. W. Posthumus (Hg.), Bronnen tot de geschiedenis van de Leidsche textielnijverheid, 1333–1795, I: De middeleeuwen, (Rijksgeschiedenkundige Publicatiën 8), Den Haag 1910, Nr. 161, S. 184.

8. 3. August 1448: London Mayor's Court: Francis and Carpenter gegen Roberd

John Francis and John Carpenter affirmed in court a bill of debt against John Roberd, grocer, „according to the custom of the City and the law merchant used in the City from time immemorial." Francis produced in court „a sealed bill" dated 1 October 1447 at Antwerp, by which John Roberd had promised to pay £ 130 6 s 8 d sterling, in return for £ 157 *groot* Flemish; and to pay this sum „to the plaintiff [John Fraunceys] or the bearer of the bill at London… on the feasts of St. Martin [11 November 1447], the Purification and Shrove Tuesday [2 and 6 February 1448] then next following, of which sum £ 150 8 s gross [*groot* Flemish] or £ 125 6 s 8 d sterling still remained unpaid."
Roberd appeared before the Mayor's Court on 5 August and agreed that the particulars of the bill were true. „Judgement was given that the plaintiff recover that amount according to the law merchant."

P. Jones (Hg.), Calendar of Plea and Memoranda Rolls Preserved Among the Archives of the Corporation of the City of London at the Guildhall, V: A.D. 1437–1457, Cambridge 1954, S. 105–106.

9. 8. Dezember 1472: Wechsel der Celys, gezogen in Calais auf London:

To my ryght worschipfull maister John Wode, merchaunt of the Staple at Caleis, at London…
Pleaseth hit you to wytt I have receyved by exchaunge of Thomas Kestevyn, attorney of Richard Cely, merchaunt of the Staple at Caleis, fourety poundez sterlyngys to be paid to the said Richard Cely or to the brynger of thys lettre at London the xii day of Feverer next comyng. The which xl li. ster. I pray you may be well and truely content and paid at the day aforesaid, by this my first and seconde lettre of payement. In wytnesse hereof, I, the said John Dycons [of Calais], have wretyn thys bill wyth myn owne hande and have

sett hereto my maisters seall, the viii day of December, in the yeer of oure Lord Gord, M[l]iiii[c]lxxii.
By your attorney, John Dycons.

Hanham, Cely Letters, Nr. 1, S. 3.

10. 13. April 1476: Wechsel der Celys, gezogen in London auf den Pfingstmarkt in Antwerpen [24. Juni 1476]:

Robert Cely in London an George Cely in Antwerpen:
... I Robard Cely have ressayvyd off Wylliam Eston, mersar of London, xii li. ster. to pay at Andewarpe in Sencyon martte [Whitsun Mart] the xxiiii day of June, for every nobyll of vi s. viii d. ster., vii s. x d. Fllemeche, and I pray yow to delyver to the sayd Wylliam Eston xii li. at the same ratte, takynge a byll of ys honde to paye at London the sayd xii li. starlynge at a day as longe hafter [the day] as I toke the mony wup beffore. In wettnes herof I sette my seell at London the xiii day of Aprell, per Robard Cely.

Hanham, Cely Letters, Nr. 3, S. 4.

11. Oktober 1478: Wechsel gezogen von George Cely auf Collard de May, Wechsler in Brügge:

Upon Collard De May [of Bruges] ... made over by Richard Wellis, attorney of Thomas Follar, mercer of London, £ 30 stg payable the last day of February [1479 ns], at 8 s 7 d [Flemish *groot* per English noble of 6 s 8 d ... the sum of] £ 38 12 s 6 d [*groot* Flemish].

Hanham, The Celys, S. 189.

12. 22. Dezember 1478: Inhaber-Wechsel, gezogen auf dem Dezember-Markt in Bergen-op-Zoom auf London:

I, William Breten, attorney for John Breten, salter of London, hath received by exchange of John Grenerard, merchant of Cologne, £ 40 sterlings. The which £ 40 sterlings to be paid to the said John [Breten] or the bringer of this bill in the first week of Clean Lent at London after the date hereof...

Hanham, The Celys, S. 190.

13. 6. September 1480: Brief der Celys wegen mehrerer Wechsel, zahlbar in Antwerpen und London:

John Cely in London an George Cely in Antwerpen:
Right wurshipfull Sir and welbelovyd Cosyn I recommaunde me unto

you... please it you to wete that my sistur youre aunte hath made a bargen wyth John Mathew mercer of London and shall reseyve off hym at such days as she and he be agreyd lxxv li. xvi s. viii d. ster [£ 75 16 s 8 d]: and she hath delyverd hym youre bylle of youre hand be the wiche he must reseyve of you now att this marte [Bamis Mart in Antwerp] iiii^{xx} xi li. flemysshe [£ 91 *groot* Flemish] the wiche she praith you to paie to the said John Mathew or to his atorney or bringer of your bylle acordyng to her covinaunte and promisse...

Malden, Cely Papers, Nr. 39, S. 40.

14. 1487: Erneuerung des Act of Retainer durch das Parlament, das das Recht der Calais Stapel Company, Wechsel im Wollhandel zu benutzen, bekräftigte (für 16 Jahre vom 6. April 1488):

And forasmoche as the Sales of the said Merchaundises of the Staple ys receyved only Money in Golde or Silver which hath no cours within this Realme, nor cannot come to the profitte of the Kynges Realme, nor of the Merchaunts Owners of the saide Golde and Money, without Eschaunge made in the landes beyond the See, which Eschaunge, yf they eny make, shuld be unto theym by dyvers other Statutes to excessyvely grevous and penall; it ys ordeyned and enacted that for any such Eschaunge made by the said Maire, Constables and Feliship of the Merchauntes, or any of theym, for every time of the said xvi yeres, contrarie to the Statutes, they or any of them be not hurted, vexed, impleded, impeched, or impechable. Le Roy le veult.

Great Britain, Parliament, Rotuli Parliamentorum ut et Petitiones et Placita in Parliamento, I–VI, London, 1767–77, VI, S. 395–397, Nr. 14.

15. 17. September 1497: Wechsel gezogen von vier Merchants Adventurers auf den Bamis Markt in Antwerpen [1. Oktober 1497]:

Be it known to all men that we Richard Laken, Thomas Eyre, Robert Drayton, and Philip Bull, citizens and merchants of London, have taken up by exchange of William Buttry, citizen and mercer of London, £ 50 sterling to be paid to the said William or to Edmund Wotton his attorney at Antwerp in this mart the first day of October... for every 6 s 8 d sterling [angel-noble], 10 s 2 d *groot* Flemish money..."

Hanham, The Celys, S. 197.

16. 3. März 1534: London, High Court of Admiralty: Fuller gegen Thorne, Inhaber-Schuldschein (mit den Elementen eines Wechsels) „exhibita in curia principalis Admirallitatis Anglie tercio die Marcii anno 1533":

Be it known to all men that I Thomas Thorne haberdasher of London have taken up by exchange of Thomas Fuller merchaunt of the staple of Callys the sum of lx^{li} sterling [£ 60] the which sum of thre skore pounds sterling to be payd to the said Thomas Fuller or to the brynger of thys byll in manner and forme foloynge, that is to wyte the xxiiii daye of August [24 August 1528] next after the date of this byll to pay xxx^{li} sterling and the xx day of September next foloyng to pay other xxx^{li} sterling to the whiche payments well and trewly to be payd to the sayd Thomas Fuller of to the brynger hereof at the days before wrytten I the said Thomas Thorne bynd me myne ayres executors and assignes and all my goods. In wytnes whereof I the sayd Thomas Thorne have wrytten this byll wythe myne owne hand subscrybyd my name and sett to my seale the xviii day of April anno mv^{c}xxviiith [18 April 1528]. per me Thomas Thorn

Thorne weigerte sich die mit diesem Inhaber-Schuldschein fälligen £ 10 zu zahlen; Fuller ließ daraufhin einige Thorn gehörende Waren beschlagnahmen. Das Gericht entschied zugunsten von Fuller.

R. Marsden (Hg.), Select Pleas in the Court of Admiralty, I: The Court of the Admiralty of the West (A.D. 1390–1404) and The High Court of Admiralty (A.D. 1527–1545), (Selden Society Publications 6) London 1984, Nr. 8, S. 41.

17. 1538: London, High Court of Admiralty: Harrison gegen Stubbarde

Bei Gericht vorgelegter Inhaber-Schuldschein, mit dem der Kauf eines Schiffes bezahlt werden sollte. Da der Wechsel bei Fälligkeit nicht vollständig beglichen wurde, beschlagnahmte der Gläubiger das Schiff wegen Zahlungsverzugs (Entscheidung nicht bekannt).

Noverint universi per presentes nos Johannem Stubbarde civem et ffysshmonger de London' et Petrum Kyrsceman meractorem de Brugis teneri et firmiter obligari Johanni Harryson de Roos naute de Slusa in tresdecim libris sterlinge pro quadam navi le hode vocata Die Jacop van Dordreight empta de dicto Johanne Haryson solvendis eidem Johanni aut suo certo attornato heredibus executoribus et assignatis suis sive hoc presens scriptum ostendenti seu deferenti in festo sancti Michaelis Archangelis proxime futuro post datum presentium [29. September 1538]. Ad quam quidem solucionem bene et fideliter faciendam obligamus nos et utrumque nostrum per se pro toto et in solidum heredes et executores nostros et omnia bona nostra mobilia et immobilia tam citra mare quam ultra ubicunque fuerint inventa... Datum vicesimo sexto die mensis Marcii anno domini millesimo quingentesimo tricesimo septimo et anno regni regis Henrici Octavi vicesimo octavo [26. März 1537] per me Johannem Stubbarde.

[Know all men by these presents That we John Stubbarde citizen and fishmonger of London and Peter Kyrsceman merchant of Bruges are held and firmly bound to John Harrison de Roos, mariner of Sluys, in thirteen pounds sterling for a certain ship the hode called the Jacob of Dordrecht bought of the said John Harrison to be paid to the said John [Harrison] or to his certain attorney, his heirs, executors, and assigns, or to the presenter or bearer of this present writing, at the feast of St. Michael the Archangel next to come after the date of these presents. And to the well and truly making of such payment we bind ourselves and each of us jointly and severally our heirs and executors and all our goods moveable and immoveable wheresoever they be found as well on this side of the sea as beyond sea... Given the 26th day of the month of March in the year of the Lord 1537 and the 28th year of the reign of King Henry the Eighth. By me John Stubbarde.]

Marsden, Admiralty, I, Nr. 26, S. 62–63, 196–197.

18. 26. November 1554: London, High Court of Admiralty:

To his worshipffull Mr Wm Browke or Mr Gownston geve these.
In the porte of Portingale, the 26 daie of November.
Sir yt maye plese yew to paie this my seconde bill of exchange my fyrste and thirde beinge unpaid unto Harrye Wardon of Norwiche groser or his assignnis at the sytte here of the some of tenne powndes of lawfull monye of Ynglonde [£ 10] and ys for thirtye docates [30 ducats] that your sarvante Christover Candishe have recavide of the a fore namide Harrye Wardon for the ewse and behove of the complishement of the ladinge of your crayer calide the Christover of London wher in ys master John Moris of Rattlyfe under god for this present voyage. In wittnes of the trewth I your sarvante Christover Candishe hathe cawside this bill to be made the daie and yere afore saide and hath subscribide my name as ys a fore saide.
Chrisotaffare Candyshe for and in the name of my master William Browke comtrolare of the Queene shipes and more Mr Gonson tresarar.

Marsden, Admiralty, II: The High Court of Admiralty (A.D. 1547–1602) (Selden Society Publications 11), London 1897, S. 71.

19. 4. September 1562: London, High Court of Admiralty:

Laus deo. Andwarpe [Antwerp] le 4 of September 1562. £ 50.0.0.
To Mr. Lewteye servant to Richard Stainffyld dd; in London pa'
At usans and halfe paye by this my fyrste byll of exchainge, my second not beinge paid, to Myhelle Cruche or the bringer hereof the some ffyeftey poundes [£ 50] sterlinge corant mony for marchandyse and ys for the valewe receyved of John Turner at the daye, make good payment and put yt to your accompte, by me Richard Stanffeld.
Auf der Rückseite. „Eccepted by me William Lewtie“

Marsden, Admiralty, II, S. 73.

20. 11. September 1563: London, High Court of Admiralty: Denaker gegen Mason

Anno 1563, the 11 day of September in Amsterdam.
To the wyff of Wm Harris, ffishmonger in Temes Street at the syne of the Kings Hed, London
At C [sic] usance paye by thys my fyrst byll of exchange my second not beyng paid unto John Denaker or to the brynger hereof 50^{li}, I saye fyftye pounds of good and lawful mony of Yngland and ys for valew herof received of John Denaker. I praye [you] make good payment herof at the day. Thus fare you well. By your husband Wm Harris.
Zwei Quittungen von John Mason über £ 30 und £ 12 als Teilzahlung für diesen Wechsel sind angefügt:
[This bill] came to the hands and possession of the aforesaid John Mason; and that the same John Mason afterwards in pursuance of the said bill received and had from the wife of the said William Harrys the said sum of £ 50 owing as aforesaid to the said John Denaker, and unjustly detained and detains [the same] from the aforesaid John Denaker, according to the admission of the said John Mason judicially made before Us and now remaining in Our registry, which admission We take...

Marsden, Admiralty, II, S. 73, 127.

KREDIT IM LONDONER AUSSENHANDEL UM DIE MITTE DES 15. JAHRHUNDERTS[1]

von

Stuart Jenks

Am 30.5.1459 leitete der königliche Anwalt William Notyngham vor dem Exchequer den ersten von über 110 Prozessen gegen englische Fernhändler ein, die zu unzulässigen Kreditbedingungen Waren an ausländische Kaufleute verkauft hatten.[2] Die juristische Basis für diese Anklagen bildeten zwei Statuten,[3] die das Parlament 30 Jahre zuvor verabschiedet und denen seither niemand mehr die geringste Beachtung geschenkt hatte. Nun aber, da die Regierung am Ende der ersten Phase der Rosenkriege dringend Geld brauchte,[4] grub man diese Gesetze wieder aus, um saftige „*fines*", also ‚freiwillige' Zahlungen für die Einstellung des Verfahrens oder für die Amnestierung, von den Kaufleuten zu kassieren.

Das erste Statut (aus dem Jahre 1429) hatte den Einheimischen verboten, ihren ausländischen Kunden Kredit zu gewähren.[5] Ein gutes Jahr

---

[1] Abschriften und Auszüge aus den Beständen des Public Record Office, London, die dem Copyright der britischen Krone unterliegen, werden mit Genehmigung des Kontrolleurs von Her Majesty's Stationery Office gedruckt. Auszüge aus den Unterlagen der Corporation of the City of London werden mit deren freundlicher Genehmigung gedruckt.

[2] PRO, E159/235 RT m 40. Prozeßprotokolle: E159/235–236. Dazu S. Jenks, Das Schreiberbuch des John Thorpe und der hansische Handel in London 1457/59, HGbll. 101 (1983), S. 67ff.

[3] Dazu J. Munro, Wool, Cloth and Gold. The Struggle for Bullion in Anglo-Burgundian Trade, 1340–1478, Brussel 1973, S. 90f.

[4] Dazu E.F. Jacob, The Fifteenth Century, 1399–1485 (Oxford History of England 6), Oxford 1961, S. 515ff. Allgemein vgl. R.A. Griffiths, The Reign of King Henry VI: The Exercise of Royal Authority, 1422–1461, London 1981; und B. Wolffe, Henry VI, London 1981.

[5] 8 Hen. VI, c. 24: A. Luders et al. (Hgg.), Statutes of the Realm [hernach: SR], 11 Bde., London 1810–28, II, S. 257. Vgl. Rotuli Parliamentorum ut et petitiones et placita in parliamento [hernach: RP], I–VI, [London 1777/83], IV, S. 360f.

später, nachdem die katastrophalen Auswirkungen dieses Gesetzes selbst der Regierung bewußt geworden waren, machte man eine Ausnahme für Tuch, solange die Laufzeit der Warenkredite 6 Monate nicht überschritt.[6] Damit hatte der Gesetzgeber allerdings kommerziell Unmögliches verlangt. Wer die typischen Erzeugnisse des Königreichs (Wolle, Tuch usw.) exportierte, arbeitete gewöhnlich auf der Basis von langfristigen Kreditverträgen.[7] Der königliche Anwalt konnte also leicht nachweisen, daß die Londoner Kaufleute die Bestimmungen der Statuten mehrfach verletzt hatten.

Selbstverständlich benötigte Notyngham Unterlagen, um die Anklagen vorzubereiten. Im Public Record Office sind drei Schuldenregister aus London überliefert,[8] die – wie die darin enthaltenen Randvermerke des Exchequers beweisen – zu diesem Zweck beschlagnahmt wurden und die die Basis der Anklagen bildeten.

Notyngham muß zudem noch andere Londoner Schuldenregister eingezogen haben, die heute nicht überliefert sind. Es wurden nämlich auch englische Kaufleute, die ihren ausländischen Kunden Kredite vor und nach der Laufzeit der erhaltenen Register eingeräumt hatten, zur Rechenschaft gezogen. Darüber hinaus gibt es etliche Anklagen, die sich auf Kreditgeschäfte beziehen, die während der Laufzeit der überlieferten Schuldenregister abgeschlossen wurden, darin jedoch nicht erfaßt sind. Die erhaltenen Londoner Schuldenverzeichnisse gewähren also einen zwar wertvollen, aber eben nur begrenzten Einblick in das Kreditwesen der englischen Hauptstadt.

Allerdings können die Schuldenregister nicht die einzige Informationsquelle des königlichen Anwalts gewesen sein. Der Ort des Vertragsabschlusses, den Notyngham mit Pfarrei und Stadtbezirk angeben konnte, war ihnen nicht zu entnehmen und mußte nachträglich ermittelt werden, was nicht immer gelang.[9] Obwohl die Schuldenregister auch

---

[6] 9 Hen. VI, c. 2: SR 2, S. 264. Vgl. RP 4, S. 377.

[7] M. M. Postan, Credit in Medieval Trade, Economic History Review, 1. Ser. 1 (1928), Ndr. Ders., Medieval Trade and Finance, Cambridge 1973, S. 6ff.

[8] PRO, E101/128/37 (veröff. Jenks, Schreiberbuch, S. 92–105); E101/128/36 (hier im Anhang ediert); und E101/697/50 (wird ediert bei S. Jenks (Hg.), Hanseakten aus England, 1412–1474).

[9] Gelegentlich wurden Londoner Pfarrei und Stadtbezirk von einer anderen Hand in das Prozeßprotokoll eingetragen. In einigen Fällen ließ der Schreiber Platz frei für einen Nachtrag; PRO, E159/235 RT m 44, 46, 49, 51, 52d, 55. Die

Menge und Art der Handelsgüter, die die Beklagten ihren ausländischen Kunden auf Borg verkauft hatten, ausnahmslos verschweigen, wußte Notyngham dies immer anzugeben. Schließlich enthält ein Schuldenregister[10] keine Angaben über das genaue Datum der Kreditgeschäfte. Dennoch konnte der königliche Anwalt bei allen Klagen, die auf dieser Unterlage basierten, den Tag des Vertragsabschlusses nennen.[11]

Wenden wir uns nun den Schuldenregistern selbst zu. Zwei wurden nachweislich von juristisch geschulten Schreibern *(„scriptores littere curialis")* geführt, und dies gilt wohl auch für das dritte.[12] Alle drei Register überschneiden sich zeitlich, wurden also parallel zueinander geführt und enthalten Aufzeichnungen über Kreditgeschäfte, die in der Regel (aber eben nicht immer) zwischen Engländern und ausländischen Kaufleuten abgeschlossen wurden. Zieht man die vom königlichen Anwalt erhobenen Klagen hinzu, so werden die unterschiedlichen Einzugs- und Geschäftsbereiche der Schuldenregister erkennbar.

Tabelle 1: Die überlieferten Londoner Schuldenregister

Signatur und Laufzeit	Form	Einzug	Geschäfte
E101/128/36	Pergamentrolle	Westminster/City	Wolle
V. 1457–I. 1458	ohne Tag	Italiener; Spanier	Tuch
E101/128/37	Papierheft	Dowgate/Vintry	Messen
5. 5. 1457–7. 5. 1459	mit Tag	Hansen	Kleinkredit
E101/697/50	Papierrolle	Dowgate	Messen
29. 11. 1457–16. 2. 1459	mit Tag	Hansen	

Ortsangabe war für das Verfahren unerläßlich, weil die Geschworenen aus der Gegend berufen werden mußten, wo der Verkauf stattgefunden hatte.

10 PRO, E101/128/36 (vgl. Anhang).

11 PRO, E159/235 RT m 14, 67; E159/236 RM m 30–1, 40-1, 55, 61, 73; RT m 7.

12 PRO, E101/128/37 wurde von John Thorpe geführt, der sich in der Überschrift nennt (Jenks, Schreiberbuch, S. 92) und am 5.3.1446/7 in die Scriveners' Zunft aufgenommen wurde; F.W. Steer (Hg.), Scriveners' Company Common Paper, 1357–1628 (London Record Society Publications 4), London 1968, S. 22. PRO, E101/128/36 enthält den schwer lesbaren Vermerk *„William Styfford 10 s; ...Joostal 10 s"* auf der ersten Membrane. Styfford war seit 20.4.1440 Mitglied der Scriveners' Zunft (Steer, Common Paper, S. 21) und ist mehrfach als „writer of court hand" belegt (CCR 1454–61, S. 200 und 371). Ein Richard Gouxhill ist

Mehrfach sind Kreditgeschäfte eines einzigen Gläubigers mit verschiedenen Schuldnern nacheinander eingetragen worden.[13]

Wie sind nun diese Eintragungen juristisch einzuordnen? Der mittelalterliche Kaufmann konnte in England zwischen drei Möglichkeiten wählen, die ihm zustehenden Schulden schriftlich festzuhalten.[14] Die verbindlichste Form war die *„recognitio"*, also die formale Anerkennung des Schuldners vor einem Gericht, daß er bei Zahlungsverzug auf den Rechtsweg verzichtete und der Gläubiger berechtigt war, seinen Besitz ohne weitere Gerichtsverhandlung zu pfänden. Diese Art des Schuldanerkenntnisses wurde vom Statut von Acton Burnell 1283 und den Nachfolgegesetzen geregelt.[15] Die Stadt London ernannte eigens hierfür einen Schreiber, der zusammen mit dem Bürgermeister für die Eintragung der Schulden zuständig war. Zwischen den Londoner *„Recognizance Rolls"*, die bis 1392 überliefert sind,[16] und den Londoner Schuldenregistern besteht jedoch kein Zusammenhang.[17]

Die juristisch unverbindlichste Form des Schuldanerkenntnisses war die *„billa obligatoria"*, ein formloses Zahlungsversprechen, das der

---

um diese Zeit als Notar in London nachzuweisen; CCR 1454–61, S. 311 (25.7.1457) und 372 (2.5.1457). Beim dritten Schuldenregister (PRO, E101/697/50) fehlt mindestens eine Membrane am Anfang.

[13] Vgl. Nr. 26-7, 38-46, 71-4 im Anhang.

[14] Hier fasse ich M.M. Postan, Private Financial Instruments in Medieval England, VSWG 23 (1930), Ndr. Ders., Medieval Trade and Finance, Cambridge 1973, S. 29–40, zusammen.

[15] Acton Burnell; SR 1, S. 53f. Vgl. 13 Edw. I, Statutum Mercatorum (SR 1, S. 98–100) und 27 Edw. III, St. 2 (Ordinacio Stapularum), bes. c. 9, 17, 19–20; SR 1, S. 332–43.

[16] Corporation of London Records Office [hernach: CLRO], Recognizance Rolls.

[17] Die *„Recognizance Rolls"* unterscheiden sich hinsichtlich der Formalia erkennbar von den Londoner Schuldenregistern. Die *„Recognizance Rolls"* bestehen aus großen, zu Heften zusammengenähten Pergamentblättern, die auf der linken Seite einen Wellenschnitt aufweisen. Weil das Statutum Mercatorum (1285) vorschrieb, die Schulden zweifach einzutragen, wobei eine Kopie beim Bürgermeister, die andere bei den Schreibern verbleiben sollte, wird ersichtlich, daß die überlieferten *„Recognizance Rolls"* die Kopien darstellen, die die Londoner Bürgermeister behielten. Die Form der Eintragungen selbst (*„N.N. die A mensis B anno regni Regis N.N. C recognovit se teneri N.N. in £ D, solvendis in die E mensis F anno regni Regis N.N. G. Et nisi fecerit, concedit..."*) weicht erkennbar von der in den Londoner Schuldenregistern ab, bei denen die Schuldner in erster Person sprechen und die *„nisi fecerit"*-Klausel fehlt.

Schuldner eigenhändig schrieb, jedoch nicht mit seinem Siegel beglaubigte.[18] Auch wenn nach einer Londoner Verordnung von 1439[19] die „*billa obligatoria*" dieselbe Beweiskraft hatte wie eine besiegelte Schuldurkunde, galt sie nur vor den Gerichten, die nach der „*Lex mercatoria*" verfuhren,[20] nicht jedoch vor den königlichen Common Law Gerichtshöfen. Diese Schuldscheine scheiden ebenfalls als Vorlage für die Londoner Schuldenregister aus, deren Eintragungen eine strikte und variationslose Form einhalten.

Die dritte Form des Schuldanerkenntnisses war die „*littera obligatoria*", die besiegelte Schuldurkunde. Sie bot dem Gläubiger besondere Sicherheit, zumal der bloße Besitz einer derartigen „*littera*" vor den Common Law Gerichten als Nachweis der Schuld vollauf genügte. Der Vergleich zwischen einer „*littera obligatoria*" aus dem Jahre 1439 und den Eintragungen in den Londoner Schuldenregistern beweist, daß die Londoner Unterlagen aus nichts anderem als einer verkürzten Fassung der Schuldurkunden bestehen.

„*Noverint universi me Robertum Tylney de Lenn Episcopi mercatorem teneri et firmiter obligari Henrico Foster de Newerk draper in septem libris bone et legalis monete Anglie, solvendis eidem Henrico,*

---

[18] Vgl. Postan, Financial Instruments, S. 36.

[19] „*Consideratum est per maiorem et aldermannos, quod cedula de membrana seu papiro manu debitoris seu alterius scripta et per ipsum debitorem sigillata et liberata excludit ipsum debitorem a lege sua faciendum secundum antiquam civitatis consuetudinem*; CLRO, Journal 3, f. 12^r (20.3.1439). Diese Verordnung wurde am 21.3.1439 im Letter-Book K eingetragen; R.R. Sharpe (Hg.), Calendar of Letter-Books of the City of London, 11 Bde. [Letter-Books A.-L. Hernach: LBA, LBB usw.], London 1899–1912, Bd. K, S. 228f.

[20] Wie z.B. die Londoner Sheriffs' and Mayor's Courts. Dies gab den Londoner Gerichten eine im Vergleich zu den Common Law Gerichten geographisch wesentlich erweiterte Jurisdiktion. In die Kompetenz der Londoner Stadtgerichte fielen, wie Bürgermeister und Aldermen in ihrer Antwort auf das „*certiorari*"-Writ vom 14.2.1437 im Falle Burton/Davy feststellten, alle „*causas et acciones omnium et singulorum mercatorum civitati predicte* [London] *confluencium et versus alios mercatores inibi residentes pro quibuscumque mutuis, barettis, escambijs et litteris pagamenti alijsque rebus et contractibus mercatorijs inter ipsos mercatores seu factores suos apud quascumque ferias, nundinas seu villas mercatorias extra regnum Anglie per viam mercandisacionis factis vel initis, querulancium causasque et acciones illas periuratas mercatorum locum exterum, ubi res et contractus huiusmodi supponitur, et predictam civitatem interveniencium*"; PRO, C244/17/69.

heredibus vel executoribus suis aut suo certo attornato in festo Translacionis S. Thome Martiris proximo futuro post datum presencium [7.7.1440] *sine dilacione ulteriori. Ad quam quidem solucionem ut predicitur bene et fideliter faciendam obligo me, heredes et executores meos ac omnia bona mea per presentes. In cuius rei testimonium presentibus sigillum meum apposui. Datis tercio die Augusti anno regni Regis Henrici Sexti post conquestum decimoseptimo* [1439][21]
Me Severinum van Ellige mercatorem Alemannie teneri Johanni Kendale civi et peautero London' in £ 22 10 s 6 d sterlingorum solvendis 12. die Aprilis proxime [12.4.1458]. *Dat' 12. die Octobris* [1457]".[22]

Nun erhebt sich die Frage nach der Funktion der Schuldenregister. Wenn die Vorlage einer Schuldurkunde für den Beweis einer Schuld genügte, warum haben sich die Gläubiger überhaupt die Mühe gemacht, die ihnen zustehenden Verbindlichkeiten registrieren zu lassen? Postan meint,[23] daß dies die „*littera obligatoria*" in eine „*recognitio*" verwandelte, der Gläubiger sich also dadurch den Rechtsweg gegen den säumigen Schuldner ersparte und gleich zur Pfändung schreiten konnte. Gegen diese These spricht allerdings, daß es in den Londoner Akten[24] keinen einzigen Hinweis auf eine aufgrund einer Eintragung in einem Schuldenregister vorgenommene Pfändung gibt. Die juristische Basis für derartige Zwangsmaßnahmen war stets eine formale „*recognitio*".[25] Man verfuhr also ganz nach der vom Statut von Acton Burnell festgelegten Prozedur. Darüber hinaus hat sich der Gläubiger – selbst bei Anwendung dieses Verfahrens – den Rechtsweg eben doch nicht ganz erspart. In London war es um die Mitte des 15. Jahrhunderts nämlich üblich, den Schuldner vor Bürgermeister und Stadtrat zu zitieren und dabei aufzufordern,

---

[21] T. Madox, Formulare Anglicanum, London 1702, S. 364. Vgl. ebenda, S. 358 ff. Für spätere, englischsprachige Schuldurkunden, die offenbar aus den Geschäftspapieren des Londoner Kaufmanns Richard Arnold (gest. 1521) stammten, vgl. F. Douce (Hg.), The Customs of London, otherwise called Arnold's Chronicle, London 1811, S. 102 ff.

[22] Jenks, Schreiberbuch, S. 93, Nr. 8.

[23] Postan, Financial Instruments, S. 35.

[24] Insbesondere nicht in den unzähligen Mayor's Court Bills (Schuldanklageschriften), CLRO, MC.

[25] CLRO, MC *passim*.

Gründe zu nennen, die gegen eine unverzügliche Pfändung seines Besitzes sprechen würden.[26]

Welche Rolle die Schuldenregister gespielt haben, bleibt also rätselhaft. Es gibt unter den zahllosen Schuldprozessen, die vor den Gerichtshöfen der Hauptstadt geführt wurden,[27] keinen einzigen Hinweis auf die Registrierung einer Verbindlichkeit. Schuldklagen wurden in London entweder durch die Vorlage der Schuldurkunde oder durch die Behauptung begründet, der Beklagte habe Waren vom Kläger erhalten und sich dabei verpflichtet, die Schuld zu begleichen.[28] Außerdem stellte sich vor verschiedenen Gerichten, und nicht nur in London, immer wieder die Frage, ob ein Analphabet wahrheitsgemäß über den Inhalt der von ihm besiegelten Schuldurkunde aufgeklärt wurde. Hier hätten sich sicherlich die Schuldenregister – oder zumindest die Aussage des Schreibers – als Beweismittel angeboten, aber sie wurden nie herangezogen. Die Frage wurde stets durch die Aussage der Geschworenen geklärt. Schließlich gibt nicht einmal Notyngham die Quelle seiner „Informationen“ preis. Selbst wenn der Beklagte alles abstritt, wurden die Schuldenregister nie als Beweismittel herangezogen, obwohl sie tatsächlich die Basis für die Anklagen darstellten. Ob ein unzulässiger Kredit gewährt worden war oder nicht, wurde auch hier durch eine Jury geklärt.[29]

Licht in das Dunkel bringen vier Petitionen an den Kanzler um Eröffnung eines Billigkeitsverfahrens.[30] Sie zeigen, daß wir seit Postans Aufsatz über „Private Financial Instruments“ (1930) von der irrigen Annahme ausgegangen sind, daß die Schuldurkunden die Vorlage für die Eintragungen in den Schuldenregistern waren, daß also die Registrierung *nach* Ausstellung der Schuldurkunde erfolgte. Dies ist falsch. Die Kanz-

[26] CLRO, MC1/2A, MC1/3 und MC1/3A, *passim*.

[27] Ebenda sowie CLRO, Sheriffs' Court Rolls of Actions (1407/8). Gleiches gilt für die Protokolle der Verhandlungen vor den Sheriffs' Courts, die zufällig in den Hustings Pleas of Land überliefert sind; CLRO, HPL 47, m 5 sowie HPL 50, m 6 und 10.

[28] In Kanzleipetitionen (PRO, C1) und anderen Unterlagen, in denen auf derartige, nicht durch Schuldurkunden festgehaltene Verbindlichkeiten hingewiesen wird, heißt es, daß sich der Schuldner durch ein *„concessit solvere“* verpflichtet habe.

[29] Vgl. z. B. PRO, E159/235 RT m 30; E159/236 RM m 17 und 25.

[30] PRO, C1/10/217 (1467/73); C1/64/1046 (1474/5); C1/64/1051 (1474/5); C1/63/119 (1480/3). Postan erwähnt diese Petitionen, hat sie aber offensichtlich nicht gelesen; Financial Instruments, S. 34 Anm. 16.

leipetitionen zeigen, daß sich die Kaufleute zunächst über Höhe, Laufzeit und Bedingungen des Kredits einigten und erst dann zum Schreiber gingen. Dieser notierte die Einzelheiten in seinem ‚Buch' und stellte auf der Basis dieser Aufzeichnungen die Schuldurkunde aus. Als sich z. B. der Londoner Eisenhändler Thomas Toche um 1470 verpflichtete, eine Wahrenschuld von £ 15 für John Gawge an den Londoner Mercer William Thornhill zu zahlen und Thornhill das Geld einforderte, einigte sich Toche mit ihm dahingehend, £ 5 sofort und die restlichen £ 10 in sechs Monaten zu zahlen: „*Theruppone the note of an obligacioun was entred in a scriveners bokes to have be made up and enseled whan the said William wold desire it*".[31] Nach Lieferung der Ware besiegelte der Kreditnehmer die Urkunde und händigte sie dem Gläubiger aus. Der Londoner Barbier William Mille z. B. kaufte um die Mitte der 1470er Jahre Pelzwerk für £ 13 vom Londoner Kürschner Thomas Philpot und einigte sich mit ihm darauf,

> "... *to pay hym the said £ 13 at Estre day next commyng, and for the more suerte your said oratour* [William Mille] *promysed to be boundene to the said Thomas and a neghburre of his with hym in an obligacioun of £ 20 for to kepe the said day of payment. Therto the said Thomas was fully aggreed and caused a skryvener contynently to make the said obligacion and your said oratour and oone James Hasilherst were boundene in the same obligacioun to the said Thomas accordyng to the premisses above reherced and at the delyveraunce of the said ffurrez unto your said oratour your said oratour and the said James sealed and delyvered the said obligacioun unto the said Thomas afore sufficient record*".[32]

Was Notyngham beschlagnahmte, waren also nichts anderes als die Notizbücher der juristisch geschulten Schreiber.

Dies erklärt vieles. Nun wissen wir, warum die Schuldenregister nie als Beweismittel herangezogen wurden. Sie waren nicht mit den Unterlagen der öffentlichen Notare in Italien vergleichbar. Sie sollten keine Beweiskraft haben, sondern waren vielmehr private Aufzeichnungen des jeweiligen Schreibers über den Inhalt der Urkunden, die er auszustellen hatte. Gerade deshalb erübrigte es sich für Notyngham, die Schuldenregister bei den Anklagen zu erwähnen. Er wußte, daß eine entsprechende

[31] PRO, C1/10/217 (1467/73).
[32] PRO, C1/64/1051 (1474/5).

Schuldurkunde ausgestellt worden war, und konnte sicherlich die Einzelheiten über die Warengeschäfte vom Schreiber erfahren.

Daß die Schuldenregister private Aufzeichnungen waren, erklärt außerdem, warum die Eintragungen eine strikte Form einhalten, obwohl die Register selbst so unterschiedlich sind: mal auf Papier, mal auf Pergament geschrieben; mal als Rolle, mal als Buch gebunden usw. Bei amtlichen Dokumenten würden diese Abweichungen nie vorkommen, aber jeder Schreiber konnte seine privaten Aufzeichnungen in der Form machen, die ihm am besten erschien. Schließlich wissen wir, warum die Schuldenregister grobe Einzugs- und Geschäftsbereiche erkennen lassen, die dann doch immer wieder Ausnahmen aufweisen. Es war nämlich der Kundenkreis des Schreibers, der den Ausschlag gab, und nicht eine amtliche Kompetenzabgrenzung.[33] Einige Schreiber ließen sich in der Nähe des Stalhofs nieder, in der Hoffnung, für die Hansen zu arbeiten; andere dagegen in der Londoner City, wo sie hauptsächlich für Italiener und Spanier tätig wurden. Es war jedoch keinesfalls ausgeschlossen, daß ein Schreiber eine Schuldurkunde ausstellte, ohne daß ein einziger Ausländer am Darlehen beteiligt war.

Dies will allerdings nicht heißen, daß die Schuldenregister keine Rolle im Londoner Rechtsleben spielten. Petenten, die sich an den Kanzler wandten, wiesen gelegentlich auf die Register hin, wenn die Schuldurkunde verlorengegangen war[34] oder – aus unerklärlichen Gründen – die Bedingungen des Darlehens nicht enthielt.[35] Darüber hinaus waren die

---

[33] Meine früheren Feststellungen (Jenks, Schreiberbuch, S. 72 Anm. 13 a) erweisen sich also als falsch.

[34] I. J. 1477/8 rechnete der Londoner Kaufmann William Stathome mit dem Londoner Salzhändler Philip Patsylle über verschiedene Geschäfte ab.“ *Wherupone a due rekenyng and fulle agrement was made betwene theme and for suerte of the same a generalle acquitaunce was made, sealed and delyvered by the said Philipe to your seid oratour in the presence of Walter Clyfford of London' skryvener* [Aufnahme in die Scriveners' Zunft am 27. 8. 1477; Steer, Common Paper, S. 23], *as hit apperith in his boke of recorde and wilbe redy atte alle tymes to testifie the due profe of the same affore your lordshipe. Hit is so nowe, gracious lord, that your seid oratour hath lost his acquitance; that understondyng, the seide Philipe ... contrarie to the seid agrement and good consciens hath commensed an accioun of dette ayenst your seid oratour";* PRO, C1/63/119 (1480/3).

[35] Der Londoner Grocer John Barnard kaufte von seinem Zunftgenossen John Stevyn Waren im Werte von £ 30, zahlbar in Raten von £ 5 pro Quartal, "*of whiche obligacioun the condicion remaynethe in the boke of the skryvanere that wrote the same obligacion by thassent of both parties and not in the back of the same obligacion";* PRO, C1/64/1046 (1474/5).

Schuldenregister auch im Auslandsverkehr nützlich. Ein Beispiel: am 21.12.1456 erschienen der Kölner Johann van der A und der Londoner John Middleton vor einem Gericht in Middelburg. Middleton hatte die Handelswaren des Kölners beschlagnahmen lassen, weil van der A £ 23 13 s 4 d von Thomas Dodge in London geliehen hatte. Die Zahlungsverpflichtung des Kölners war Middleton zufolge darin begründet – und hierauf kommt es an – daß van der A *„hemselven bij sinen hanteyken verbonden heeft te betalen in den regyster van Ritschaert Hegge, clerc des hoofs der stede van Lonnen“*.[36] Nun war Richard Hegge nachweislich ein juristisch geschulter Schreiber,[37] und es muß sich bei seinem Register um ein mit den überlieferten Londoner Verzeichnissen vergleichbares Schuldenregister handeln.

Bedenkt man nun, daß selbst zu dieser Zeit die Fernhändler hin und wieder reisen mußten – beispielsweise auf die Brabanter Messen, und Middelburg war einer der wichtigsten Vorhäfen Antwerpens – so erkennt man, daß es problematisch gewesen sein muß, immer zur Stelle zu sein, wenn die Zahlung einer Schuld fällig war, um die Schuldurkunde einem Gericht vorlegen zu können, falls der Kreditnehmer in Zahlungsverzug geriet. In diesem Zusammenhang ist es aufschlußreich, daß die Kredite, die nach Ausweis der Schuldenregister auch im Ausland rückzahlbar waren, in der Regel entweder an den Gläubiger selbst oder an seinen *„attornatus“* (Vertreter) bezahlt werden konnten. Der Nutzen der Schuldenregister stieg also mit der Gründung von Firmen mit mehr oder weniger permanent im Ausland anwesenden Faktoren.[38] Vom Standpunkt des Gläubigers lag der Sinn der Kreditgewährung nicht nur darin, Waren zu verkaufen, sondern auch in der Möglichkeit, Kreditreserven – etwa in Brabant – aufzubauen, mit denen er Handelsgüter für den Import nach England erwerben konnte. Vorteilhaft war dabei, daß der Gläubiger selbst nicht ins Ausland reisen mußte, um die Schuld einzutreiben. Sein Vertreter konnte sie einklagen, wie das angeführte Beispiel zeigt. Zumindest John Middleton hat es für nützlich gehalten, das Schul-

---

36 H.J. Smit (Hg.), Bronnen tot de geschiedenis van den handel met Engeland, Schotland en Ierland, I, 2 (Rijksgeschiedenkundige Publicatiën 66), Den Haag 1928, Nr. 1461, S. 932f.

37 Aufnahme in die Scriveners' Zunft (5.10.1445); Steer, Common Paper, S. 22.

38 Nach Postan, Financial Instruments, S. 63, ist dies der Grund für die Übernahme des Wechselbriefs durch die Engländer.

denregister von Richard Hegge – wenn auch nur potentiell – als Beweismittel anzuführen.[39]

Welche Kreditstrukturen lassen nun die Londoner Schuldenregister und die von Notyngham erhobenen Klagen erkennen?[40] Die im Messeregister verzeichneten Schulden der hansischen Englandfahrer werfen keine Probleme auf. Alle derartigen Kredite waren auf den Brabanter Messen rückzahlbar, und die Gläubiger waren ausnahmslos Londoner Mercers, Mitglieder der Zunft also, die die führende Rolle beim Import von Messewaren nach England spielte. Es lag somit in ihrem Interesse, das Geld auf der Messe zu erhalten. In diesem Zusammenhang ist es aufschlußreich, daß der Schuldner weniger zahlen mußte, wenn er die Schuld im Ausland beglich. Ein Beispiel: am 1. 12. 1457 liehen drei Hansen £ 68 sterling von einem weiteren Hansekaufmann und einem Londoner Goldschmied. Die Schuld war in London am 8. 1. 1458 fällig, aber die Gläubiger räumten den Schuldnern die Möglichkeit ein, £ 65 sterling – also £ 3 weniger – am selben Tag in Brügge zu zahlen.[41] Andere Darlehen an hansische Kreditnehmer waren in englischer Währung denominiert, jedoch in der gleichen Anzahl von Pfund Groschen in Brabant rückzahlbar.[42] Bei einem Wechselkurs von 1 : 1,25[43] waren die Schuldner nur zu froh, im Ausland zu zahlen.

[39] Allerdings wies das Gericht in Middelburg die Prozeßparteien an, Bescheinigungen unter dem Londoner Stadtsiegel über die Bezahlung bzw. Nichtbezahlung der Schuld vorzulegen; Smit, Bronnen, I, 2, Nr. 1461, S. 933.

[40] Entgegen der landläufigen Meinung hing die Laufzeit des Kredits nicht mit der Höhe des Darlehens zusammen. Zinsen wurden vermutlich mittels eines Disagio in der Darlehenssumme versteckt, aber die Schuldenregister verraten uns nichts davon.

[41] Jenks, Schreiberbuch, S. 94, Nr. 16.

[42] Ein Beispiel: „*Nos Reginaldum Hoyman de Nimmegen in Alemannia mercatorem, Henricum Jserhoft attornatum et factorem Pauli Rode de Colonia mercatoris et Dedericum van Hovelle factorem et attornatum dicti Reginaldi de Nimmegen predicti mercatorem teneri Johanni Stoktone civi et mercero London' in £ 138 17 s 6 d, solvendis in festo Pentecostes proximo* [21. 5. 1458] *etc., condicio super dorsum, quod si solvant apud Andewerp' in Brabancia in nundinis vulgariter nuncupatis Sincsonmart ibidem proxime tenendis £ 138 17 s 6 d monete Fflandrie, tunc pro nullo, alioquin stet. Datum 14. die Marcij anno 36.* [14. 3. 1458]"; PRO, E101/697/50 m 1; Druck: Jenks, Hanseakten. Andere Eintragungen zeigen, daß mit „*£ 138 17 s 6 d monete Fflandrie*" nicht der Gegenwert des sterling-Betrags, sondern vielmehr £ 138 17 s 6 d gr gemeint war.

[43] Wechselkurs: Jenks, Schreiberbuch, S. 94f., Nr. 16 und 25.

Die Darlehen, die die Hansen nach Ausweis des Messeregisters aufnahmen, liefen in der Regel nicht mehr als zwei bis drei Monate (Graphik 1). Dies entspricht fast genau der Zeit, die für die Anreise zum Messeort und die notwendigen Vorbereitungen in Brabant erforderlich war.[44] Die Hansen nahmen die Kredite also unmittelbar vor dem Auf-

Graphik 1: Laufzeit der Kredite in den Londoner Schuldenregistern (in Monaten)

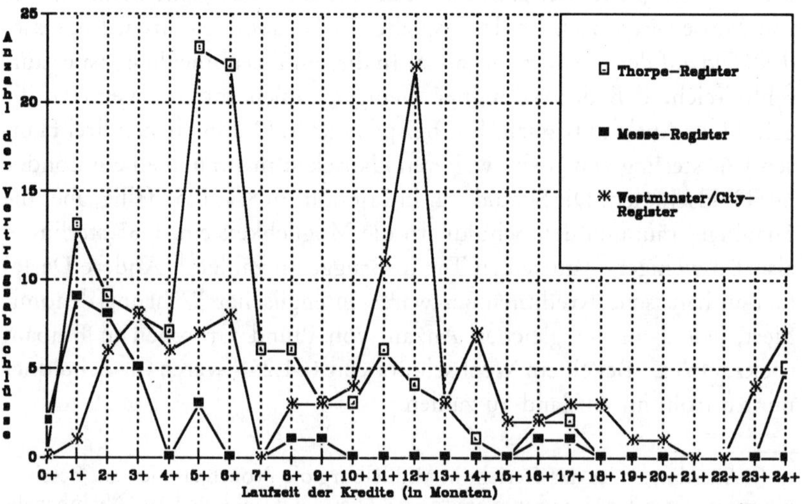

bruch nach Antwerpen oder Bergen-op-Zoom auf. Diese Kredite betrugen in der Regel £ 40 bis £ 70 (Graphik 2). Die Londoner Zollakten zeigen, daß diese Beträge dem Wert der Tuchpartien entsprechen, die die Hansen normalerweise in einem Schiff versandten: 24 bis 40 Tücher. Es handelt sich also eindeutig um Warenkredite. Die hansischen Messebesucher erwarben Tuch von den Mercers auf Borg, setzten diese Gewebe in Brabant ab und zahlten ihre Schulden mit dem Erlös, den die Mercers wiederum für den Erwerb von Messewaren für den Import nach England verwandten. Die Symbiose war perfekt.

---

[44] S. Jenks, England, die Hanse und Preußen: Handel und Diplomatie, 1377–1474 (Quellen und Darstellungen zur Hansischen Geschichte NF 36), Köln–Wien 1991, S. 340-3.

Graphik 2: Größe der Darlehen in den Londoner Schuldenregistern

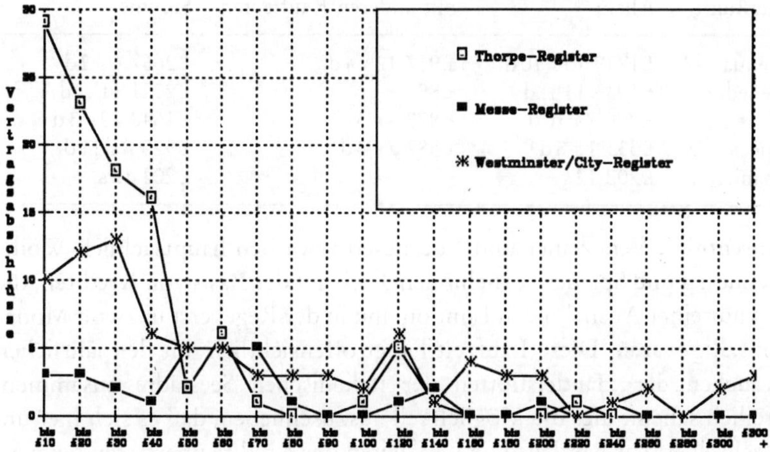

Im Thorpe-Register[45] findet man im großen und ganzen dieselben Strukturen. Allerdings gibt es auch hansische Kreditgeschäfte, die nicht als Warenschulden erklärt werden können. Entweder sind die Beträge zu klein (30 s), oder die Darlehen sind von Gläubigern gewährt worden, die den Hansen kaum etwas verkauft haben können.[46] Es gab also einen Kapitalmarkt in London, auf dem man selbst mit recht bescheidenen Summen auftreten konnte. Wie in Genua im 12. Jahrhundert,[47] so auch in London um die Mitte des 15. Das Geld suchte gute Rendite. Man braucht also keine Theorie der ursprünglichen Akkumulation, um das Zustandekommen des Handelskapitals zu erklären.

Das Westminster/City-Register, in dem Genuesen, Venezianer und Florentiner sowie, mit weitem Abstand, auch Lucchesen und Spanier als Kreditnehmer auftreten, bestätigt diese Schlüsse.

---

[45] Jenks, Schreiberbuch, S. 92–105.

[46] Ebenda, Nr. 19, 83, 85 und 92. Vgl. auch Nr. 59.

[47] Vgl. R. S. Lopez und I. W. Raymond (Hgg.), Medieval Trade in the Mediterranean World, New York o. J., S. 182 f.

Tabelle 2: Kreditaufnahme durch südeuropäische Kaufleute[48]

Herkunft	Allein	mit anderen Kaufleuten	Summe
Genua	£ 1749 13 s 10 d	£ 917 12 s 4 d	£ 2667 6 s 2 d
Venedig	£ 1933 11 1/2 d	£ 88	£ 2021 11 1/2 d
Florenz	£ 776 7 s 10 d	£ 872 4 s 5 d	£ 1648 12 s 3 d
Lucca	£ 333 1 s 8 d	£ 587 7 s 3 d	£ 920 8 s 11 d
Spanien	£ 202 12 s	–	£ 202 12 s

Florentiner, Venezianer und Lucchesen erwarben hauptsächlich Wolle, Genuesen und Spanier vornehmlich Tuch auf der Basis von Krediten, die mit nur einer Ausnahme in London und in der Regel erst in zwölf Monaten fällig waren. Diese Laufzeit hängt offensichtlich mit den jährlichen Besuchen der Handelsflotten der italienischen Seestädte zusammen. Freilich scheint dies die Möglichkeit auszuschließen, daß es sich hier um Wechselverkehr handelt. Die Laufzeiten der Kredite übertrafen bei weitem Postweg und Usancen.

Tabelle 3: Warenschulden der südeuropäischen Kaufleute[49]

Herkunft	für Wolle	für Tuch	für sonstige Waren
Venedig	£ 2738 11 s	£ 644 12 s 10 d	£ 1165 13 s 4 d
Florenz	£ 3609 17 s 1 1/4 d	£ 489	–
Lucca	£ 1013 9 s 7 1/2 d	£ 207	–
Genua	£ 1246 13 s 4 d	£ 3649 6 s 7 d	£ 874 13 s 4 d
Spanien	–	£ 422 2 s 10 d	–

Die Darlehen an die Italiener und Spanier teilen sich in zwei Gruppen ein (Graphik 2): Kredite wurden entweder bis zu £ 20 oder aber zwischen £ 100 und £ 200 gewährt. Zieht man die Londoner Zollakten heran, die gerade bei den venezianischen Galeeren die *„mercatores"* gesondert auflisten, so erkennt man rasch, daß es die Schiffskinder aus

[48] Quelle: PRO, E101/128/36. Sofern die Italiener zusammen mit anderen Kaufleuten ein Darlehen aufnahmen, handelte es sich in der Regel um Londoner. In diesen Fällen habe ich die ganze Darlehenssumme dem ausländischen Schuldner zugerechnet. Zwei Kredite, die je ein Florentiner und ein Lucchese aufnahmen (£ 507 4 s 6 d und £ 288), habe ich je zur Hälfte „Florenz" und „Lucca" zugewiesen.

[49] Quelle: Notynghams Anklagen (PRO, E159/235-236).

Dalmatien waren, die die kleinen Darlehen aufnahmen und entsprechend geringe Mengen Tuch exportieren. Die Großkaufleute ließen sich Kredite in ganz anderen Dimensionen geben.

Auch bei den Italienern, und besonders bei den Genuesen, gibt es zahlreiche Darlehen, die nicht als Warenkredite erklärt werden können. Die genuesischen Englandfahrer liehen z. B. im Laufe von nur acht Monaten £ 910 12 s 10 d hauptsächlich von Venezianern (£ 16 4 s 5 d) und Florentinern (£ 134 11 s 2 d).[50] Die Laufzeit der Kredite betrug in der Regel zwölf Monate. Nun hatten die Kaufleute der Serenissima bekanntlich einen beachtlichen Importüberschuß im Englandhandel. Die Ausfuhr von Münzen war aber verboten, und die englischen Kontrollen waren streng.[51] Daher mußten die Venezianer eine Möglichkeit finden, das erwirtschaftete Geld in England gewinnbringend anzulegen. Die Genuesen hingegen, die seit der Eroberung von Phokaia durch die Türken im Jahre 1455 immer weniger Alaun nach England importieren konnten,[52] brauchten Geld für den Erwerb von Tuch für den Export. Auch hier war die Symbiose perfekt.

Schließlich gibt es einige Warenkredite, die nur als Scheinverkäufe zu verstehen sind. Nach Ausweis von Notynghams Anklagen liehen sich Genuesen fast £ 800, um Öl,[53] Baumwolle,[54] spanisches Eisen[55] und

---

[50] Venedig: Anhang Nr. 38–41, 44–6, 63; Genua: Anhang Nr. 24, 31; Florenz: Anhang Nr. 34, 47, 69.

[51] Vgl. S. Jenks, Hartgeld und Wechsel im hansisch-englischen Handel des 15. Jahrhunderts, M. North (Hg.), Geldumlauf, Währungssysteme und Zahlungsverkehr in Nordwesteuropa 1300–1800. Beiträge zur Geldgeschichte der späten Hansezeit (Quellen und Darstellungen zur Hansischen Geschichte NF 35), Köln–Wien 1989, S. 135f.

[52] Dazu s. M.-L. Heers, Les Génois et le commerce de l'alun à la fin du moyen âge, Revue d'histoire économique et sociale 32 (1954), S. 50ff. und J. Heers, Gênes au XVe siècle. Activité économique et problèmes sociaux (École Pratique des Hautes Études – XVIe Section – Centre de Recherches Historiques, Affaires et Gens d'Affaires 24), Paris 1961, S. 397. Als die Güter der Genuesen in England im Sommer 1458 beschlagnahmt wurden, fand man sehr wenig Alaun; J. Heers, Les Génois en Angleterre: La crise de 1458–1466, Studi in onore di Armando Sapori, 2 Bde., Milano 1957, II, S. 825.

[53] Am 16. 1. 1455 kaufte Franco de Nigrono 18 Tonnen Öl für £ 156 vom Londoner Sheriff und Mercer Ralph Josselyn; PRO, E159/235 RT m 20. Am 7. 3. 1455 erwarb Jakob Gentile 7,5 Tonnen Öl für £52 10 s vom Londoner Cofferer Robert Colyns; E159/236 RM m 17.

[54] Am 20. 9. 1455 kaufte Georgio de Columpnis 16000 lb (7257,6 kg) Baum-

Alaun[56] zu erwerben, und ein Venezianer borgte sich £ 875, um Pfeffer[57] zu kaufen. Die Gläubiger waren in allen Fällen kapitalkräftige Londoner. Nun ist es unvorstellbar, daß die fremden Kaufleute Kredite aufgenommen haben sollen, um ausgerechnet die Handelsgüter zu erwerben, die zu ihren charakteristischen Einfuhrwaren zählten. Sie müssen diese vielmehr gegen bar an die Londoner verkauft und dann auf Kredit zurückgekauft haben, um auf diese Weise ein Darlehen aufzunehmen.[58]

Zu guter Letzt möchte ich fragen, ob es – wenn nicht ein Bankenviertel – so zumindest ein Kreditviertel in London gegeben hat. Vergleicht man das Thorpe-Register mit Notynghams Anklagen, so wird deutlich, daß die Hansen ihre Geschäfte im Stadtbezirk Dowgate abwickelten, wo sich der Stalhof befand, sowie im benachbarten Stadtbezirk Vintry. Die im Londoner Stadtarchiv überlieferten Schuldanklageschriften (Mayor's Court Bills) bestätigen dies: Die Hansen blieben ganz in der Nähe ihrer Niederlassung; dort kauften und verkauften sie, dort nahmen sie Darlehen auf und gewährten Kredite.

Anders die Italiener. Nach Ausweis von Notynghams Anklagen war das italienische Geschäftsleben in der englischen Hauptstadt bilokal. Wolle wurde in der Regel beim Stapel in Westminster gekauft, andere Handelsgüter, besonders Tuch, dagegen in den Pfarreien St. Mary Woolnoth und St. Edmund im Stadtbezirk Langbourn, also in der Lombard Street. Allerdings wissen wir u.a. aus den Alien Subsidy Inquisitions (PRO, E179), daß die Italiener nicht in der Lombard Street wohnten, sondern nördlich und südlich vom Stadtbezirk Langbourn. Hier schlossen sie, wie die Schuldanklageschriften im Londoner Stadtarchiv zeigen, in der Regel ihre Kreditgeschäfte ab. Schließlich galt seit Ende des

---

wolle für £ 266 13 s 4 d vom Londoner Mercer Ralph Verney, der i.J. 1457 Alderman wurde; PRO, E159/235 RT m 45. Am 8.9.1454 erwarb Franco de Nigrono 9000 lb (4082,4 kg) Baumwolle für £ 150 vom Londoner Fishmonger und Alderman Stephan Forster; E159/236 RM m 22.

[55] Am 20.11.1456 kaufte Simon Cateyn 25 Tonnen Eisen für £ 112 10 s vom Londoner Fishmonger und Alderman Stephan Forster; PRO, E159/236 RM m 21.

[56] Am 24.5.1455 erwarb Galioto Scoto 5000 lb (2268 kg) Alaun für £ 41 5 s vom Londoner Draper Robert Stok; PRO, E159/236 RM m 24.

[54] Am 13.7.1454 kaufte Sanctus Tronus 15 000 lb (6804 kg) Pfeffer für £ 875 vom Londoner Mercer und Alderman Galfrid Boleyn; PRO, E159/235 RT m 42.

[58] Über derartige Scheinkäufe siehe Postan, Credit in Medieval Trade, S. 11f.

14. Jahrhunderts die städtische Vorschrift, daß außerhalb der Londoner City hergestelltes Tuch nur auf dem Stokkes-Markt verkauft werden durfte,[59] der in der Pfarrei St. Mary Woolchurch (Stadtbezirk Poultry) lag, also außerhalb der erwähnten Pfarreien.

Warum spielt die Lombard Street aber eine zentrale Rolle bei Notynghams Anklagen? Drei Wechselproteste geben Anhaltspunkte. Es handelt sich dabei um Wechsel, die in Venedig auf London gezogen wurden, und zwar genau zu der Zeit, die uns hier interessiert. Der erste Wechselprotest fand am 2. 1. 1455 vor der Wohnung von William Styfford in der Lombard Street in der Pfarrei St. Nicholas Acon statt, wo der Faktor des bezogenen Kaufmanns – offenbar nicht rein zufällig – stand.[60] Beim zweiten Protest, am 17. 1. 1459, fand man den Vertreter der bezogenen Firma in der Wohnung eines Londoner „*scriptor littere curialis*", ebenfalls in der Lombard Street, diesmal aber in der Pfarrei St. Mary Woolnoth.[61] Der dritte Protest fand am 17. 4. 1460 vor der Wohnung des Londoner Goldschmieds Humphrey Hayford in der Lombard Street statt, wo, wie es hieß, Kaufleute verschiedener Nationen täglich zusammenkamen.[62] Der Londoner Schreiber William Styfford, der das Westminster/City-Register führte, war an allen drei Protesten als Notar beteiligt.

Die Lombard Street, die sich durch die drei Londoner Pfarreien St. Mary Woolnoth, St. Nicholas Acon und St. Edmund zog, war also der Sitz des Londoner Kreditmarktes. Dies allerdings nicht, weil etwa die Italiener dort wohnten, sondern weil sich die ausländischen Kaufleute dort versammelten. Als Folge davon, so denke ich, ließen sich die juristisch geschulten Schreiber dort nieder. Es ist zudem signifikant, daß zumindest ein Goldschmied, Humphrey Hayford, auch in der Lombard Street wohnte. Schließlich arbeiteten die Goldschmiede eng mit dem königlichen Wechselamt zusammen. Der Wechsler war in der Regel selbst Goldschmied, aber auch andere, nicht beamtete Goldschmiede wechselten ausländische Münzen.[63] Darüber hinaus war eine gewisse

---

[59] LBH S. 145 (4. 4. 1380), S. 301 (Febr. 1387) und 449 (24. 8. 1399).

[60] R. Brown (Hg.), Calendar of State Papers Venetian, I, London 1864, Nr. 321, S. 79.

[61] Ebenda, Nr. 946, S. 348.

[62] Ebenda, Nr. 354, S. 88.

[63] Gegen Ende der 1470er Jahre trat ein nach Rom an die Kurie fahrender Schotte an den italienischen Kaufmann Bartolomeo Frescobaldi in London heran, um „*as many scottische grotes for his exchaunge as ammounted to the*

Thesaurierung von Edelmetall Voraussetzung für die Ausübung dieses Berufs, und von hier aus war es nur ein kleiner Schritt zum Bankgewerbe. Humphrey Hayford selbst erfüllte alle Voraussetzungen: er war nicht nur Goldschmied, sondern auch seit 1451 königlicher Wechsler.[64] Es war also kein Zufall, daß sich die Kaufleute verschiedener Nationen gerade vor seinem Haus versammelten.

Doch was machten sie dort? In der Diskussion[65] wies Prof. Munro darauf hin, daß die Geschäftsunterlagen der englischen Wollhändlerfamilie Cely (ca. 1472–88) zeigen, daß Wechsel per Giro eingelöst wurden, d.h. durch Abbuchung vom Konto des Akzeptanten und Gutschrift auf das Konto des Präsentanten. Dieser bargeldlose Zahlungsverkehr lief über die Konten, die die Beteiligten bei den Brügger Wechslern[66] führten. Dies war in Antwerpen genau so.[67]

---

summe of £ 24 and 16 d sterling" zu wechseln. "*Because your seid oratour* [Frescobaldi] *had no profite, knowliche nor insight of the seid scottisshe money, he went with the seid Scotte to the Goldsmythes in Chepeside in London' to prove and wey the seid money, the whiche proufe and weight was made and taken by one Hugh Lyonell of the seid cite of London' goldsmythe, whiche Hugh after the verry ane prouf, sighte and weight of the seid money bargained and bout the seid money of your said oratour for a certein summe of sterlyng money betwene theime agreed, wherupon the seid Hugh resceived the seid scottische money and held him well content therwyth*"; PRO, C1/64/1073.

[64] CPR 1446–52, S. 529. Hayford lieh der Krone Geld; ebenda, S. 573. Auch Mathew Philip, der andere Goldschmied, der im Westminster/City-Register als Gläubiger auftritt (Anhang, Nr. 16), lieh Heinrich VI. und Edward IV. große Summen; T.F. Reddaway, The Early History of the Goldsmiths' Company, London 1975, S. 301.

[65] Ich fasse hier die Ergebnisse der Diskussion über die Beiträge von Munro und Jenks zusammen. Ich habe mir erlaubt, einige Belege hinzuzufügen.

[66] Insbesondere Collard de May. Über ihn vgl. R. de Roover, Money, Banking and Credit in Mediaeval Bruges: Italian Merchant-Bankers, Lombards and Money-Changers. A Study in the Origins of Banking (Publications of the Mediaeval Academy of America 51), Cambridge, Mass., 1948, S. 204 und 343 Anm. 35.

[67] M.-R. Thielemans, Bourgogne et Angleterre. Relations politiques et économiques entre les Pays-Bas bourguignons et l'Angleterre, 1435–1467 (Université Libre de Bruxelles. Travaux de la Faculté de Philosophie et Lettres 30), Bruxelles 1966, S. 360. Allgemein: W. von Stromer, Funktion und Rechtsnatur der Wechselstuben als Banken in Oberdeutschland, den Rheinlanden und den mitteleuropäischen Montanzentren im Spätmittelalter, Bankhistorisches Archiv: Zeitschrift zur Bankengeschichte 1 (1979), S. 3–34.

Nun zeigen die Londoner Schuldenregister, daß die Londoner Mercers und die niederrheinischen hansischen Englandfahrer, besonders die Kölner, einen Kreiswechselverkehr aufgebaut hatten, wobei die Hansen Warenschulden für den Erwerb von Tuch bei den Mercers in London aufnahmen, die per Wechsel[68] auf den Brabanter Messen rückzahlbar waren. Umgekehrt nahmen die Londoner Mercers Warenschulden auf den Brabanter Messen auf, die per Wechsel in London zu begleichen waren.[69]

Es ist anzunehmen, daß die Girozahlung von Wechselbriefen nicht auf burgundisches Territorium beschränkt war, sondern daß die Zahlungen am Londoner Ende dieses Wirtschafts- und Wechselkreislaufs genau so abgewickelt wurden wie in Brügge, Bergen-op-Zoom und Antwerpen. Somit müssen die Goldschmiede nicht nur als Wechsler fungiert, sondern auch eine Protobank-Funktion in London erfüllt haben.

Die Frage von Prof. Boelcke über das Pfandrecht regte die Erörterung von Bürgschaften im Londoner Kreditwesen an. In der englischen Hauptstadt gab es um die Mitte des 15. Jahrhunderts zwei Arten von Bürgschaften. Zum einen konnte – in der Regel aufgrund eines *„attachias-“*Writs – eine dingliche Sicherheit nach Versäumnis der vereinbarten Zahlung bzw. eines Zahlungstermins gefordert werden. Zum anderen aber konnten Sicherheiten auch vor Ablauf der Frist eines Darlehens gefordert werden, und zwar *„ad expectandum diem solucionis“*, also um die Zahlung eines noch ausstehenden Kredits abzusichern. Vor dem 1.5.1445 verlangten z.B. die Kölner Robert und Heinrich Blitterswyk vor dem Londoner Bürgermeistergericht, daß gemäß dem städtischen Gewohnheitsrecht angeordnet werde,

> *„quod Ricardus Baldeswelle* [ihr Schuldner] *inveniat sufficientem securitatem ad expectandum diem solucionis £ 24 19 s 4 d sterlingorum, in quibus idem Richardus per quoddam scriptum suum obligato-*

[68] Jenks, Schreiberbuch, Nr. 29, S. 96, und 50, S. 98 führen ausdrücklich die Wechselbriefe an, mittels derer die Schuld in Antwerpen bezahlt werden soll. In beiden Fällen fungierte die in London ausgestellte Schuldurkunde lediglich als Absicherung für den Fall, daß der Wechsel in Antwerpen nicht eingelöst wurde. Man muß vermuten, daß auch die anderen in den Londoner Schuldenregistern, und besonders im Messeregister, festgehaltenen hansischen Schulden gegenüber den Mercers auf Wechselgeschäfte zurückgehen, obwohl die knappen Zusammenfassungen der Schuldurkunden dies nicht erwähnen.

[69] Dies zeigt der Fall Burton/Davy; PRO, C244/17/69.

rium, hic huic Curie monstratum, obligatus [est] *eisdem Roberto et Henrico, solvendis eisdem ... primo die mensis Maij, qui erit in anno regni Regis Henrici Sexti post conquestum 23.* [1445]".[70]

Hieraus erhob sich die grundsätzliche Frage nach den Beziehungen zwischen Kreditnehmern und -gebern an der Wende des Mittelalters. Prof. Van der Wee stellte die Problematik dar. Im 14. Jahrhundert wurde Kredit nur auf Vertrauensbasis, d. h. an Verwandte oder an langjährige, persönliche Bekannte, gewährt. Darlehen und Zahlungsansprüche waren schwer übertragbar, und Diskontierungen fanden selten statt. Im frühen 16. Jahrhundert hingegen zirkulierten Schuldscheine und andere Kreditinstrumente frei – zumindest auf den Messen – und gingen durch mehrere Hände, bevor sie eingelöst wurden.[71] Dies bedeutet, daß derjenige, der den Schuldschein präsentierte, das letzte Glied einer langen Kette von Gläubigern war, die den Schuldschein in Zahlung genommen hatten, „seinen" Schuldner also kaum gekannt haben kann. Bereits im Jahre 1507 galt es in Antwerpen als althergebrachtes Kaufmannsrecht, daß der aktuelle Besitzer eines Kreditinstruments in derselben Rechtslage bezüglich des Schuldners war wie der ursprüngliche Gläubiger.[72] Dies war ein wichtiger Schritt auf dem Wege zur Übertragbarkeit von Kreditinstrumenten.

Aus diesen Darlegungen ist leicht zu ersehen, daß es einen Übergang gegeben haben muß. Die kritische Phase scheint die Mitte der 1470er Jahre gewesen zu sein. Zu dieser Zeit sehen wir in London die Entstehung völlig neuer Beziehungen zwischen Kreditnehmern und -gebern. So mußte Londoner Barbier William Mille besondere Sicherheiten bieten, um Pelzwerk im Wert von £ 13 vom Londoner Kürschner Thomas Philpot auf Borg kaufen zu können. Er mußte nämlich zusammen mit James Hasilhurst, einem Nachbarn des Kreditgebers, eine Schuldurkunde über £ 20 nach Lieferung der Ware besiegeln und an Philpot überreichen. In seiner Petition an den Kanzler stellte Mille fest,

"*That your said oratour is at this day more sufficient and of more reputacioun to pay the said somme of £ 13 thane he was at the makyng of the said obligacioun. Yet that notwithstondyng, the said Thomas nowe of late hathe commensed an accioun of dette of the somme of £ 20 accordyng to his said obligacioun afore the Shireffes of London' ayenst your said oratour for better suerte and also hathe cau-*

[70] CLRO, MC1/3/244. Regest: Jenks, Hanseakten.

sed an Alderman's commaundement to be layed uppone hym to thententent to vex and trouble your said oratour and there proposeth to kepe hym stille in prisone ayenst alle reasone and conscience".[73]

Aus diesem Beleg kann man zwei Schlüsse ziehen. Zum einen wurden Darlehen in London nur dann ohne besondere Sicherheiten gewährt, wenn der Schuldner *„sufficient and of reputacioun to pay"* war. Freilich erhielten auch weniger bekannte und offenkundig zahlungsfähige Kaufleute Kredit. Zum anderen hatte London bereits zu dieser Zeit ein Instrumentarium entwickelt, um Darlehen an schwer einschätzbare Kreditnehmer abzusichern. Diese Zwangsmittel – die dingliche Sicherheit *„ad expectandum diem solucionis"* und der Haftbefehl eines Aldermans – konnten vor Fälligkeit des Darlehens angewandt werden.

Gegen Ende der 1470er Jahre häuften sich die Beschwerden über den Mißbrauch dieser Zwangsmittel im Vorfeld der Zahlungsfrist. Kanzleipetitionen[74] wurden von jungen, wenig erfahrenen und bekannten Kaufleuten – so bezeichneten sie sich zumindest in den Bittschriften – eingereicht, die ein bescheidenes Handelskapital durch Kreditaufnahme herbeigeschafft und in Gütern investiert hatten. Vor Fälligkeit der Darlehen hatten aber die Gläubiger dingliche Sicherheiten *„ad expectandum diem solucionis"* verlangt. Da die Schuldner nur mit Fremdkapital arbeiteten und nichts anderes besaßen als die mit diesem Gelde erworbenen Handelswaren, mußten sie diese als Sicherheit abgeben und konnten gerade deshalb die Kredite nicht zurückzahlen.

Offensichtlich hatte sich der Londoner Kreditmarkt durch das Auftreten von Kreditnehmern, die den alteingesessenen Londoner Kaufherren unbekannt waren, personell wesentlich erweitert. Diese als Kreditrisiken schwer einschätzbaren Schuldner erhielten dennoch Darlehen. So wird deutlich, daß die Beziehungen zwischen Kreditnehmern und -gebern bereits zu dieser Zeit im Wandel begriffen waren. Ein Brief von William Cely an Richard und George Cely belegt dies:

"Item syr, I send yow enclossyd yn thys sayd letter the ij ffyrst letters of payment of the exchaunge above wrytten: Benyngne Decasons let-

---

[71] Hierzu vgl. H. Van der Wee, Anvers et les innovations de la technique financière aux XVIe et XVIIe siècles, Annales E.S.C. 22 (1967), S. 1067–89.

[72] Ebenda, S. 1074.

[73] PRO, C1/64/1051 (1474/5).

[74] PRO, C1/64/1000–1100 (zahlreiche Beispiele).

ter ys derectyd to Gabryell Desuyr and Petyr Sauly, Geneways, and Jacob Van De Base ys derectyd to Anthony Corsy and Marcus Strossy, Spanyard – yn Lomberd Strete yee schall here of them".[75]

Richard und George Cely sollten also Schulden von Ausländern eintreiben, die ihnen persönlich völlig unbekannt waren und über die sie sich erst einmal in der Lombard Street, dem Sitz des Londoner Kreditmarktes, kundig machen mußten.

Die Aufgabe der persönlichen Bekanntschaft bzw. Reputation vor Ort als Voraussetzung für Kreditbeziehungen war ein wichtiger Schritt auf dem Wege zur freien Zirkulation von Kreditinstrumenten. Schließlich liefen Schuldscheine und andere Kreditinstrumente auf den Messen schon lange von Hand zu Hand und wurden in Zahlung gegeben. Weil die Zahltage am Ende der Messe lagen, konnte z. B. der Londoner Gläubiger gar nicht über die Mittel, die ihm aufgrund eines in London aufgenommenen und auf der nächsten Messe rückzahlbaren Darlehens zustanden, verfügen, wenn er die entsprechenden Kreditinstrumente nicht in Zahlung – zumindest bis zum Clearing – geben konnte. Es muß also eine Zwischenfinanzierung von Einkäufen auf der jeweiligen Messe gegeben haben, in welcher Form auch immer. Bis zur Aufgabe der persönlichen Bekanntschaft bzw. Reputation vor Ort als Voraussetzung für Kreditbeziehungen zirkulierten diese Instrumente jedoch nur auf der jeweiligen Messe. Danach stand der Weitergabe von Schuldscheinen auch über die einzelne Messe hinaus nichts mehr im Wege. Demnach hat die Antwerpener Feststellung des Jahres 1507 nicht die Übertragbarkeit von Kreditinstrumenten ermöglicht, sondern eine 30jährige Entwicklung der kaufmännischen Praxis abgeschlossen.

---

[75] A. Hanham (Hg.), The Cely Letters 1472–1488 (Early English Text Society 273), London 1975, Nr. 234, S. 233.

ANHANG
LONDON, PUBLIC RECORD OFFICE, E101/128/36[76]

[m 1] Willelmus Styfford 10s
.. Joostal 10s

IN MENSE MAIJ ANNO REGNI HENRICI VI[ti] 35.

1) Nos Petrum de Scutery, Lazarum de Nicholo de Monte et Paulum de Deynea mercatores de Venicia teneri etc. Willelmo Halhede et Thome Cowper civibus et panarijs London' in £24 10s, solvendis 4. die Maij proximo.

2) [RV: s' fiat] Nos Johannem Warre civem et lanarium London', Antonium Centurion, Gregorium Centurioun, Percivalum Grillam, Jaffredum Spynula et Simonem Cataneum mercatores de Janua teneri etc. Johanni Elmes seniori de Henley super Thamisiam in comitatu Oxon' mercatori in £280, solvendis in festo Nativitatis S. Johannis Baptiste, quod erit in anno Domini 1458.

Item in tantidem, solvendis in festo Nativitatis S. Johannis Baptiste, quod erit in anno Domini 1459.

Item in tantidem, solvendis in festo Nativitatis S. Johannis Baptiste, quod erit in anno Domini 1460.[77]

3) Nos Jacobum Henrikson, Wolfordum Henrykson, Petrum Jacobson et Scowte Jacobson mercatores de Amsterdam in Holandia teneri Henrico Waver civi et pannario London' in £83, solvendis in festo S. Michaelis Archangeli proximo.

Item in tantidem, solvendis in festo Pasche proximo.

4) Nos Ffrancum de Furnarijs, Jeronimum de Illeonibus et Marcum Ponte mercatores de Janua teneri Reginaldo van Sus de London' brocour et Sancho de Rabata mercatori de Fflorencia in £32, solvendis primo die Marcij proximo.

5) [RV: s'] Me Humfridum Justinian mercatorem de Venicia teneri etc. Ricardo Wyche de Trowbrigge in comitatu Wilts' clothman' in £16, solvendis 15. die Decembris proximo.

Item in tantidem, solvendis 15. die Julij, qui erit in anno Domini 1458.

6) [RV: s'] Nos Georgium de Michaele Suliaga, Petrum Bastian' quondam Pauli de Antivari, Alagretum quondam Stoya de Antivari et Damianum quondam Dimitri de Antivari omnes habitatores in Venicia teneri Thome Mersh civi et tonsori London' in £106 20d, solvendis in festo S. Johannis Baptiste, quod erit in anno Domini 1458.

7) Nos Antonium Morexyn' et Johannem Morexyn' mercatores de Venicia teneri Willelmo Bray civi et pannario London' in £52 12s 8d, solvendis 18. die Maij proximo.

---

[76] Zu den Randvermerken (RV) der Exchequerbeamten s. S. Jenks, Die Effizienz des englischen Exchequers zur Zeit des Hundertjährigen Krieges. Anmerkungen zu den Exchequer-Abrechnungsprozeduren und den englischen Zollakten (1377-1461), AfD 33 (1987), S. 337-427. Entgegen meinen Feststellungen (Jenks, Schreiberbuch, S. 93ff.) bedeutet "*s*'" nicht *soluta*, sondern *sit [preceptum]*, zeigt also die Entsendung eines Writs an; Jenks, Effizienz, S. 354.

[77] Warengeschäft: Verkauf von 120 Sack Wolle à 10 Mark/Sack in Westminster am 12.5.1457 an Antonio Centurioun. Die Schuld (£800) war in drei Raten zahlbar: £280 am 24.6.1458, £280 am 24.6.1459 und £280 am 24.6.1460. Die rückzahlbare Summe belief sich also auf £840; PRO, E159/236 RT m 7.

8) Me Antonium Ffrecavallo de Crema teneri Leonardi Bondemer mercatori de Venicia in £6 14s 5d, solvendis in festo S. Michaelis Archangeli proximo.
9) [RV: s' fiat] Nos Nicholaum de Vegia mercatorem de Venicia et Jacobum Ffalleroun civem et pannarium London' teneri Willelmo Waldyngfeld civi et pannario London' in £52, solvendis in vigilia Pasche proxima.
10) Nos Damianum quondam Dimitri de Antivari et Georgium de Michael Suliaga Daragoxj habitatores in Venicia teneri Willelmo Russelle et Thome Cowper civibus et pannarijs London' in £3, solvendis primo die Maij proximo.
11) [RV: md' [=memorandum]] Nos Alagretum Dantivary quondam Stoya, Lazarum de Nicholo quondam de Grande, Georgium de Aragoxe quondam Michael, Damianum de Antivary quondam Dimitri et Paulum Damian' quondam Georgij omnes habitatores in Venicia teneri etc. Johanni Beawchampe civi et pannario London' in £26 11s 10d, solvendis primo die Maij proximo. Condicio, quod si predictus Lazarus solvat in Venicia Willelmo Ebinton anglico 120 ducatos auri ad sterling' 46 et unum quartum pro ducatum citra 23. die Augusti proximo, quod extunc etc.
12) [RV: s'] Nos Marcum Justinian et Humfridum Justinian mercatores de Venicia teneri etc. Henrico Bryce civi et ffullero London' in £190 2s 8d, solvendis in festo S. Bartholomei, quod erit in anno 1458.
13) Nos Georgium de Michael Suliaga Daragoxj et Damianum quondam Dimitri de Antivary habitatores in Venicia teneri Thome Mersh civi et tonsori London' in £7 6s 8d, solvendis in festo Nativitatis S. Johannis Baptiste, quod erit in anno Domini 1458.
14) Me Johannem Daty de Luca teneri Simoni Nory mercatori de Fflorencia in £5, solvendis in festo Nativitatis S. Johannis Baptiste proximo.

IN MENSE JUNIJ ANNO 35.

15) Nos Petrum Bastian' quondam de Antivary, Damianum quondam Dimitri de Antivary, Alagretum quondam Stoya de Antivary et Georgium de Michael Suliaga de Aragoxe omnes habitatores de Venicia teneri Willelmo Rychard mercero et Johanni Barabe pannario civibus London' in £54 15s 3d ob', solvendis primo die Julij, qui erit in anno Domini 1458.
[m 2] 16) Nos Marcum Justinian, Humfridum Justinian, Nicholaum de Pixaro et Lodowicum Tron' mercatores de Venicia teneri etc. Matheo Philipe civi et aurifabro ac Aldermanno London' in £251 14s 6d, solvendis ultimo die Augusti, qui erit in anno Domini 1458.
17) [RV: • 's'] Nos Ffranciscum Dyas et Jacobum Dyas filium suum de Hispannia mercatores teneri Thome Wattes civi et pannario London' in £147 16s, solvendis in festo Nativitatis S. Johannis Baptiste, quod erit in anno Domini 1459. Condicio per indenturas etc. ad deliberandum oleum.[78]
18) [RV: s' s' fiat] Nos Ffranciscum Guinixj de Luca, Simonem Nory de Fflorencia et Ladislaum de Podio de Luca mercatores teneri etc. Hugoni Wyche civi et mercero London' in £87, solvendis in festo S. Michaelis Archangeli proximo.
Item in £210 4s 6d, solvendis in festo S. Michaelis Archangeli, quod erit in anno Domini 1458.
[RV: •] Item in £210, solvendis in festo S. Michaelis Archangeli, quod erit in anno Domini 1459.[79]

---

[78] Warengeschäft: Verkauf von 24 Wolltüchern verschiedener Farben à £4 16s/Tuch am 25.5.1457 an Francisco Dyas, der Öl am 24.6.1458 liefern sollte. Eine Ortsangabe fehlt; PRO, E159/235 RT m 46.

[79] Warengeschäft: Verkauf von 42 Sack und 19 *cloves* Wolle für £457 4s 6d in Westminster am 12.6.1457 an Francisco Guynys. Die Schuld war in Raten zu

19) Nos Petrum de S[c]utery, Petrum de Antivary et Lazarum de Nicholo habitatores in Venicia teneri Leonardo Bondemer mercatori de Venicia in £12 19s 10d, solvendis ultimo die Julij proximo.
20) Nos Petrum Bastian quondam Dantyvary, Georgium de Michael Suliaga Daragoxi, Alagretum quondam Stoya de Antivary et Damianum quondam Dimitri de Antivary omnes habitatores in Venicia teneri Willelmo Russelle et Thome Cowper civibus et pannarijs London' in £24 13s, solvendis primo die Maij proximo.
21) [RV: + • fiat] Nos Jacobum Salviatj et socios mercatores de Fflorencia ac Johannem de Bardis et Nicholaum de Rabata mercatores de Fflorencia teneri etc. Johanni Ffortey de Cirencestr' in comitatu Gloucestr' wolman' in £82 6d 8d, solvendis in festo Natalis Domini proximo.

Item in tantidem, solvendis in festo Natalis Domini, quod erit in anno 1458.

[RV: •] Item in tantidem, solvendis in festo Natalis Domini, quod erit in anno 1459.
22) Nos Urbanum Cataneum et Petrum de Fflisco mercatores de Janua teneri Roberto Pounde civi et grocero London' in £22 10s, solvendis in festo Pasche proximo.
23) [RV: •] Nos Lucyanum Spynulla, Ffranciscum Spynulla et Julianum Salvaigo mercatores de Janua teneri Henrico Waver civi et pannario London' in £170 18d, solvendis 18. die Junij proximo.

IN MENSE JULIJ ANNO 35.

24) Me Raphaelem de Aurea mercatorem de Janua teneri etc. Simoni Cataneo mercatori de Janua [in] £22, solvendis 2. die Decembris, qui erit in anno Domini 1458.
25) [RV: s'] Me Johannem de Pounte mercatorem de Venicia teneri Johanni Gernon' gentilman' et Johanni Ocle yoman' in £16 13s 4d, solvendis 20. die Septembris proximo.
26) [RV: s' fiat] Nos Nicholaum de Pixaro et Bertucium Soranzo mercatores de Venicia teneri Johanni Wyke de Trowbrygge in comitatu Wilts' mercatori in £100, solvendis in festo S. Michaelis, quod erit in anno 1458.[80]
27) Nos Humfridum Justinian et Marcum Justinian mercatores de Venicia teneri eidem Johanni in £160, solvendis in festo S. Michaelis, quod erit in anno 1458.

IN MENSE AUGUSTI ANNO 35.

28) Me Galeottum Centurion' mercatorem de Janua teneri Henrico Bryce civi et ffullero London' in £13 10s, solvendis in die Omnium Sanctorum proximo.
29) Nos Juffredum Spynula, Antonium Centurioun, Benedictum Larcarium, Johannem Lomelyn, Ffranciscum Spynula et Nicholaum Cataneum mercatores de Janua teneri illustrissimo principi et domino domino Henrico Dei gracia etc. ac Thome Lewkenore et Johanni Judde collectoribus custumarum et subsidiorum lanarum eiusdem domini Regis in portu Cicestren' etc. in £98 6s 2d, solvendis primo die Aprilis proximo.

Item in tantidem, solvendis primo die Aprilis, qui erit in anno Domini 1459.

---

zahlen: £37 am 29.9.1457, £210 4s 6d am 29.9.1458 und £210 am 29.9.1459; PRO, E159/236 RM m 30.

[80] Warengeschäft: Verkauf von 20 Wolltüchern für £100 in der Londoner Pfarrei St. Edmund (Stadtbezirk Langbourn) am 10.7.1457 an Nicholas de Pizaro und Bertucio Sorante. Die Schuld war am 29.9.1458 fällig; PRO, E159/236 RM m 40.

[m 3] 30) Me Petrum Delzometera mercatorem de Fflorencia teneri Willelmo Hawkedone civi et mercero London' in £15, solvendis in festo S. Martini Episcopi in yeme proximo.
31) Nos Dominicum de Marinis et Benedictum Larcarium mercatores de Janua teneri Simoni Cataneo mercatori de Janua in £294 4s 5d, solvendis primo die Augusti, qui erit in anno Domini 1459.

IN MENSE SEPTEMBRIS ANNO 36. INCIPIENTE

32) Me Petrum Dentuto mercatorem de Janua teneri Johanni Peke civi et jremonger London' in £8 14s, solvendis in vigilia Omnium Sanctorum proxima.
33) Nos Lodowicum de Strocijs et Simonem Nory mercatores de Fflorencia teneri Radulpho Verney et Johanni Steward[81] civibus London' in 200 marcis, solvendis 3. die Septembris proximo.
34) Nos Petrum Fflysco et Neapolionum Spynula mercatores de Janua teneri Antonio de Lutiano mercatori de Fflorencia in £13 5s 7d, solvendis in festo Nativitatis S. Johannis Baptiste proximo.
35) [RV: • s' fiat] Nos Leonardum Boninsignis mercatorem de Fflorencia et Willelmum Denys civem et lanarium London' teneri etc. Hugoni Calcote de Calcote in comitatu Gloucestr' chapman' in £39 6d 8d, solvendis 20. die Ffebruarij proximo.[82]
Item in tantidem, solvendis in festo S. Bartholomei Apostoli proximo.
36) Me Ffedericum de Nofory de London' brocour teneri Johanni Browne gentilman' in £27 10s, solvendis ultimo die Marcij proximo.
37) Me Conradum Heer de London' skynner teneri Ricardo Payne civi et pannario London' in £6 10s 8d, solvendis 10. die Decembris proximo.
38) Me Ffrancum de Nigrono mercatorem de Janua teneri Homobono Gritj mercatori de Venicia in £50, solvendis in festo S. Michaelis Archangeli proximo.
39) Me Julianum Salvaigo mercatorem de Janua teneri eidem in £116 13s 4d, solvendis in festo S. Michaelis Archangeli proximo.
40) Me Ffranciscum Spynula mercatorem de Janua teneri eidem in £66 13s 4d, solvendis in festo S. Michaelis proximo.
41) Me Antonium Centurioun mercatorem de Janua teneri eidem in £108 6s 8d, solvendis in festo predicto.
42) Me Ffranciscum Dias mercatorem de Hispannia teneri eidem in £25, solvendis in festo predicto.
43) Nos Nicholaum de Rabata et Johannem de Bardis mercatores de Fflorencia teneri eidem in £62 10s, solvendis in festo predicto.
44) Me Simonem Cataneum mercatorem de Janua teneri eidem in £25, solvendis in dicto festo.
45) Me Johannem Lomelinum quondam Eliani mercatorem de Janua teneri eidem in £41 13s 4d, solvendis in dicto festo.
46) Me Gregorium de Lagneto mercatorem de Janua teneri eidem in £16 13s 4d, solvendis in dicto festo.
47) Me Galeottum Centurioun mercatorem de Janua teneri Johanni de Bardis et Gerardo Canizianj mercatoribus de Fflorencia in £108, solvendis 11. die Ffebruarij proximo.

---

[81] Verney war Mercer, Steward Tallowchandler.
[82] Warengeschäft: Verkauf von 10 Sack Wolle für £78 in Westminster am 8.9.1457 an Leonard Bonisigni. Die Schuld war am 20.2.1458 fällig; PRO, E159/236 RM m 41.

48) Me Johannem de Pounte mercatorem de Venicia teneri Willelmo Gernoun gentilman' et Johanni Ocle yoman' in £25, solvendis primo die Decembris proximo.

IN MENSE OCTOBRIS ANNO 36.

49) Nos Humfridum Justinian et Dardum Justinian mercatores de Venicia teneri Stephano Broune civi et Aldermanno ac grocero London' in £228 5s, solvendis 8. die Octobris proximo.

50) [RV: Br' [= Breteyne] fiat] Nos Johannem de Bardis et Nicholaum de Rabata mercatores de Fflorencia et Willelmum Breteyne civem et lanarium London' teneri Johanni Fforster civi et pellipario London' in £84 8s 8d, solvendis 20. die Septembris proximo.[83]

51) Nos Leonardum Boninsignis, Simonem Nory de Fflorencia et Bartholomeum Shiatis de Luca mercatores teneri etc. Johanni Worsop' civi et pannario London' in £144, solvendis 18. die Aprilis proximo.[84]

Item in tantidem, solvendis 18. die Octobris, qui erit in anno 1458.

52) Me Simonem Nory mercatorem de Fflorencia socium societatis Petri de Medicj, Jerocij de Pilj et sociorum tam pro omnibus socijs etc. teneri Nicholao Violet civi et pellipario London' in £54 4s, solvendis 20. die Decembris proximo.

53) [RV: s' fiat] Me Antonium Morexyn' mercatorem de Venicia teneri etc. Johanni Estmond de le Rode in Comitatu Somerset' clotheman' in £35, solvendis primo die Octobris proximo.[85]

54) [RV: s' f' [= fiat]] Nos Raphaelem de Aurea et Galeottum Centurioun mercatores de J[a]nua teneri etc. Henrico Bryse civi et ffuller London' in £50 7s 10d sterlingorum et ob', solvendis primo die Aprilis, qui erit in anno Domini 1459.

55) [RV: • Br' [= Breteyne]] Nos Ffranciscum Guinizi et Ladislaum de Podio mercatores de Luca teneri etc. Ricardo Awbrey haberdassher et Willelmo Breteyne lanario civibus London' in £14, solvendis 16. die Januarij proximo.

56) Me Ffranciscum Dyas mercatorem de Hispannia teneri Johanni de Bardis mercatori de Fflorencia in £26 19s, solvendis 26. die Decembris, qui erit in anno Domini 1458.

IN MENSE NOVEMBRIS ANNO 36.

57) [RV: • fit inform'[acio]] Nos Lodowicum de Strocijs mercatorem de Fflorencia et Willelmum Denys civem et wolpakker London' teneri Henrici Wakefeld de Campdene in comitatu Gloucestr' gentilman' in £28 10s, solvendis in festo Nativitatis S. Johannis Baptiste proximo.[86]

---

[83] Warengeschäft: Verkauf von 22 Sack 18 *cloves* Wolle für £84 8s 8d in Westminster am 6.10.1457 an Johannes de Barde. Die Schuld war am 20.9.1458 fällig; PRO, E159/235 RT m 14.

[84] Warengeschäft: Verkauf von 12 Sack Wolle für £144 in Westminster am 18.10.1457 an Leonard Bonemsigni. Die Schuld war am 18.4.1458 fällig; PRO, E159/235 RT m 67.

[85] Warengeschäft: Verkauf von 8 Wolltüchern verschiedener Farben für insgesamt £35 in der Londoner Pfarrei St. Edmund (Stadtbezirk Langbourn) am 13.10.1457 an Antonio Morezyn. Die Schuld war am 1.10.1458 fällig; PRO, E159/236 RM m 55.

[86] Warengeschäft: Verkauf von 9½ Sack und 16 *cloves* Wolle für £66 13s 4d in Westminster am 12.11.1457 an Lodowicus Strocijs. Davon waren £28 10s am 24.6.1458 fällig; PRO, E159/236 RM m 73.

58) [RV: • fit infor'[macio] 11 sacc' 11 marcas] Nos Willelmum Denyse civem et wolpakker London', Bartholomeum Shiatis et Manfredum Gentile mercatores de Luca teneri etc. Johanni Bryddok de Northelacche in comitatu Gloucestr' wolman' in £48, solvendis in festo Pentecostes proximo.

Item in tantidem, solvendis 24. die Marcij, qui erit in anno Domini 1458.

[RV: •] Item in tantidem, solvendis in festo Nativitatis S. Johannis Baptiste, quod erit in anno 1459.[87]

59) Me Nicholaum da Vegia mercatorem de Venicia teneri etc. Stephano Aunselle civi et peautrer London' in £9 11s 4d, solvendis 23. die Decembris proximo.

60) [RV: •] Me Martinum Doyci de villa S. Sebastiani in Hispannia mercatorem teneri Roberto Pratte civi et pannario London' in 57s, solvendis 12. die Marcij proximo.

61) Me Simonem Cataneum mercatorem de Janua teneri Thome Barton' armigero in £31 7s 8d, solvendis in festo Pentecostes proximo.

62) Nos Jacobum Ffallerone civi et pannarium London' et Nicholaum de Vegia mercatorem de Venicia teneri Nicholao de Pounte mercatori de Venicia in £36 [solvendis] 26. die Januarij proximo.

IN MENSE DECEMBRIS ANNO 36.

63) Nos Galeottum Centurioun et Leonellum Centurioun mercatores de Janua teneri Lodowico Tron' mercatori de Venicia in £28 2s 10d, solvendis primo die Aprilis proximo.

64) Nos Homobonum Gritj et Lodowicum Tron' mercatores de Venicia teneri Johanni Money civi et grocero London' in £29 2s 4d, solvendis in festo Natalis Domini proximo.

65) [RV: s'] Nos Johannem de Pounte et Nicholaum de Pounte mercatores de Venicia teneri Willelmum Gernon' gentilman' et Johanni Ocle yoman' in £33 6s 8d, solvendis 5. die Ffebruarij proximo.

[m 4] 66) [RV: s' fiat] Nos Johannem de Pounte et Nicholaum de Pounte mercatores de Venicia teneri Johanni Stokes de Chepyngnorton' in comitatu Oxon' mercer in £73 6s 8d, solvendis in festo Pasche proximo.

Item in £110, solvendis in festo Natalis Domini, quod erit in anno 1458.

[RV: •] Item in £110, solvendis in festo Natalis Domini, quod erit in anno 1459.

[RV: •] Item in £110, solvendis in festo Natalis Domini, quod erit in anno 1460.

67) Nos Simonem Cataneum et Laurencium de Grimaldis mercatores de Janua teneri illustrissimo principi etc. ac Thome Cooke et Thome Pounde collectoribus custumarum et subsidiorum eiusdem domini Regis in portu Suthhampton' in £12, solvendis in vigilia Pasche proximo.

68) Me Nicholaum de Ottrymond mercatorem de Venicia teneri Roberto Drope civi et pannario London' in £4 10s, solvendis in festo Pasche proximo.

69) [RV: s'] Me Nicholaum Cataneum mercatorum de Janua teneri Antonio de Lutiano mercatori de Fflorencia in £13 5s 7d, solvendis in festo Nativitatis S. Johannis Baptiste proximo.

70) [RV: s' fiat] Nos Nicholaum de Pexaro, Humfridum Justinian' et Ffranciscum de Priolj mercatores de Venecia teneri Johanni Colles de Dadyngton' in

---

[87] Warengeschäft: Verkauf von 40 Sack Cotswolds-Wolle für £293 6s 8d (11 Mark/Sack) in Westminster am 19.9.1457 an Bartholomeus Shiatis und Manfred Gentile. Davon waren £48 am folgenden Pfingsten (21.5.1458), £48 am 20.3.1459 und £48 am 24.6.1459 fällig; PRO, E159/236 RM m 31.

comitatu Oxon' merchaunt et Willelmo Colles de Dadyngton' predicto in £22, solvendis in festo Nativitatis S. Johannis Baptiste proximo.

Item in tantidem, solvendis in festo Natalis Domini proximo.[88]

IN MENSE JANUARIJ ANNO 36.

71) [RV: •] Nos Simonem Nory et Gerardum Canizianj mercatores de Fflorencia et Thomam Ffaux civem et wolpakker London' teneri etc. Johanni Worsop' civi et pannario London' in £94 9s 10d, solvendis 23. die Decembris proximo.

Item in £94 9s 9d, solvendis 23. die Junij proximo.

72) [RV: Br'[= Breteyne] •] Nos Ffranciscum Guinizj mercatorem de Luca et Willelmum Breteyne civem et wolpakker London' teneri etc. eidem in £20 17s 6d, solvendis 23. die Junij proximo.

Item in tantidem, solvendis 23. die Decembris proximo.

73) [RV: •] Nos Antonium Centurioun mercatorem de Janua et Johannem Warre civem et lanarium London' teneri etc. eidem in £38 16s 6d, solvendis 23. die Junij proximo.

Item in £38 16s 5d, solvendis 23. die Decembris proximo.

74) [RV: •] Nos Leonardum Boninsignis mercatorem de Fflorencia et Ameneum Bertet civem et pannarium London' teneri etc. Johanni Worsop' predicto in £46 10s 3d ob', solvendis 23. die Junij proximo.

Item in tantidem, solvendis 23. die Decembris proximo.

75) [RV: s'] Me Leonardum Boninsignis mercatorem de Fflorencia teneri Antonio de Lutiano mercatori de Fflorencia in £10 4s, solvendis ultimo die Novembris proximo.

76) [RV: s'] Nos Antonium de Lutiano et socios mercatores de Fflorencia teneri etc. Simoni Nory et Gerardo Canizianj mercatoribus de Fflorencia in £83 13d, solvendis 23. die Decembris proximo.

[RV: s'] Item in tantidem, solvendis 23. die Decembris, qui erit in anno Domini 1459.

77) [RV: • s'] Me Simonem Cataneum mercatorem de Janua teneri Thome Heyward et Ricardo Seman' civibus et pannarijs London' in £82 9s, solvendis in vigilia S. Michaelis Archangeli proximo.

78) [RV: •] Me Lodowicum de Strocijs mercatorem de Fflorencia teneri Johanni Payne civi et grocero London' in £20, solvendis primo die Julij, qui erit in anno Domini 1459.

79) [RV: s'] Nos Antonium de Lutiano et socios mercatores de Fflorencia teneri Johanni Brokford civi et pannario London' in £80, solvendis 17. die Julij proximo.

80) Nos Ffranciscum Guinizi et Ladislaum de Podio mercatores de Luca teneri Simoni Nory et Gerardo Canizianj mercatoribus de Fflorencia in £31 10d, solvendis 23. die Decembris proximo.

Item in tantidem, solvendis 23. die Decembris, qui erit in anno Domini 1459.

81) [RV: s'] Nos Johannem de Pounte et Nicholaum de Pounte mercatores de Venicia teneri etc. Arnoldo Ypalar de London' berebrewer in £50, solvendis in festo Pasche proximo.

82) Me [sic! gemeint ist: Nos] Paulum Pelegrym et Andream de Sagabria de Venicia marinarios teneri Thome Basse civi et pannario London' in £7 16s 8d, solvendis in festo Natalis Domini proximo.

[88] Warengeschäft: Verkauf von 6 Sack Cotswolds-Wolle für 11 Mark (£7 6s 8d) pro Sack in Westminster am 20.12.1457 an Nicholas de Pizaro. Die Schuld war in zwei Raten von je £22 am 24.6.1458 und am 25.12.1458 fällig; PRO, E159/236 RM m 61.

83) Nos Ffranciscum Guinixj et Ladislaum de Podio mercatores de Luca teneri Simoni Nory et Gerardo Canizianj mercatoribus de Fflorencia in £150, solvendis in festo Nativitatis S. Johannis Baptiste, quod erit in anno Domini 1459.
84) Me Benedictum Larcarium mercatorem de Janua teneri etc. Ricardo Payne civi et pannario London' in £42 14s 10d, solvendis 22. die Junij proximo.
[RV: •] Item in £43 7s 2d, solvendis 15. die Maij, qui erit in anno Domini 1459.
85) Me Ladislaum de Podio mercatorem de Luca teneri etc. Luciano Spynula domini Luci mercatori de Janua in £102, solvendis in festo Pasche, quod erit in anno 1459.
86) [RV: Wyche] Nos Johannem de Bardis et Nicholaum de Rabata mercatores de Fflorencia socios societatis Jacobi Salviatj et sociorum mercatorum de Fflorencia tam pro omnibus socijs etc. teneri etc. Hugoni Wyche civi et mercero London' in £54, solvendis 20. die Decembris proximo.
[RV: •] Item in £53 18s, solvendis 20. die Decembris, qui erit in anno Domini 1459.
87) Item tenentur Waltero Walker civi et grocero London' in £6 14s 10d, solvendis 20. die Decembris proximo.
[RV: •] Item in tantidem, solvendis 20. die Decembris, qui erit in anno Domini 1459.
Summa 107

PERSONENVERZEICHNIS

Abkürzungen: Km = Kaufmann; LB = Londoner Bürger

SPÄTMITTELALTERLICHE KAUFMANNSNOTIZBÜCHER ALS QUELLE ZUR BANKENGESCHICHTE*

Ein Projektbericht

von

Peter Spufford

Im folgenden berichte ich von einer noch in Arbeit befindlichen Untersuchung. Die gewonnenen Erkenntnisse tragen daher auch nur wenig zu den Fragen bei, die in den anderen Beiträgen dieses Buches diskutiert werden. Ich benutze die Bezeichnung Kaufmannsnotizbücher für die handschriftlichen Bücher mit Informationen über die tägliche Handelspraxis. Diese Bücher stellten sich einzelne Kaufleute, meist Italiener, im Spätmittelalter entweder selbst zusammen oder sie schrieben sie von den Aufzeichnungen älterer Kaufleute ab, die die Informationen ihrerseits schon von ihren Vorgängern übernommen hatten. Die Besitzer versahen ihre Notizbücher mit Titeln wie *„Uno libro di Divisamenti di Paesi e di Misure di Mercatantie“*[1] oder *„Tarifa zoè noticia dy pexi e mexure di luogi e tere che s'advra marcadantia per el mondo“*[2]. Wir kennen sie meistens unter dem Namen *„Pratiche della Mercatura“*, den G.F. Pagnini della Ventura um die Mitte des 18. Jahrhunderts erfand, als er zum ersten Mal etwas ungenau die Texte zweier solcher Notizbücher, nämlich Pegolotti und Uzzano, publizierte[3]. Im 20. Jahrhundert veröffentlichte Allan Evans Pegolottis Notizbuch – ohne Tadel – erneut, und

---

* Aus dem Englischen übertragen von Michael North.

[1] Bibliographische Angaben in Anm. 12.

[2] Bibliographische Angaben in Anm. 13.

[3] G.F. Pagnini della Ventura, Della Decima e delle altre gravezze, della moneta e della mercatura de' Fiorentini fino a secolo XVI, III, IV, Lisboa-Lucca 1766.

weitere Bücher wurden unter so verschiedenen Namen wie „Manuale", „Tariffe" oder „Pratiche" publiziert oder zumindest zur Publikation vorbereitet. Die Gattungsbezeichnung, die ich bevorzuge, lautet jedoch „*Zibaldoni*" (Notizbücher), obwohl man bisher nur ein Buch unter diesem Titel veröffentlichte[4]. Die Bezeichnung „Manuale" (Handbuch) würde ich für einen einzelnen Text reservieren, der im 15. Jahrhundert wiederholt abgeschrieben und eventuell gedruckt wurde[5].

Tabelle 1 gibt eine Übersicht über 15 Notizbücher, die zumindest teilweise zur Publikation vorbereitet wurden. Ich habe diese soweit wie möglich nach dem Jahr ihrer Kompilation geordnet und in der ersten Spalte mit einem im weiteren zu zitierenden Kurztitel versehen. Außerdem werden Entstehungszeit und -ort sowie der Herausgeber und das Erscheinungsjahr der Veröffentlichung (auch wenn es bei der Ankündigung blieb) angegeben. Die bibliographischen Hinweise für diese Kaufmannsnotizbücher finden sich in den Anmerkungen. Insgesamt ist die Reihe der in Tabelle 1 aufgeführten Bücher länger als jede bisherige Zusammenstellung, obgleich manche der dort genannten Bücher vermutlich nie veröffentlicht werden. Möglicherweise sind auch andere Bücher, die ganz oder teilweise publiziert wurden, meiner Aufmerksamkeit entgangen; ich bin für jeden Hinweis dankbar. Außerdem kenne ich noch die Handschriften von fünf unveröffentlichten Notizbüchern[6]. Wahrscheinlich existieren einige mehr, obgleich ich mir aufgrund der umfangreichen Editionsarbeiten der letzten 60 Jahre nicht vorstellen kann, daß es allzu viele sind. Zur Zeit arbeiten Pierre Jeannin in Paris und Jochen Hoock in Paderborn an einem gemeinsamen bibliographischen Projekt der „*Ars Mercatoria*", d.h. der gedruckten Handbücher, die den Handschriften des 15. Jahrhunderts folgten. Sie erfassen dabei alle Titel, die zwischen 1470 und 1820 in ganz Europa und seinen Kolonien erschienen sind[7]. Vielleicht tauchen dabei auch einige der handschriftlichen Vorläufer auf.

---

[4] Bibliographische Anmerkungen in Anm. 10.
[5] Siehe unten, S. 110 sowie Tabelle 3.
[6] Siehe Tabelle 2.
[7] J. Hoock, P. Jeannin (Hgg.), Ars mercatoria. Handbücher und Traktate für den Gebrauch des Kaufmanns, 1470–1820, I: 1470–1600, Paderborn 1991.

Tabelle 1. Publizierte Kaufmannsnotizbücher

Kurztitel	Jahr	Ort (Nationalität)	Herausgeber	Erscheinungsjahr
Racione	ca. 1270	Acre (Venezianisch)	D. Jacoby	1983[8]
Memoria	ca. 1278	Pisa	Lopez & Airaldi	1983[9]
Da Canal	ca. 1311	Venedig	A. Stussi	1967[10]
Berti	ca. 1315 (Kopie 1438)	Florenz	R.H. Bautier	1970[11]
Pegolotti	ca. 1340 (Kopie 1472)	Florenz	A. Evans	1936[12]
Tarifa Marcello	nach 1345	Venedig	Cessi & Orlandini	1925[13]
Datiniana	ca. 1385-6	Pisa (Florentinisch)	C. Ciano	1964[14]
Rocchi	1394-5	Mallorca/ Valencia (Sienesisch)	B. Dini	1980[15]
Francesco di Nicolo	1396	Marseilles (Florentinisch)	R. Piattoli	1930[16]
Ricci	1396	Genua (Florentinisch)	A. Borlandi	1963[17]
Acciaiuoli	Ende 14. Jh.	? Florenz	L. Fantacci	1970[18] (in Dissertation)
Rosselmini	frühes 15. Jh.	Pisa	B. Casini	im Druck[19]
Anonymus	frühes 15. Jh.	Florenz	R. Mueller	1984[20]
Handbuch	ca. 1420	Florenz	s. Tabelle 3	
Uzzanno	ca. 1425 (Kopie 1442)	? Florenz	G.F. Pagnini	1765-6[21]
Cotrugli	1458	Venedig	U. Tucci	1990[22]
Anonymus	Ende 15. Jh.	Mallorca	A.M. De Guadan	1980[23]

[8] D. Jacoby, aus Racione de Alexandria, Biblioteca Nazionale Marcian Venezia, MSS. It., cl. XI, cod. 87 (7353).

[9] R.S. Lopez, G. Airaldi (Hgg.), Il più antico manuale italiano di pratica della mercatura [Memoria de tucte le mercantie], Miscellane di studi storici, II, Genova 1983, S. 99–133. Nicht gesehen habe ich das Notizbuch, auf das Robert Lopez an anderer Stelle hinweist; R. Lopez, Un texte inédit: le plus ancien manuel italien de technique commerciale, Revue Historique 244 (1970), S. 67–76;

Tabelle 2. Unveröffentlichte Manuskripte von Kaufmannsnotizbüchern

Florenz	Biblioteca Nazionale	Magliabecchiano XI, 80	Ende 14. Jh. Evans MS 9[24]
Florenz	Biblioteca Nazionale	Magliabecchiano XI, 119	ca. 1419 Evans MS 16[25]
Florenz	Biblioteca Nazionale	Palatino 601	1443 Evans MS 20[26]
London	British Library	Egerton[27]	
New York	Columbia Univ. Library	MS.X511 A13[28]	

ebenfalls erwähnt von F. C. Lane, R. C. Mueller, Money and Banking in Medieval and Ranaissance Venice, I, Baltimore 1985, S. 294, Anm. 22.

10 A. Stussi (Hg.), Zibaldone da Canal. Manoscritto mercantile del Sec. XIV (Fonti per la Storia di Venezia, S. 5, Fondi Vari), Venezia 1967.

11 Nur ein Teil dieses *„Nottario di piu chose"* (dessen Abschrift von 1438 sich am Ende des 15. Jahrhunderts im Besitz von Berto Berti befand) wurde von Bautier als Anhang (S. 311–320) zum folgenden Aufsatz publiziert; R. H. Bautier, Points de vue sur les relations économiques des Occidentaux avec les pays d'Orient au Moyen Age, M. Mollat (Hg.), Sociétés et Compagnies de commerce en Orient et dans l'oceán Indien, Paris 1970.

12 A. Evans (Hg.), Francesco Balducci Pegolotti, La Pratica della Mercatura (Mediaeval Academy of America Publications 26), Cambridge, Mass., 1936.

13 Tarifa zoè Noticia dy Pexi e Mexure di Luogi e Tere che s'adovra Marcadantia per el mondo, R. Istituto Superiore di Scienze economiche e commerciali di Venezia celebrandosi l'XI Centenario dell' Università di Pavia, Venezia 1925 (anonym erschienen, Textedition: V. Orlandini, Einleitung: R. Cessi). *„Tarifa Marcello"* genannt von U. Tucci, Tariffe Veneziane e Libri Toscani di Mercatura, Studi veneziani 19 (1968).

14 C. Ciano (Hg.), La Pratica di Mercatura Datiniana (Biblioteca della Rivista Economia e Storia 9), Milano 1964.

15 B. Dini (Hg.), Una Pratica di Mercatura in Formazione (Istituto Internazionale di Storia Economica „F. Datini" Prato, S. 1,2), Firenze 1980; siehe auch unten, S. 117.

16 R. Piattolini, L'origine dei fondaci datiniani in Pisa ed in Genova in rapporto agli avvenimenti politici, Prato 1930, S. 79–83. Ich habe dieses Fragment eines Notizbuches aus dem Datini-Archiv nicht gesehen; immerhin weist Tucci, Tariffe, S. 66, Anm. 9, darauf hin.

17 A. Borlandi (Hg.), Il Manuale di Mercatura in Saminiato de' Ricci (Università di Genova. Istituto di storia medievale e moderna, fonti e studi 4), Genova 1963. Die Handschrift enthält auch spätere Ergänzungen aus den Jahren 1416–1418.

18 Kompiliert von Simone di Giovanni Acciaiuoli, abgedruckt bei L. Fantacci, La „Pratica di Mercatura" della raccolta Tordi di Firenze, fine sec. XIV, tesi di

Ein großer Teil der Arbeit an mittelalterlichen Kaufmannsnotizbüchern wurde in den 30er Jahren unseres Jahrhunderts von einer Arbeitsgruppe zur mittelalterlichen Geschäftsgeschichte unter der Leitung von Norman Gras geleistet. Norman Gras hatte das Fach Geschäftsgeschichte begründet und wurde 1927 auf den neugeschaffenen Lehrstuhl für Business History in Harvard berufen. Als Teil dieses Programms veröffentlichten Allan Evans 1936 seine Edition von Pegolotti und Florence Edler 1934 ihren „Glossary of Medieval Terms of Business“[29]. Andere Mitglieder des Grasschen Teams waren Eugene Byrne, Robert Reynolds und Hilmar Krueger, die eine ganze Serie früher Genueser Notariatsregister publizierten. Florence Edlers „Glossary“ sollte ein

laurea, Firenze 1970; zitiert von F. Melis, Documenti per la storia economica dei secoli XIII–XVI (Istituto Internazionale di Storia Economica „F. Datini“ Prato, S. 1,1), Firenze 1972, S. 122, Anm. 1.

[19] Verweis auf B. Casini, La pratica di mercatura pisana di Andrea Rosselmini (prima metà del ’400) bei Melis, Documenti, S. 122, Anm. 1.

[20] Nur der Venedig betreffende Abschnitt wurde von Reinhold Mueller als Anhang veröffentlicht; R. C. Mueller, „Chome l’ucciello di passegio“: la demande saissonière des espèces et le marché des changes à Venise au Moyen Age, J. Day (Hg.), Études d’histoire monétaire, Paris 1984, S. 218–219.

[21] Pagnini della Ventura, Della Decima, IV: La Pratica della Mercatura scritta de Giovanni di Antonia da Uzzanno nel 1442.

[22] Noch nicht erschienen, aber angekündigt als U. Tucci (Hg.), Benedetto Cotrugli, Il libro dell’arte della mercatura, Venezia 1990.

[23] Nur ein kleiner Teil ist veröffentlicht von Antonio Manuel de Guadan, Comentario numismático al Manual Mallorquin de Mercadería, Acta Numismatica 10 (1980), S. 97–116.

[24] Tariffa, cioè pesi misure di tute le terre e la maggior parte del mondo dove si trafficha die merchatantia. Viele Passagen folgen Pegolotti, obwohl ein Teil des Textes unterschiedlich ist.

[25] Früher Strozziano 546. Eine spätere Hand hat hinzugefügt „*Libro della qualità delle monete d’artimetica, geometra e astrologia, e segueto dal partire l’oro dall’argento*“.

[26] Kaufmannsnotizbuch, datiert 1443 an drei Orten, dem 59 Seiten mit kaufmännischer Arithmetik vorausgehen.

[27] Freundlicher Hinweis von Prof. Dr. Stuart Jenks.

[28] Freundlicher Hinweis von Prof. Dr. Philip Grierson.

[29] F. Edler, Glossary of Medieval Terms of Business. Italian Series 1200–1600, Cambridge, Mass., 1934.

weiterer „Glossary of Italian Coins" folgen[30]. Mit dieser Aufgabe wurden Evans, zu dieser Zeit Tutor in Harvard, und Edler betraut. Die Arbeit machte rasche Fortschritte, aber sie entwickelte sich zu einer allgemeinen Untersuchung über Währung und Rechensysteme der italienischen Kaufleute des Mittelalters. Allan Evans und Florence Edler sammelten auf Mikrofilm eine große Zahl – zu dieser Zeit – unveröffentlichter Handschriften und schrieben aus 51 Handschriften die Teile ab, die sie für ihre Arbeit als relevant ansahen. Danach kollationierten sie ihre Abschriften mit den bereits veröffentlichten Quellen und ordneten daraus „Familien" an.

Die 51 Handschriften stammten aus 15 Kaufmannsnotizbüchern und 36 unveröffentlichten Arithmetikbüchern für die Handelspraxis[31]. Evans und Edler entdeckten bemerkenswerte Überschneidungen zwischen beiden Gattungen. Ähnliches, manchmal sogar identisches Material, das Evans in den Notizbüchern interessierte, fand er noch einmal in den Arithmetikbüchern. Ein Beispiel dafür liefert der Abschnitt *„Regola e modo di cambiare le mercatanzie"*, der in Uzzanos Notizbuch erscheint[32]. Er wurde später von Raymond de Roover „nach 1422, wahrscheinlich um 1425" datiert. Jedoch findet sich der gleiche Abschnitt mit minimalen Abweichungen bereits in dem Florentiner *„Trattato d'Arimmetica mercantile"* von 1399; und er sollte erneut in einen anonymen *„Libro d'Abaco"* von ca. 1460 aufgenommen werden, der sich heute in der Vatikanischen Bibliothek befindet[33]. Ein anderes Beispiel sind die Feingehaltslisten von Gold- und Silbermünzen, die in dem *„Datiniana"*-Buch aus den Jahren 1385/86 erscheinen[34]. Als Cesare Ciano das Buch edierte, bemerkte er, daß diese Listen nicht denen Pegolottis entsprachen, und schloß daraus, daß sie aus einer älteren nicht mehr existierenden Handschrift stammten[35]. Allan Evans hatte aber bereits durch den

[30] Siehe A. Evans, Some Coinage Systems of the Fourteenth Century, Journal of Economic and Business History 3 (1931), S. 481–496 sowie das Vorwort von N. Gras zu Edler, Glossary, S. vii.

[31] Zwei der von ihnen benutzten Handschriften waren weder Kaufmanns- noch Arithmetikbücher; zwei ihrer Handschriften enthielten beides.

[32] Uzzano, S. 148 ff.

[33] Vatikanische Bibliothek, Lat. 4828.

[34] Datiniana, fol. 24 v.–26 v. (am Ende des Buches).

[35] Datiniana, Einleitung, S. 29.

Vergleich von Notiz- und Arithmetikbüchern herausgefunden (was Ciano unbekannt war), daß die Listen der „Datiniana" aus einem Traktat von Messer Jacopo aus Florenz kamen. Dieses war anscheinend im Jahre 1307 in Montpellier kompiliert worden, obwohl die drei von Evans gefundenen Abschriften aus der Mitte des 15. Jahrhunderts, von 1473 und von circa 1485, stammten[36].

Diese Beispiele für die zweifache Verwendung desselben Materials in den Notiz- und den Rechenbüchern verweisen aber auch auf eines der Hauptprobleme bei der Benutzung der Kaufmannsnotizbücher. Sie entziehen sich jeder sicheren Datierung. Wie ist eine Kompilation aus den 1380er Jahren sicher zu benutzen, wenn sie bereits Material aus dem Jahr 1307 enthält? Vergrößert sich das Problem bei der erneuten Verwendung des Materials in den 1480er Jahren? Jedenfalls wird die Datierung bestimmter Informationen in diesen Büchern auch dadurch erschwert, daß die Kompilatoren nicht immer genau und sklavisch die früheren Texte abschrieben. Sie entstellten Ortsnamen, die ihnen unbekannt waren, oder machten simple Fehler beim Abschreiben von Zahlen. Sie aktualisierten aber gleichfalls die Informationen und nahmen neue Sachen, mit denen sie vertraut waren, auf. Der Kompilator der *„Datiniana"* übernahm Jacopos Feingehaltsliste und machte sich sogar die Mühe, sie durch die Hinzufügung von vier weiteren Goldmünzen auf den neuesten Stand zu bringen. Zwar ist das Datierungsproblem bei den verschiedenen Informationen ein und desselben Notizbuches schon lange bekannt[37], aber es ist noch immer unlösbar. Entsprechend erschwert diese Datierungsunsicherheit auch die Benutzung der Notizbücher als Quellen zur Geschichte des mittelalterlichen Wechsels und des Bankwesens.

Die Historiker müssen natürlich gleichfalls nach der Funktion dieser Notizbücher fragen. Die meisten Notizen scheinen über einen langen Zeitraum – man schrieb mal hier und mal dort ab – für den eigenen Gebrauch gemacht worden zu sein. So besitzen wir glücklicherweise die

---

[36] Evans' Datierungen: Mitte 15. Jahrhundert = Florenz, Biblioteca Riccardiana, Riccardiano 2236; 1473 = Florenz, Biblioteca Nazionale, Magliabechiano XI. 75; circa 1485 = Vatikanische Bibliothek, Lat. 4826. Eine vierte, Evans nicht bekannte, Handschrift ist Trivulziana Ms 90.

[37] P. Grierson, The Coin List of Pegolotti, Studi in Onore de Armando Sapori, I, Milano 1957, S. 485–492.

ursprünglichen Notizen für ein solches Buch, das Ambrogio de Rocchi in den Jahren 1394/95 zusammenstellte[38]. Bei anderen Notizbüchern zeigt dagegen eine genauere Untersuchung, daß sie mehr oder weniger wörtlich von bereits bekannten Büchern abgeschrieben wurden: von oder für junge Leute, die noch am Anfang ihrer Karriere standen. Im 15. Jahrhundert war das Kompilieren oder zumindest das Kopieren eines Notizbuches ein regulärer Teil der Kaufmannsausbildung geworden. Seit dem zweiten Viertel des Jahrhunderts stand ein Standardtext zum Studieren und Abschreiben zur Verfügung. Ich glaube, daß man für diesen Standardtext zur Unterscheidung von den individuell zusammengestellten Notizbüchern die Bezeichnung Handbuch verwenden sollte. Nach Raymond de Roover wurde die Originalversion dieses Handbuchs in den 1420er Jahren, etwas früher als Uzzanos Notizbuch, zusammengestellt. Es wurde von Franco Borlandi aus drei Manuskripten (einschließlich einer Kopie des jungen Chiarini von 1458) im Jahre 1936 ediert. Weder Borlandi noch Evans erkannten den Unterschied zu den üblichen Notizbüchern, obwohl Evans nicht weniger als acht Abschriften aus der Zeit zwischen 1444 und 1496 zu Gesicht bekommen hatte. Mir erscheint der Text von Anfang an das gewesen zu sein, was er später wurde: das Standardhandbuch für junge Geschäftsleute im 15. Jahrhundert. Der Inhalt war sicher umfassender als in jedem anderen erhaltenen Notizbuch; als ob er als Handbuch konzipiert worden wäre.

---

[38] Siehe unten, S. 117.

[39] Siehe Tabelle 3.

[40] Abgeschrieben von Giorgio di Lorenzo Chiarini für Ricciardo di Vieri del Bene aus Florenz im Hause des Stefano di Gianmangnia in Ragusa, das Martino Chiarini für die Pazzi aus Barcelona gemietet hatte. Die Handschrift wird beschrieben von F. Borlandi, El Libro di Mercatantie et Usanze de' Paesi (Documenti e Studi per la Storia del Commercio e del Diritto Commerciale Italiano), VII, Torino 1936, S. xx–xxi.

[41] Ebenfalls beschrieben von Borlandi, Libro, S. xxi. Die Handschrift gibt keinerlei Hinweis auf den Besitzer oder ein Datum.

[42] Die Abschrift fertigte *„Donnum Ignatium Stephani Becchi"*, ein Florentiner Zisterzienser, an (datiert: 27. April 1483). Die Handschrift zeigt ein Porträt eines *„Giorgio di Lo. Chiarini"* bezeichneten Mannes; hieraus schlossen einige – zusammen mit der Eintragung im alpha/A-Text –, daß Chiarini der Kompilator gewesen sei.

Tabelle 3. Überlieferte Versionen des Kaufmannshandbuches des 15. Jahrhunderts

	Handschriftliche Versionen	
Evans A = Borlandi A	Florenz, Biblioteca Nazionale, Panchiatichiano 72	1458 Evans MS 22[40]
Evans B = Borlandi B	Paris, Bibliothèque Nationale, Fond Italien 911	Evans datiert 1458–93 Evans MS 37[41]
Evans Γ = Borlandi C	Florenz, Bibl. Naz. Magliabechiano XXIX, 203	1483 Evans MS 18[42]
Evans Δ = nicht Borlandi	Florenz, Bibl. Naz., Conventi Soppressi E, III, 1134	1444 Evans MS 5[43]
Evans E = nicht Borlandi	Florenz, Bibl. Naz., Targioni, 12	Evans datiert 1470 Evans MS 23
Evans Z = nicht Borlandi	New York, Columbia Univ. Library, Plimpton 196	Evans datiert 1475 Evans MS 34[44]
Evans H = nicht Borlandi	Pisa, Universitätsbibliothek Codice 539	1480 Evans MS 39[45]
Evans Θ = nicht Borlandi	München, Staatsbibliothek, Hs. Ital. 334	1496 und 1497 Evans MS 30[46]

Gedruckte Versionen

F. Borlandi benutzte drei gedruckte Versionen:

	Drucker	Ort	Datum
Borlandi X'	Francesco di Dino di Jacopo	Florenz	Dezember 1481[47]
Borlandi X"	Piero Pacini	Florenz	ca. 1490[48]
Borlandi Y	Angelo Ugolete	Parma	Mai 1498[49]

Borlandi Z' = Text enthalten in zwei Auflagen von Luca Pacioli, Summa de Arithmetica, Venezia 1494 und Tusculum 1523[50].

---

43 Obwohl als ältester von Allan Evans angesehen, ist dieser Text durch nachlässiges und vielleicht häufiges Abschreiben ziemlich verdorben; dies läßt auf ein älteres (als 1444) Original schließen.

44 Eine kurze kaufmännische Arithmetik *„Arte d'abacho secondo lo stile d'insegnare del maestro luca di matteo da ffirenze"*, der Münzlisten aus dem Kaufmannshandbuch angefügt sind.

45 Vollständiger Text des Handbuchs plus Zusatz, abgeschrieben von Ser Lodovico Bertini, 9. März 1480.

46 Kaufmännische Arithmetik von Raffaello di Giovanni Chanacci mit 50 Blatt des Handbuchs.

Welchen Einfluß das Handbuch bei der Ausbildung gewann, zeigt die Tatsache, daß es vor dem Ende des 15. Jahrhunderts noch dreimal in gedruckter Fassung veröffentlicht wurde[51]. Außerdem wurde der Text in Luca Paciolis einflußreiche *„Summa de Arithmetica"* aufgenommen, deren erste gedruckte Auflage 1494 in Venedig erschien. Dies ist wohl das eindruckvollste Beispiel für die Verwendung desselben Materials in zwei verschiedenen Buchgattungen. Zwanzig Jahre zuvor (1478) hatte Luca Pacioli bereits den Versuch gemacht, ein eigenes Kaufmannshandbuch für seine Schüler in Perugia zusammenzustellen, das wie seine spätere *„Summa"* ein Kaufmannshandbuch mit einem kaufmännischen Arithmetikbuch kombinierte[52]. Während dieser Zeit fügte einer seiner Zeitgenossen fünf Seiten des Standardhandbuchs zu Luca di Matteos *„Arte d'abacho"* hinzu. Auch wenn wir nicht mehr glauben, daß Chiarini das erste Standardhandbuch erfand, so scheint es doch - nach den erhaltenen Handschriften – von einem anderen Florentiner geschaffen worden zu sein. Dies erstaunt kaum, da die Mehrzahl der im 14. und beginnenden 15. Jahrhundert entstandenen Notizbücher von Toskanern, vor allem Florentinern, kompiliert wurde. Viele dieser Bücher scheinen von jungen Toskanern zusammengestellt oder zumindest abgeschrieben worden zu sein, als sie als Faktoren in den ausländischen Niederlassungen ihrer Handelsgesellschaften arbeiteten. Die Notizbücher waren daher sozusagen ein Nebenprodukt der international tätigen toskani-

[47] IL LIBRO DI TUCTI ECHOSTUMI: CAMBI: MONETE: PESI: MISURE. Beschrieben von Borlandi, Libro, S. xxv–xxvi.

[48] IL LIBRO DI TUCTI ECHOSTUMI. CAMBI. MONETE. Beschrieben von Borlandi, Libro, S. xxvi (ein zweiter Druck von X').

[49] IL LIBRO DI TUTI LI CHOSTUMI: ET CAMBII: MONETE: PESI: MISURE: ET USANZE. Beschrieben von Borlandi, Libro S. xxvii–xxix (rekonstruiert aus Fragmenten verschiedener gedruckter Exemplare, da kein Exemplar vollständig überliefert ist.

[50] Beschrieben von Borlandi, Libro, S. xxix.

[51] Siehe Tabelle 3.

[52] Rom, Vatikanische Bibliothek, Lat. 3129 (Evans MS 46). Das Handbuch verkündet, es sei von Fra Luca de Borgo S. Sepolcro (Luca Pacioli) zusammengestellt worden. Evans wies auf deutliche Unterschiede zu seiner berühmten, später gedruckten, Arithmetik hin. Das Handbuch war wohl in erster Linie als Lehrbuch gedacht; denn es richtete sich an *„Suis carissimis descipulis egregiis clerisque iuvenibus necnon certis quibuscumque auditoribus dignissimus eiusdem civitatis"*.

schen Handelsgesellschaften und ihrer aufstrebenden Mitarbeiter, die wie Luca Pacioli selbst die verschiedenen Stufen der Karriereleiter in den zahlreichen ausländischen Kontoren ihrer Firma absolvierten. Nachdem aber das Handbuch existierte, wurde dieses – das zeigt Chiarinis Beispiel – im Ausland abgeschrieben, und die Kaufleute kompilierten keine neuen Notizbücher mehr. Wahrscheinlich stellte nur Uzzano ein eigenes Notizbuch nach dem Handbuch zusammen und das sehr kurz nach dessen Entstehung, wenn wir der Datierung de Roovers folgen. Es ist aber auch möglich, daß Uzzanos Buch der Vorläufer des Handbuchs war. Seit dieser Zeit jedoch wurden keine neuen Notizbücher mehr kompiliert, obgleich man einige ältere Bücher weiterhin abschrieb, aber in geringerer Zahl als das neue „*Libro de Mercatantie*".

Im Gegensatz zu der bisher nicht bemerkten Vorherrschaft des neuen Handbuchs in der spätmittelalterlichen Welt des Handels haben die meisten Historiker, wenn sie ein Kaufmannsnotizbuch benutzten, aus Pegolotti zitiert. Dies geschah vielleicht deshalb, weil Pegolottis Buch bereits zum ersten Mal im 18. Jahrhundert veröffentlicht wurde oder weil es in einer mustergültigen Edition von Allan Evans vorliegt. Es enthält natürlich auch die meisten Informationen der Notizbücher des 14. Jahrhunderts. Jedoch sollten wir bedenken, daß Pegolottis Notizbuch nicht notwendigerweise den Wissensstand der spätmittelalterlichen Kaufleute widerspiegelt. Nur eine Handschrift von Pegolottis Notizbuch ist als Kopie einer Kopie überliefert[53]. Viel wichtiger, besonders für das 15. Jahrhundert, war das Kaufmannshandbuch, das die individuellen Notizbücher ersetzte. Als Historiker sollten wir deshalb viel häufiger als bisher aus dem in Franco Borlandis Edition zugänglichen Standardhandbuch zitieren. Sogar der Kompilator dieses Handbuchs ist unbekannt. Dagegen kennen wir den Mann genau, der nur kurze Zeit später die arithmetischen Handbücher zusammenstellte. Es war Maestro Benedetto, der nach dem Tode seines Meisters im Jahre 1440 die „*bottegha dell'abaco*" von Santa Trinita in Florenz übernahm. Benedetto konnte sich rühmen, in einer Reihe Florentiner Arithmetiklehrer zu stehen, die

[53] Am 19. März 1472 war Filippo di Niccolai Frescobaldi mit der Abschrift fertig, die er von einer Kopie gemacht hatte, die Agnolo di Lotto dell'Antella vom Original Pegolottis abgeschrieben hatte.

mindestens bis in das frühe 14. Jahrhundert zurückreichte[54]. Obwohl das früheste datierte Manuskript aus dem Jahr 1463 stammt, hat Benedetto seine *„Praticha d'arismeticha"* – nach der Meinung Gino Arrighis – zwischen 1440 und 1463 aus dem traditionellen Lehrstoff seiner Schule zusammengestellt. Maestro Benedetto (möglicherweise Benedetto Guardi) teilte seine 509 Blatt in 16 verschiedene Bücher, von denen das sechste und längste Buch auf 91 Blatt der kaufmännischen Rechenkunst, *„sottoposto alla marchatantia"*, gewidmet ist. Allan Evans fand nicht weniger als elf Handschriften dieses sechsten Buches, die zwischen den 1460er Jahren und 1507 angefertigt wurden. Für sein sechstes Buch verwendete Benedetto beiläufig das Kapitel *„Del Cambiare, modo et forma di cambiare partitamente da luogo a luogo"* aus dem Kaufmannshandbuch. Mathematische Handbücher existierten seit Fibonacci; daher wäre es auch seltsam, wenn die vorherrschende kaufmännische Rechenkunst zur Zeit und im Zusammenhang mit dem Kaufmannshandbuch entstanden wäre. Liegt die Erklärung in der zunehmend autoritären Politik des Florenz der Medici oder in der Vorliebe der Humanisten für autoritative Texte? Vielleicht sollte man nur fragen, ob sich die Organisation der mathematischen und der kaufmännischen Ausbildung geändert hatte. Wie kam es dazu, daß eine einzige Schule, die *„bottegha dell'abaco"*, beide Gebiete um die Mitte des 15. Jahrhunderts in Florenz beherrschte? Mehr als ein Jahrhundert früher hatte Giovanni Villani sechs solcher Schulen gezählt[55].

Ich komme nun zu Allan Evans' und Florence Edlers geplanter Publikation zurück. Die beiden planten, aus ihrer Mikrofilmsammlung die 55 wichtigsten Texte zu veröffentlichen. 50 davon waren bereits druckfertig und die weiteren für den Druck vorbereitet, als die Arbeit daran unterbrochen wurde. Parallel zur Textedition arbeiteten Evans und Edler am „Glossary of Italian Coins", was sich zu einer Reise durch die Rechensysteme der Handelswelt der italienischen Kaufleute entwickelte. Man trug auf Grundlage der wirtschaftshistorischen und numismatischen Literatur Informationen für 115 verschiedene Orte, 86 Handelsstädte und 29

[54] Siehe dazu G. Arrighi, Il Codice L. IV. 21 della Biblioteca degl' Intronati di Siena e la „Bottega dell'abaco a Santa Trinita" in Firenze, Physis 7 (1965), S. 369–400.

[55] *„I faniciulli che stanno ad imparare l'abbaco et algorismo in sei scuole da mille in mille dugento"*, G. Villani, Cronica, XI, Kapitel 94.

Länder und Regionen zusammen, die ursprünglich als Textanmerkungen gedacht waren[56].

Leider wurde das Gesamtprojekt niemals vollendet. Die Arbeit verlangsamte sich 1938, als Allan Evans im Battle Abbey Archive der Huntington Library in Kalifornien arbeitete. Jedoch hoffte er noch 1939, das Manuskript bis 1940 der Mediaeval Academy zur Publikation zu übergeben[57]. Einige Monate später, als das Manuskript fast vollständig war, wurde Allan Evans von der amerikanischen Regierung dienstverpflichtet, so daß die Arbeit am Projekt ein abruptes Ende fand. Da Evans nach dem Krieg im State Department Karriere machte und nicht mehr in die Wissenschaft zurückkehrte (er starb 1970), übergab er das Material seiner früheren Mitarbeiterin Florence Edler. Davon profitierte deren Ehemann Raymond de Roover für seine Arbeiten über den Wechsel. Nach Raymond de Roovers Tod (1972) konzentrierte sich Florence Edler auf ihre Arbeit über die Seide im Mittelalter und gab deshalb das Material an die Mediaeval Academy of America zurück, die das Projekt einmal gefördert hatte. Da die Papiere noch immer die Aufschrift „Glossary of Italian Coins“ trugen, deponierte die Mediaeval Academy die Unterlagen auf Anraten von Robert Lopez bei der American Numismatic Society, wo sie heute von Alan Stahl verwaltet werden.

Als ich mein „Handbook of Medieval Exchange“[58] vorbereitete, versorgte mich Alan Stahl großzügig mit Kopien aus diesem Material. Ich benutze es jedoch nur sparsam vor allem wegen des oben erwähnten Datierungsproblems. Für das „Handbook“ benötigte ich datierbare, vorzugsweise exakt datierbare, Informationen. Trotzdem war ich der Meinung, daß mit diesem Material irgendetwas gemacht werden müßte; aber nicht bevor ich das „Handbook“ fertiggestellt hätte. Ich hoffte, mit den für das „Handbook“ gesammelten Wechselkursen auch einige der in den Notizbüchern kompilierten Informationen, insbesondere über den mittelalterlichen Geldmarkt, genauer als bisher datieren zu können. Ich versuchte dies am Beispiel der venezianischen „*Tarifa Marcello*“[59], die Ugo Tucci aufgrund eines Hinweises auf den Vertrag Venedigs mit dem

---

[56] Die von ihnen erstellte umfangreiche Bibliographie ist auch erhalten.
[57] Speculum 15 (1940), S. 136.
[58] (Royal Historical Society, Guides and Handbooks 13), London 1986.
[59] Siehe oben, Anm. 13.

Sultan von 1345 „nach 1345" datiert hat[60]. „*Tarifa*" enthält einen Abschnitt Flandern, in dem der Kurs eines Dukaten mit 16½ Groten angegeben wird. Bei der Forschung für mein „Handbook" fand ich einen solchen Kurs für das Jahr 1348, einen niedrigeren Kurs im März 1343 und von 1353/54 an erheblich höhere Kurse. Alan Stahl und ich fragen uns daher zur Zeit, ob es – mit meinem „Handbook" im Rücken – sinnvoll wäre, das Projekt nach 50 Jahren wiederzubeleben sowie die Materialien zu vervollständigen und zu veröffentlichen.

Jedoch befindet sich die Erforschung dieser Notizbücher schon lange nicht mehr auf dem Stand von 1940. Eine große Zahl der Notizbücher, die Allan Evans im Original befragen mußte, sind inzwischen, besonders von Federigo Melis und der von ihm inspirierten Gruppe, veröffentlicht worden. Melis verfolgte wie auch Norman Gras vor ihm hauptsächlich zwei Ziele. Zum einen suchten Melis und Gras Quellen, die in direktem Zusammenhang mit Handelsaktivitäten standen. Daher beschäftigten sich Melis vorwiegend mit den Geschäftsunterlagen Francesco Datinis in Prato und Gras mit den Genueser Notariatsakten. Zum anderen war es beider Wunsch, die Quellen zu veröffentlichen, die die Kaufleute selbst befragten oder die sie zur beruflichen Ausbildung ihres Personals heranzogen. So kamen sie beide auf die Kaufmannsnotizbücher. Federigo Melis vertraute diese Seite des Forschungsprogramms Cesare Ciano an, und dieser edierte aus dem Datini-Archiv ein Notizbuch, das ein Florentiner in Pisa um 1385/86 kompiliert hatte. Ein anderer Schüler Melis', L. Fantacci, edierte für seine Dissertation das sehr ähnliche Acciaiuoli-Notizbuch aus den Tordi-Papieren, ohne daß es je gedruckt wurde. Weder Ciano noch Fantacci wußten, daß Allan Evans bereits 30 Jahre zuvor an denselben Quellen gearbeitet hatte[62]. 1972 wies Melis auf weitere damals vermutlich im Druck befindliche Texte hin[63]: auf Andrea Rosselminis Notizbuch aus Pisa (ediert von Casini[64]) sowie auf die

[60] Tucci, Tariffe, S. 67, Anm. 11.

[61] Tarifa Marcello, S. 36–37.

[62] Siehe oben, Anm. 18. Ich würde gerne wissen, ob Dr. Fantacci inzwischen seine Dissertation oder einen entsprechenden Aufsatz publiziert hat.

[63] Melis, Documenti, S. 122, Anm. 1.

[64] Ich weiß nicht, wann, wo, oder ob überhaupt das Rosselmini-Buch veröffentlicht wurde. Ich habe keine weitere Spur von ihm gefunden, obgleich Dr. Casini weitere Pisaner Quellen veröffentlicht hat.

ursprünglichen Notizen für ein solches Buch von Ambrogio de Rocchi (ediert von Bruno Dini). Die Rocchi-Fragmente sind in gewissem Sinne die interessantesten Quellen, die die Melis-Gruppe entdeckte. Seine Notizen oder „*ricordanze*" hatte der junge Ambrogio de Rocchi nämlich auf den Rechnungen gemacht, die er zu Beginn seiner Karriere 1394 und 1395 in den Niederlassungen der Datini-Gesellschaft auf Mallorca und in Valencia führte. Die zum eigenen Gebrauch angefertigten Aufzeichnungen stehen in der Notizbuchtradition und unterscheiden sich deshalb sehr von dem eine Generation jüngeren anonymen Handbuch, das die nun besser mit Lehrmitteln versorgten jungen Leute (z.B. Chiarini) um die Mitte des 15. Jahrhunderts abschrieben. Das zuerst im 13. Jahrhundert praktizierte Selbststudium war systematisiert worden.

Wie Norman Gras interessierte sich auch Federigo Melis für die Handbücher der kaufmännischen Arithmetik, da er sie als unentbehrliches Hilfsmittel zum Verständnis der spätmittelalterlichen Kaufmannswelt ansah. In den 1960er Jahren schrieb Gino Arrighi zahlreiche Artikel über diese Handbücher und edierte den „*Trattato d'aritmetica*" von Paolo dell'Abbaco sowie den „*Trattato de fioretti*" von Maestro Antonio de Mazzinghi[66]. Sowohl Paolo Dagomari (dell'Abbaco) und Antonio de Mazzinghi hatten als Vorgänger von Maestro Benedetto im 14. Jahrhundert an der Florentiner „*bottegha d'abacho*" von Santa Trinita gelehrt[67]. Warren van Egmond in Siena führt inzwischen die Erforschung der italienischen Kaufmannsrechenkunst weiter, die sich im Augenblick zunehmenden Interesses erfreut[68].

---

[65] Siehe oben, Anm. 15.

[66] G. Arighi (Hg.), Paolo dell'Abbaco, Trattato d'aritmetica, Pisa 1964 (Florenz, Biblioteca Nazionale, Magliabechiano XI, 86). Arighi edierte außerdem 1966 Paolo dell'Abbacos mathematische Regeln (Florenz, Biblioteca Riccardiana, Codex Ricc. 2511). G. Arighi (Hg.), Antonio de Mazzinghi, Trattato de fioretti, Pisa 1967 (Siena, Biblioteca degl' Intronati, Cod. L. IV. 21); Ders. (Hg.), Filippo Calandri, Aritmetica, Firenze 1969 (Biblioteca Riccardiana, Codex Ricc. 2669). Calandris „*Aritmetica*" war in Florenz 1491 und wieder 1518 gedruckt worden.

[67] Arighi, Codice, S. 396.

[68] W. van Egmond, Practical Mathematics in the Italian Renaissance, Firenze 1980.

Unabhängig von der Melis-Gruppe arbeiteten auch andere Forscher an Kaufmannsnotizbüchern; die Arbeiten von Allan Evans und Florence Edler waren ihnen aber ebenfalls unbekannt. Alfredo Stussi edierte das Notizbuch von da Canal (1967)[69], Antonia Borlandi veröffentlichte das Ricci-Notizbuch (1963)[70] und Robert Bautier publizierte einen Teil von Bertis *„Nottario di piu chose"* (1970)[70]. Bautier schrieb auch andere Handschriften ab und übergab Kopien an Philip Grierson in Cambridge, der sich ebenfalls für Kaufmannsnotizbücher interessierte, aber keine der Quellen veröffentlichte. Immerhin könnten die von Grierson gesammelten Abschriften das Evans-Edler-Material ergänzen. Denn die von Evans und Edler zum Druck vorbereiteten Texte bedürfen nicht nur der Vervollständigung, sondern vermutlich auch der Ergänzung durch weitere Quellen. Ihre Auswahl war nämlich stark von dem „Glossary of Italian Coins" beeinflußt. Der Schwerpunkt lag dementsprechend auf Gewicht und Feingehalt von Münzen sowie auf Edelmetallegierungen, obwohl sich ebenfalls Abschnitte über Zahlungsmittel, Rechenmittel und Währungen, die bei Wechseln verwendet wurden, finden. Es fehlen aber viele Nachrichten, sowohl der Notizbücher als auch der Rechenhandbücher, die Alan Stahl und ich für besonders interessant halten. Texte zu Münzstätten und Münzkosten könnten ebenso angefügt werden[72] wie „Usancen" und Karten, die das sich verändernde Netz des internationalen Wechselverkehrs veranschaulichen[73]. Auch müßte in den Anmerkungen auf die neuen Publikationen der Notizbücher hingewiesen werden, egal ob sie Evans bekannt oder unbekannt waren. Daneben sollte man ebenfalls das inzwischen bekannte, aber noch nicht veröffentlichte Quellenmaterial einarbeiten. Schließlich wären die Darstellungen der Geld- und Rechensysteme der 115 bearbeiteten Orte im Lichte von 50 Jahren neuer Forschung völlig zu revidieren. Einen großen Teil dieser Arbeit habe ich bei der Vorbereitung meines „Handbook" bereits geleistet.

---

[69] Siehe oben, Anm. 10.
[70] Siehe oben, Anm. 17.
[71] Siehe oben, Anm. 11.
[72] Beispiele in der Datiniana, Fol. 4, 9, 11, 19v, 20v.
[73] Tabelle 4 enthält verschiedene Listen von Wechselplätzen. Sie zeigen sowohl Veränderungen im Laufe der Zeit als auch bestimmte Vorlieben der Kompilatoren.

Tabelle 4. In den Notizbüchern erwähnte Wechselplätze

Spätes 14. Jh.	ca. 1396	1420er Jahre (?) (Zahl der Plätze, mit denen Wechselverkehr besteht)	1444
	Ricci etc.	Handbuch & Benedetti MSS	Handbuchmanuskripte
Siena			
Perugia			
Ferrara			
Lucca			
Pisa	Pisa		
Montpellier	Montpellier		
Paris	Paris		
Rom	Rom		
Venedig	Venedig	Venedig (12)	Venedig
Florenz	Florenz	Florenz (10)	Florenz
Genua	Genua	Genua (9)	Genua
Avignon	Avignon	Avignon (8)	Avignon
Barcelona	Barcelona	Barcelona (8)	Barcelona
Brügge	Brügge	Brügge (8)	Brügge
Mailand	Mailand	Mailand (4)	Mailand
Palermo	Palermo	Palermo (4)	Palermo
Neapel	Neapel	Neapel (4)	Neapel
Bologna	Bologna	Bologna (2)	Bologna
		Genf (7)	Genf
		Valencia (6)	Valencia
		London (5)	London
		Apulien (1)	
			Lyon

Ich hatte eigentlich gehofft, in meinem Beitrag das Projekt in einem weiter fortgeschrittenen Arbeitsstadium vorstellen zu können. Jedoch wird der von Alan Stahl und mir vorgeschlagene Weg nicht nur mein „Handbook of Medieval Exchange" durch neue Wechselkurse ergänzen. Er kann auch unser Wissen darüber bereichern, wie der mittelalterliche Kredit funktionierte. Die Evans-Edler-Sammlung steht bereit, um ediert und auf den neuesten Stand gebracht zu werden. Da Alan Stahl und ich zwar über die notwendigen Kenntnisse, aber nicht die erforderliche Zeit für dieses Projekt besitzen, müßten für die Publikation unbedingt Mitarbeiter gewonnen werden. Hierbei wäre entweder an einen promovierten wissenschaftlichen Mitarbeiter oder an mehrere Doktoranden zu denken. Letztere könnten ihre Dissertationen auf diesem Gebiet schreiben und gleichzeitig das Material zum Nutzen der gesamten akademischen Welt auf den neuesten Stand bringen.

Jedoch haben wir bereits jetzt darüber Aufschluß gewonnen, daß einerseits die Kaufleute Bruchstücke aus den Handbüchern der kaufmännischen Arithmetik abschrieben, und daß andererseits die Rechenmeister, die die „Abacus-Läden" leiteten, zur Kompilation ihrer Arithmetikhandbücher auch Material der Kaufmannsnotizbücher verwendeten. Außerdem ist klar geworden, wie sich ein Standardkaufmannshandbuch entwickelte, so daß die aufstrebenden jungen Kaufleute in der zweiten Hälfte des 15. Jahrhunderts ihre Notizbücher nicht länger selbst zusammenzustellen brauchten.

KAUFMANNSKREDITE IN NORDWESTDEUTSCHEN STÄDTEN IM 15. UND 16. JAHRHUNDERT

von

Klaus-Joachim Lorenzen-Schmidt

„*Dominus Johannes Huge proconsul resignavit Meynen van Bergen quinquaginta marcarum redditus quamlibet pro quindecim marcas redimendum in hereditate sua sita in platea Sancte Caterine inter hereditates Hermen Vogen et Laurentii Wulhasen. Pasce instituit census. Actum feria sexta post conceptionis Marie presente domino Christiano van der Hoye.*"[1]

So lautet einer der zigtausend Einträge in den hamburgischen Rentebüchern, die uns für die Altstadt von 556 Bänden für die Zeit von 1291 bis 1899 erhalten geblieben sind[2]. In dem Eintrag wird folgendes festgehalten: der Bürgermeister Johannes Huge verläßt Meyno van Bergen 50 Mark Rente für ein Kapital von 750 Mark aus seinem Haus in der Catharinenstraße; die Rente wird jährlich an Ostern fällig; das Geschäft wurde am Freitag nach dem Fest Marie Empfängnis, also am 10. Dezember 1484, vor dem Ratmann Christian van der Hoye beurkundet.

Anhand dieses kleinen Eintrages läßt sich ein wenig über Kaufmannskredite im 15. und 16. Jahrhundert in nordwestdeutschen Städten erzählen. Dabei kann ich mich auf die Forschungen und Quellenbearbeitun-

---

[1] Rentebuch S. Catharine 1455f., 64. Eintragung für 1484. – Staatsarchiv Hamburg, Hypothekenamt IV. 8 Band 1.

[2] Vgl. die Übersicht bei E. Schalk, Einführung in die Geschichte des Liegenschaftsrechtes der Freien und Hansestadt Hamburg. Eine Darstellung des hamburgischen Grundstücksrechtes bis zur reichsrechtlichen Vereinheitlichung (Archiv für Beiträge zum deutschen, schweizerischen und skandinavischen Privatrechte 9), Leipzig 1931, S. 137ff.

gen der „Rentenmarktsarbeitsgruppe“ stützen[3], die vor mehr als 20 Jahren begonnen hatte, den Hamburger, Stader, Braunschweiger, Lübecker und Kolberger Kreditmarkt des Mittelalters zu untersuchen, und deren Ergebnisse weitgehend publiziert wurden[4], dann aber auch auf eigene Forschungen zu Hamburg und einigen holsteinischen Städten[5].

Johannes Huge, der in dem Eintrag als Rentenverkäufer, also als Kreditnehmer auftaucht, ist kein unbeschriebenes Blatt[6]. Wahrscheinlich um

---

[3] Ihre Tätigkeit geht zurück auf die Initiative von Rolf Sprandel, der damals den Lehrstuhl für Wirtschafts- und Sozialgeschichte des Mittelalters an der Hamburger Universität innehatte. Vgl. R. Sprandel, Zur statistischen Auswertung der ältesten Hamburger Stadtbücher, ZHG 56 (1970), S. 1–24. Leider wurden die Arbeiten von K. v. Malaperte-Neufville (1455–70) und von R. Sprandel selbst (1411–55) nicht abgeschlossen und publiziert.

[4] K. Richter, Untersuchungen zur Hamburger Wirtschafts- und Sozialgeschichte um 1300 (Beiträge zur Geschichte Hamburgs 6), Hamburg 1971; H.-J. Wenner, Handelskonjunkturen und Rentenmarkt am Beispiel der Stadt Hamburg um die Mitte des 14. Jahrhunderts (Beiträge zur Geschichte Hamburgs 9), Hamburg 1972; H.-P. Baum, Hochkonjunktur und Wirtschaftskrise im spätmittelalterlichen Hamburg. Hamburger Rentengeschäfte 1371–1410 (Beiträge zur Geschichte Hamburgs 11), Hamburg 1976; P. Gabrielsson, Struktur und Funktion der Hamburger Rentengeschäfte in der Zeit von 1471–1490 (Beiträge zur Geschichte Hamburgs 7), Hamburg 1971; J. Bohmbach, Die Sozialstruktur Braunschweigs um 1400 (Braunschweigische Werkstücke R. A 10), Braunschweig 1973; J. Ellermeyer, Stade 1300–1399. Liegenschaften und Renten in Stadt und Land. Untersuchungen zur Wirtschafts- und Sozialstruktur einer hansischen Landstadt im Spätmittelalter, Stade 1975; H. Haberland, Der Lübecker Renten- und Immobilienmarkt in der Zeit von 1285 bis 1315. Ein Beitrag zur Sozial- und Wirtschaftsgeschichte der Hansestadt (Veröffentlichungen zur Geschichte der Hansestadt Lübeck, R. B 1), Lübeck 1974.

[5] K.-J. Lorenzen-Schmidt, Umfang und Dynamik des Hamburger Rentenmarktes zwischen 1471 und 1570, ZHG 65 (1979), S. 21–52; Ders., Der Kieler Rentenmarkt zwischen 1488 und 1560. Umfang und Dynamik des städtischen Kapitalmarktes unter Berücksichtigung der Rentenmärkte Krempes, Möllns und Hamburgs, Mitteilungen der Gesellschaft für Kieler Stadtgeschichte 66 (1978), S. 97–117.

[6] Zu ihm siehe H. Reincke, Hamburgische Vermögen 1350 bis 1530. Ein Versuch, Ders., Forschungen und Skizzen zur Geschichte Hamburgs (Veröffentlichungen aus dem Staatsarchiv der Hansestadt Hamburg 3), Hamburg 1951, S. 201–220, hier S. 211; H. Raape, Der Hamburger Aufstand im Jahre 1483, Diss. phil. Univ. Hamburg 1952 (masch.schr.); Gabrielsson, Struktur, S. 38 ff.; K.-J. Lorenzen-Schmidt, Von ‚bösen‘ und ‚frommen‘ Leuten. Der Hamburger Aufstand von 1483, J. Berlin (Hg.), Das andere Hamburg. Freiheitliche Bestrebungen in der Hansestadt seit dem Spätmittelalter, Köln 1981, S. 24–35.

1430 als Sohn des Kremper Bürgermeisters Nicolaus Huge geboren, wanderte er um 1455 nach Hamburg ein, wo er zwischen 1457 und 1485 als Mitglied der Flandernfahrer-Gesellschaft, zwischen 1461 und 1477 als Wandschneider, also Tuchhändler, nachzuweisen ist. Hausbesitz hat er 1463 auf dem Neß, wenig später in der Steinstraße und auch – wie aus seinem eben genannten Rentengeschäft ersichtlich – in der Katharinenstraße. 1464 wird er Ratmann. Als Bürgermeisterssohn aus Krempe und damit bestens vertraut mit dem reichen und fruchtbaren Amt Steinburg, in dessen größtem Anteil (der Krempermarsch) seine Geburtsstadt liegt, erschien er höchst geeignet, die Amtmannsgeschäfte dort von 1465 bis 1470 zu führen[7], als das Amt zwischen 1465 und 1485 vom holsteinischen Grafen an den Hamburger Rat verpfändet war. Ganz selbstlos indes, wie in der älteren Forschung die politischen Aktivitäten der wirtschaftlichen Führungskräfte der Hansestadt gern dargestellt wurden[8], war sein Einsatz weit draußen auf dem „platten Lande" nicht. Huge gehört zu den bedeutendsten Getreidehändlern seiner Zeit und wir können wohl richtig vermuten, daß seine Verwaltungstätigkeit auf der Steinburg und im nahegelegenen Krempe ihm auch dazu diente, seine Verbindungen zu Getreideproduzenten und -lieferanten zu vertiefen. Jedenfalls wurde er anläßlich der großen Getreideteuerungswelle der Jahre 1481 ff. verdächtigt, *„dat he dat korn dede upkopen ummelang by de Elve"*[9] – und das nicht von irgendwem, sondern von seinem Amtskollegen Hermann Langenbeck, seit 1482 selbst Bürgermeister und als Getreidespekulant vorurteilsfreier Berichterstattung nicht eben verdächtig[10]. Denn

---

[7] Zu seiner dortigen Tätigkeit siehe A. Halling, Das Amt Steinburg und seine Amtmänner, Glückstadt 1911, S. 104 f.

[8] Ein sehr schönes Beispiel für die enge Verknüpfung von politischem Geschäft und wirtschaftlichem Eigennutz hat J. Ellermeyer, Reisen für ‚Hamburg'. Der Englandfahrer Henning Büring in Ratsaufträgen, F. Kopitzsch, K.-J. Lorenzen-Schmidt u. H. Wunder (Hgg.), Studien zur Sozialgeschichte des Mittelalters und der Frühen Neuzeit, Hamburg 1977, S. 14–105, ausgeleuchtet.

[9] Des Bürgermeisters Herman Langenbek Bericht über den Aufstand zu Hamburg im Jahre 1483, J. Lappenberg (Hg.), Hamburgische Chroniken in niedersächsischer Sprache, Hamburg 1861, S. 340–375, hier: S. 340.

[10] Über Hermann Langenbek vgl. den eher apologetischen Beitrag von H. Reincke, Dr. Hermann Langenbek aus Buxtehude (1452–1517). Lehr- und Wanderjahre eines hamburgischen Bürgermeisters, Ders., Forschungen und Skizzen zur hamburgischen Geschichte (Veröffentlichungen aus dem Staatsarchiv der Hansestadt Hamburg 3), Hamburg 1951, S. 241–276.

er versuchte in seinem Bericht, die *„rikesten unde mögenhaftigesten"* Kaufleute eher von dem Verdacht zu reinigen, sie seien die Hauptkrisengewinner der Jahre 1481–1484.

Daß Huge wohl nicht ganz ohne Grund in den Geruch kam, sich durch Getreidevorkauf und -export, aber auch durch überteuerten Absatz in der Stadt selbst „eine goldene Nase" verdient zu haben, belegen seine Aktivitäten auf dem Hamburger Rentenmarkt. Zwischen 1459 und 1468 legt er 2515 m an, zwischen 1471 und 1479 1305 m, zwischen 1484 und 1490, also in den Jahren, in denen die großen Gewinne aus dem Getreidespekulationsgeschäft angelegt werden können, aber 10005 m. Übrigens hatte Huge dieses Verhalten mit einer Reihe anderer Kaufleute gemein: im Jahre 1484 legten 19 von ihnen allein 17000 m auf dem Rentenmarkt an, was einem Umsatzanteil von etwa 40% entspricht.

Natürlich gibt es in diesem Zusammenhang nicht nur Krisengewinnler, sondern auch Krisenverlierer. Das drückt sich am Rentenmarkt dadurch aus, daß sich in den 80er Jahren des 15. Jahrhunderts die Schicht der geldanbietenden Personen verringert, während sich die der geldnachfragenden vermehrt und gleichzeitig die Höhe der umgesetzten Kapitalien sich gegenüber den 1470er Jahren – bei gleichzeitigem Rückgang der Zahl der Geschäftsabschlüsse – um 50000 m steigert. Die großen Renten werden 1481 zahlreicher, die kleineren gehen zurück, was offensichtlich mit der Polarisierung der hamburgischen Vermögen zusammenhängt. Die Nachfrage nach hohen Rentenkrediten von Seiten eines Teils der Kaufmannschaft spricht dafür, daß diese Jahre vielen Kaufleuten Gewinneinbußen gebracht haben.

Johannes Huge wird auf dem Rentenmarkt als Kreditnehmer nicht eigentlich tätig. Das ist ungewöhnlich, denn Peter Gabrielsson hat festgestellt[11], daß in der Gruppe der Kaufleute zwischen 1471 und 1490 einer Kreditvergabe von 25325 m eine Kreditaufnahme von 22996 m gegenüberstand, d.h. insgesamt nur ein leichter Überschuß von gut 2000 m. Die bereits skizzierte Gewinn- und Verlustverteilung macht diese Bilanz möglich. Denn Gewinnler der Krise scheinen hauptsächlich jene gewesen zu sein, die bereits zu ihrem Beginn eine sehr gute Ausgangslage hatten. Und zu dieser Gruppe gehört fraglos Johannes Huge. Als sein Vater 1456 starb, wies dieser ein Vermögen von 17031 m auf, ein Erbe, das sich

[11] Gabrielsson, Struktur, S. 45f.

sein Sohn nur mit zwei Geschwistern (einer Schwester Alke, die den Flandernfahrer Georg vam Holte heiratete, und einem Bruder, dem Hamburger Domherrn Nicolaus) zu teilen hatte. Johannes selbst heiratete in zwei aufeinanderfolgenden Ehen in vermögende Hamburger Familien ein. Seine zweite Frau Beke war die Tochter des Kaufmanns Peter van Berghen; ihr Bruder Meino, dem wir im o. g. Eintrag begegneten, war selbst Flandernfahrer. Neben der Mitgift war also auch hier Erbschaft zu erwarten und daraus resultiert in gewisser Weise auch der eingangs zitierte – ich muß es in Anführungsstriche setzen – „Rentenverkauf". Denn 1484 erbten nach dem Tod von Peter van Berghen seine beiden Kinder Beke und Meino jeweils die Hälfte von 1500 m belegten Kapitals. Das genannte Rentengeschäft über 750 m dürfte also etwas sein, was wir einen „Rententausch" nennen können – er diente der Erbauseinandersetzung.

Nur einmal kommt Huge quasi als Rentenverkäufer auf den Markt. Im Jahre 1469 schichtet er seine beiden Kinder aus erster Ehe, Georg und Greteke, mit einem Kapital von 2400 m ab, die er in *„hereditatibus suis ambabus contingue bodis supra Nesse"* (also: in seinen beiden Erben und den damit zusammenhängenden Buden auf dem Neß) radiziert. Ob dieses Geld je ausgezahlt wurde, wissen wir nicht; es hängt im wesentlichen mit dem Überleben seiner Kinder zusammen. Jedenfalls können wir aus der Höhe der Summe etwas auf das in die Ehe eingebrachte Vermögen seiner ersten Frau schließen; es wird nicht gerade niedrig gewesen sein – hoch genug doch wohl, um dem ohnehin begüterten Einwanderer aus Holstein eine breite Grundlage seiner Vermögensentwicklung zu liefern.

Mit diesem Beispiel läßt sich ein wenig zeigen, wie das Rentengeschäft als das bestimmende Element des Geldmarktes der nordwestdeutschen Städte des Mittelalters und der Frühen Neuzeit funktionierte. Grundlage dafür war die Neuentwicklung des Pfandgedankens im städtischen Rechtsdenken im 11. und 12. Jahrhundert, da man von der Setzung älteren Rechts, also der unmittelbaren Übertragung der Gewere an den Gläubiger abging und – wohl aus Gründen der Mobilisierung von Geld – zur Setzung neueren Rechts überging, in der der Pfandgläubiger nicht mehr Inhaber der Pfandsache werden mußte[12]; die direkte Besitzeinwei-

[12] Vgl. die ausgezeichneten Artikel von W. Ogris, Rente, und von W. Trusen, Rentenkauf, im Handwörterbuch zur deutschen Rechtsgeschichte, 28. Lfrg., Berlin 1987, Spp. 895 ff.

sung wird durch den öffentlich (zumeist durch ein Buch öffentlichen Glaubens) gesicherten Besitzanspruch im Falle der Nichtzahlung von Rente bzw. Hauptstuhl *(„hovedstol")* ersetzt. Kann der Gläubiger seine verabredete Rente zu den periodisch wiederkehrenden Terminen nicht erhalten oder bringt ihm der Schuldner nach Kündigung den Hauptstuhl nicht wieder bei, so kann der Gläubiger das Pfand vor dem Niedergericht verfolgen; wird es ihm zugesprochen übernimmt das Gericht die Besitzeinweisung *(„iudicium facit warandiam")*.

Aus diesem wird bereits deutlich, daß das Rentengeschäft unmittelbar mit dem Eigentum an „Erbe" *(„hereditas")* verbunden ist – sei es, daß es sich dabei um ein Stück Land, vielleicht einen Garten, sei es, daß es sich (wie in der Regel) um ein städtisches bebautes Grundstück, also ein Haus mit Zubehör, handelt. Der Personalkredit ist vor der Reformation zwar durch das kanonische Recht verboten (Zinsverbot), kommt aber gelegentlich doch vor, wie namentlich Ellermeyer für Stade und Baum für Hamburg nachwiesen. Wer also ohne Eigentum eines möglichen Pfandes in der beschriebenen Weise war, konnte als Kreditnachfrager auf dem städtischen Rentenmarkt nichts werden. Der Rentenmarkt ist eine Angelegenheit der vermögenden Bürger und der geistlichen Institutionen auf der Anlegerseite, der haussitzenden Bewohner (zumeist Bürger) und der Stadt selbst auf der Nachfragerseite[13].

Das Gros der Einwohner, die ja neben der – nicht umsonst so genannten – „erbgesessenen Bürgerschaft" die Mehrheit der Bewohner stellten, hatte auf dem Rentenmarkt als Kreditsucher nichts verloren; es konnte keine Kredite erhalten[14].

Aber das nur am Rande. Die Kaufleute der Städte gehörten allemal zu den „Erbgesessenen" und um sie geht es hier. Warum begeben sie sich auf den Rentenmarkt? Zwei Motive sind es in erster Linie. Zum einen soll durch das Institut des Rentenverkaufs ein Kredit beschafft werden,

---

13 Daß es daneben einen bedeutenden Rentenmarkt im Stadt-Land-Geflecht gab, der aber seinen quellenmäßigen Niederschlag vor allem in Einzelurkunden fand, die nur selten auf uns gekommen sind, sei hier am Rande erwähnt. Ich denke, daß auch zahlreiche Kaufleute – wie etwa der aus den Elbmarschen zugewanderte Huge oder andere mit guten Beziehungen zum Lande – diese Geldanlagemöglichkeit nutzten, auch wenn uns Rentebriefe durchweg nur von geistlichen Institutionen erhalten geblieben sind.

14 Anders H. P. Baum, R. Sprandel, Zur Wirtschaftsentwicklung im spätmittelalterlichen Hamburg, VSWG 59 (1972), S. 473–488, hier: S. 480.

der zu ganz verschiedenen Zeiten verbraucht werden kann. Zu denken ist an *die Zwischenfinanzierung bei einem größeren Handelsgeschäft,* an *Investitionen* (z.B. den Kauf eines Hauses, den Erwerb von Schiffsparten, aber auch den Bau eines Speichers oder eines Krans zu einem bereits vorhandenen Speicher, vielleicht sogar den zweckmäßigen Neubau eines Wohnwirtschaftshauses), an *Erbabschichtungen, Mitgiften und ähnliches,* möglicherweise auch an *rein konsumtive Zwecke* (die ja, wenn wir etwa an Kleidung als Ausdruck ständischer Repräsentation denken, nicht nur Zeichen luxurierender Lebensart sein können, sondern durchaus äußerliches Indiz für „Wohlhabenheit", „Kreditwürdigkeit" usw.!). Zu denken ist aber auch an die *Überbrückung von Gewinnausfällen,* etwa bei einem fehlgeschlagenen Unternehmen, bei Schiffbruch, Kriegsverlust u.a.m. – Zum anderen soll durch das Institut des Rentenkaufs Geld sicher angelegt werden und eben „Geld hecken", also sich verzinsen, wie wir heute sagen würden. Sicher ist das Geld allein schon durch die Radizierung der Forderung in einem Grundstück – und zwar in der Regel nicht in Teilen desselben (obwohl auch das – vertraglich geregelt – durchaus vorkommt), sondern im ganzen Grundstück. Kam es also zu einer „Verfolgung" *(„prosecutio")* des Erbes wegen „versessener Rente" vor dem Niedergericht, dann erwarb der Rentenkäufer als Gläubiger das ganze Erbe, selbst wenn sein Wert erheblich über dem des Darlehens lag. Der Rentensatz ist übrigens nicht festgelegt; die Verzinsung des Darlehens schwankt um 6,25% (das ist: 1 ß von 1 m), wird aber wesentlich vom Verhältnis des anlagesuchenden Geldes zur Kreditnachfrage bestimmt, auch wenn stadtrechtliche Bestimmungen – wie z.B. in Hamburg 1292 – einen Höchstzins von 6,7% festzulegen versuchten.

Neben der Neurente, also der Neubegründung eines Rentenverhältnisses zwischen Schuldner und Gläubiger, gibt es die Altrente, also den Weiterverkauf einer bereits bestehenden Rentenverpflichtung durch Empfangnahme des Hauptstuhls. Die Altrenten machen aber – ebenso wie die Leibrenten zur Sicherung des Lebensunterhaltes des Darlehensgebers bis zu seinem Tode – nur einen kleineren Anteil des gesamten Rentenmarktumsatzes aus und haben nur eine Größenordnung von um 20–25% (mit konjunkturellen Schwankungen) des Neurentengeschäftes[15].

[15] Vgl. Baum, Sprandel, Wirtschaftsentwicklung, S. 477.

Diese Bemerkungen mögen verdeutlichen, wie das Institut des Rentenkaufs funktionierte. Wenn wir uns fragen, welche Bedeutung es für den Kaufmannskredit hatte, dann stellt uns das vor erhebliche Schwierigkeiten. Zum einen gibt es eine ganz große Zahl von Rentenmarktsteilnehmern, die sich beruflich nicht identifizieren lassen (in Braunschweig 1351–1450 80%, in Hamburg 1330–1370 oder 1470–90 45%), von denen wir also trotz mehr oder minder regsamer Beteiligung am Geldmarkt hinsichtlich mutmaßlicher Kreditverwendung und Anlagemotiv kaum etwas sagen können. Zum anderen haben wir selbst bei denen, die wir einigermaßen sicher identifizieren können, das Problem, daß uns weitere Nachrichten über sie nicht vorliegen, wir also auch hier hinsichtlich ihrer Motive im dunkeln tappen. Was eben zu möglichen Motiven angedeutet wurde, hat zwar die Wahrscheinlichkeit auf seiner Seite, aber das ist auch schon alles. Nur ein einziges Firmenarchiv ist zu einem der in den Rentenmarktsuntersuchungen genannten Kaufleute erhalten geblieben; es handelt sich um das von Hans Nirrnheim edierte Handlungsbuch Vickos von Geldersen[16], in dem zwar eine Aufstellung seiner Rentengeschäfte enthalten ist (S. 118–133), aber die Möglichkeit zur Verknüpfung von Handelsaktivität und Rentengeschäft fehlt. So stehen wir also vor der unlösbaren Frage, welche Funktion im einzelnen das Rentengeschäft für die Gruppe der Kaufleute hatte.

Auch eine Betrachtung der Laufzeiten der Rentengeschäfte hilft in dieser Hinsicht nicht weiter. Kennzeichnend für die Rentenbücher ist, daß sie nur äußerst selten Laufzeitenangaben enthalten, und daß die Beendigung des Geschäftes durch Rückzahlung des Hauptstuhls nur in den allerwenigsten Fällen datiert wurde. So kann man nur äußerst vorsichtig aus den wenigen vorhandenen Laufzeitangaben Generalisierendes schließen. Baum hat für die Zeit zwischen 1371 und 1410 eine durchschnittliche Laufzeit der Neurentengeschäfte um 10 Jahre ermittelt. In Vicko von Geldersens Handlungsbuch beträgt die Rentenlaufzeit immerhin gut 15 Jahre. Alle diese Angaben verweisen eher auf eine nicht sonderlich große Flexibilität des Anlagegeschäftes; kurzfristige Maßnahmen dürften eher die Ausnahme als die Regel gewesen sein. Immerhin

[16] H. Nirrnheim (Hg.), Das Handlungsbuch Vickos von Geldersen, Hamburg/Leipzig 1895.

gab es ja die Möglichkeit, ein gegen Rente angelegtes Kapital durch den Verkauf der Rente (in Form eines Altrentengeschäftes) zu mobilisieren. Allerdings machte das Altrentengeschäft nur einen kleinen Teil des Gesamtrentenumsatzes aus. Für den Kaufmannskredit bedeutet die langfristige Anlage eine Einschränkung der Bewegungs- und Handlungsmöglichkeit, die langfristige Aufnahme eine verläßliche Perspektive und damit ein kalkulierbares Risiko.

Trotz aller Einschränkungen hinsichtlich der Bewertung des Rentenkredites als Kaufmannskredit läßt sich soviel sagen. Die Kaufleuteschicht ist in allen untersuchten Städten ganz wesentlich als Kreditgeber am Rentenmarkt beteiligt. In Braunschweig tätigt sie zwischen 1351 und 1540 50% der Rentenkäufe und nur 23% der Rentenverkäufe; in Hamburg zwischen 1290 und 1330 57% der Käufe und 39% der Verkäufe, zwischen 1330 und 1370 57% der Käufe und 41% der Verkäufe, zwischen 1371 und 1410 57% der Käufe und 42% der Verkäufe und zwischen 1470 und 1490 64% der Käufe und 58% der Verkäufe. Schon aus diesen Zahlen wird deutlich, daß die Kaufleute wohl auf Kredite zurückgreifen konnten, wenn sie es mußten, daß sie aber zur laufenden Führung ihrer Geschäfte keineswegs durchweg auf Kredite angewiesen waren, wofür Johannes Huge ein – wenngleich in dieser Deutlichkeit seltenes – Beispiel darstellt. Regelhaft scheint eine kaufmännische Rentenmarktskarriere zu sein, die v. a. mit Kreditaufnahmen beginnt und mit Geldanlagen endet.

Die mittel- und großstädtischen Beispiele, die ich hier gegeben habe, finden ihre Entsprechung in den kleinen Städten. Für die holsteinischen Landesstädte Krempe und Kiel (um 1500 Städtchen mit 2000 Bewohnern) läßt sich ganz ähnliches sagen. Auch hier dominiert die Schicht der Kaufleute, die hier ebenso wie in den Großstädten in manchen Bereichen mit der gewerblichen Produktion (Brauerei, Goldschmiedehandwerk u. a.) verbunden ist, den Rentenmarkt.

Zunächst aber soll Ihnen ein kurzer Blick auf die Umfänge der Rentenmärkte ermöglicht werden. Auf dem Hamburger Rentenmarkt werden zwischen 1500 und 1560 in 6816 Geschäften Kapitalien in der Gesamthöhe von 2721792 m umgesetzt. Das durchschnittlich pro Geschäft angelegte Kapital hat die Größe von fast 400 m. Im gleichen Zeitraum sind in Kiel 401 Geschäfte, in Krempe 445 Geschäfte festzustellen, in denen in beiden Fällen gut 30000 m umgesetzt werden. Die Geschäftsgrößen sind mit um 70 m im Durchschnitt wesentlich kleiner als in Hamburg. Das Verhältnis des Gesamtkapitalumsatzes des Hamburger, Kieler und Kremper Marktes stellt sich auf 90:1,01:1 oder: in Hamburg wird bis 1525 *jährlich* soviel Geld umgesetzt wie auf dem gesamten Markt der beiden Kleinstädte zwischen 1500 und 1560. Und es gibt noch kleinere Märkte, wie es etwa die lauenburgische Landesstadt Mölln mit einem Rentenmarktsumsatz von nur 10350 m im selben Zeitraum zeigt.

Die Hauptanleger auf den Rentenmärkten Kiels und Krempes sind die Mitglieder des Rates, der sich ganz überwiegend aus Kaufleuten zusammensetzt. Und zwar dürfte es sich hierbei nicht um die Landhändler handeln, die wir aus den Zollregistern an den Hauptwegen Schleswig-Holsteins ermitteln können, sondern um die nach Warensortiment und Umsatzumfang nicht näher zu bestimmenden Seehändler. Denn die Landhändler Kiels weisen in dieser Zeit eher einen Kreditüberhang auf. Ihr Rentenumsatzquotient beträgt 1,1. Auch die Mitglieder des Kremper Rates erweisen sich vornehmlich als Darlehensgeber.

Zum Abschluß möchte ich kurz auf den Geldaustausch via Rentengeschäft zwischen den Städten eingehen. Es steht ja zu erwarten, daß etwa der Hamburger Rentenmarkt beliebte Anlageobjekte für vermögende Nicht-Hamburger bot, da hier mehr Geld als in den kleineren Städten des Umlandes und erst recht auf dem Lande benötigt wurde. Ähnliches gilt für die kleineren Städte im Verhältnis zum Umland. Zusammenfassend kann gesagt werden, *daß auswärtige Anleger auf dem innerstädtischen Rentenmarkt die Ausnahme darstellen.* In Hamburg etwa werden zwischen 1491 und 1570 nur 1,3% des Gesamtumsatzes von Auswärtigen angelegt; in Kiel sind es zwischen 1488 und 1560 nur 4%, in Krempe immerhin fast 14%. Fast alle diese Geschäfte gründen sich auf familiäre Beziehungen, vor allem, wenn sie über größere Distanzen hinweg getätigt werden. Übrigens – und das sei hier nur am Rande vermerkt – spielen in den kleinen Städten *geistliche Institutionen als Kreditgeber* eine erhebliche Rolle. In Kiel stammten bis zur Reformation (um 1530) 44% allen angelegten Kapitals aus geistlicher Quelle, in Krempe waren es immerhin 25%. In Hamburg machte dies nur etwa 10% des Gesamtumsatzes aus – bürgerlicher Kredit war also weit stärker als der kirchliche.

Auch wenn wir hinsichtlich der Verwendungen kaufmännischen Kredits in Spätmittelalter und Früher Neuzeit aus den nordwestdeutschen Städten nur wenig erfahren können, so zeigt sich das Instrument des Rentenkaufs doch als wirksames Instrument, um den Geldbedarf überwiegend innerstädtisch abzudecken und neue Formen des Kredits lange Zeit nicht entstehen zu lassen. Die Gründung der Hamburger Bank (1619) stellt in dieser Hinsicht keinen Einschritt dar; denn die Rentengeschäfte wurden – wenngleich nun stärker unter dem Einfluß des römischrechtlichen Instruments der Hypothek (also des pfandlosen Darlehens) – lebhaft fortgeführt... und zwar (mit einer kurzen Unterbrechung während der französischen Besetzung [1806] 1810–1813) bis zur Einführung des BGB im Jahre 1900, nachdem die beurkundende Stelle der freiwilligen Gerichtsbarkeit schon 1864 den Namen „Hypothekenamt" erhielt. Allerdings ergaben sich im 17., 18. und 19. Jahrhundert immer stärker andere Mittel der Kreditbeschaffung, die den Rentenkredit zurückdrängten. Eine Untersuchung dieser Zusammenhänge steht bisher aus.

„*IM AUFF ARBEIT GELIHEN*". ZUR ROLLE DES KREDITS IN DER GEWERBLICHEN PRODUKTION VOM MITTELALTER BIS INS 16. JAHRHUNDERT

von

Rudolf Holbach

In Nürnberg erklärte 1489 Michel Bub, bis zum Walpurgistag im kommenden Jahr dem Hans Lucas für 32 lb, „*im auff arbait glihen*", alle Werktage 8 Messer und 4 Pfriemen gemäß Vereinbarung zu machen; er sollte jede Woche an solcher Arbeit 20 Pfg. bis zur vollständigen Begleichung seiner Schuld „*abschlagen*" und die betreffende Zeit über für niemanden sonst tätig sein[1]. Bereits 1488 hatte er sich für 20 lb „*gelihens geltz*" auf ein Jahr an Hans Lucas gebunden[2]; 1490 waren seine Verbindlichkeiten, „*im auff arbait gelihen*", auf 40 lb gestiegen, so daß er sich nunmehr erneut bis Ostern 1492 zur Produktion bestimmter Mengen von Messern und Pfriemen verpflichten mußte[3]. Der Abnehmer hingegen hatte ihn ständig mit Arbeit zu versorgen und täglich 3 Groschen zu zahlen, falls er ihm „*nit gnugsamlich under die hend gebe*"; dieselbe Summe war von Bub zu entrichten, wenn er sein Tagwerk nicht erfüllte[4].

Die geschilderten Vorgänge sind ein Beispiel für die mehrjährigen, steigenden Verbindlichkeiten eines Handwerkers gegenüber einem Gläubiger, der sich den Ertrag fremder Arbeitskraft durch eine Bevor-

---

[1] StadtA Nürnberg, Lib. Cons. E fol. 113r.

[2] Ebenda, fol. 101r.

[3] Ebenda, F fol. 35v. Nunmehr täglich 12 Messer oder 10 Messer und 5 Pfriemen.

[4] Hans Lucas seinerseits hatte 1491 Schulden bei Wolfgang Gau über fast 10 fl. 3 lb, für die er ihm „*arbait in gepürlichem kauff geben*" sollte, die halb bezahlt, halb mit der Schuld verrechnet werden sollte; ebenda, F fol. 157r. Zu den Vorgängen auch R. Holbach, Frühformen von Verlag und Großbetrieb in der gewerblichen Produktion (13.–16. Jh.), Habilitationsschrift Trier 1989, S. 295 f.

schussung in Bargeld gesichert hatte; es handelt sich hier um ein Verlagsverhältnis, wie es im bedeutenden Nürnberger Messergewerbe und anderen Nürnberger Produktionszweigen vielfach nachzuweisen ist[5]. Die Formulierung „auf Arbeit geliehen", die u. a. auch 1453 im Zusammenhang mit den Lieferverpflichtungen eines Salzburger Tafelmachers gegenüber dem Ulmer Kaufmann Ott Ruland erscheint[6], weist eindeutig auf den Charakter des geleisteten Darlehens als „Erwerbskredit" hin. Deswegen ist freilich nicht auszuschließen, daß es vom Schuldner auch als „Verbrauchskredit" zur Deckung der Lebenshaltungskosten verwendet wurde[7].

Welche Rolle Kredit[8] im Bereich der gewerblichen Produktion insgesamt spielte, soll im Mittelpunkt der folgenden Ausführungen stehen; sie verstehen sich als Ergänzung aus dem sekundären Sektor zu den wei-

---

[5] R. Stahlschmidt, Der Streit der Nürnberger Messerer 1557. Eine Quelle zur Geschichte des Verlagswesens, Mitteilungen des Vereins für Geschichte von Nürnberg 59 (1972), S. 172–191; K. Keller, Das messer- und schwerterherstellende Gewerbe in Nürnberg von den Anfängen bis zum Ende der reichsstädtischen Zeit (Nürnberger Werkstücke zur Stadt- und Landesgeschichte 31), Nürnberg 1981, bes. S. 166–168; allg. H. Aubin, Formen und Verbreitung des Verlagswesens in der Altnürnberger Wirtschaft, Beiträge zur Wirtschaftsgeschichte Nürnbergs, II (Beiträge zur Geschichte und Kultur der Stadt Nürnberg 11), Nürnberg 1967, S. 620–668.

[6] K. D. Hassler, Ott Rulands Handlungsbuch (Bibliothek des Litterarischen Vereins in Stuttgart 1d), Stuttgart 1843, S. 19f. Ott Ruland hatte 1453 von Hans Gugler *„sein tafeln, was er machen mag"* gekauft und in Höhe von 40 lb *„im berait auf die arbait glichen"*. Die Formulierung *„gellt auff arbait gelihen"* erscheint ferner etwa in der Ordnung der Nürnberger Salwirten (Panzermacher) von 1536; W. Zils, Bayerisches Handwerk in seinen alten Zunftordnungen. Ein Beitrag zur Geschichte des bayerischen Handwerks und Zunftwesens (Beiträge zur bayerischen Kulturgeschichte 1), München 1927, S. 116.

[7] B. Kuske, Die Entstehung der Kreditwirtschaft und des Kapitalverkehrs, Ders., Köln, der Rhein und das Reich. Beiträge aus fünf Jahrzehnten wirtschaftsgeschichtlicher Forschung, Köln–Graz 1956, S. 48–137, S. 62.

[8] Zur Definition von Kredit etwa K. Wulf, Art. Kreditarten, Handwörterbuch der Finanzwirtschaft, Stuttgart 1976, Sp. 1136–1144, Sp. 1136: „entgeltliches Recht, über Waren, Geld, Leistungs- oder Zahlungsversprechen eines anderen zu verfügen, verbunden mit der Pflicht, das Empfangene zu einem bestimmten Zeitpunkt oder innerhalb einer bestimmten Frist zurückzugeben"; siehe auch W. Bühler, Art. Kreditarten und Kreditformen, Handwörterbuch der Betriebswirtschaft, Stuttgart 1975[4], Sp. 2380–2391, Sp. 2380f.

teren Tagungsbeiträgen über „Kredit in Spätmittelalter und Früher Neuzeit“, deren Schwerpunkt stärker im Bereich des kaufmännischen Wirkens und des Bankgeschäfts liegt[9]. Der hier vorgelegte Überblick sucht unterschiedliche Bedingungen, Funktionen, Träger und Formen von Kredit zu berücksichtigen und dabei unter Heranziehung von Quellen aus z.T. weit auseinanderliegenden Landschaften und Zentren und zu differierenden Gewerben andersartigen Verhältnissen, aber auch trotz großer Entfernung ähnlichen oder gemeinsamen Entwicklungen zumindest ansatzweise Rechnung zu tragen. Die Betrachtung bezieht sich im wesentlichen auf das 13.–16. Jahrhundert, eine Zeitspanne also, in der sich etliche technische und organisatorische Neuansätze in der gewerblichen Produktion ergaben, jedoch die Prinzipien „gebundener Wirtschaft“ weitgehend fortbestanden und sogar teilweise verstärkt wurden[10].

Begonnen werden soll mit der Frage nach den Gründen, die zu Kreditleistungen im Gewerbe führten, und den sich hieraus ergebenden Kreditzwecken. Dabei braucht auf den allgemeinen Hintergrund einer z.T. zunehmenden wirtschaftlichen Differenzierung in vielen Handwerken zwischen reichen und armen Meistern kaum ausführlich eingegangen zu werden[11]. Von größerer Wichtigkeit erscheint hingegen eine kurze Betrachtung verschiedener Kostenfaktoren in der Produktion. Als solche hebe ich hervor:

– die notwendigen Investitionen zur Einrichtung und Unterhaltung von Betrieben, Anlagen, Maschinen und Werkzeugen sowie die mög-

---

[9] Die Vortragsform wurde für den Druck im wesentlichen beibehalten.

[10] G. Schmidt, „Frühkapitalismus“ und Zunftwesen. Monopolbestrebungen und Selbstverwaltung in der frühneuzeitlichen Wirtschaft, B. Kirchgässner, E. Naujoks (Hgg.), Stadt und wirtschaftliche Selbstverwaltung (Veröffentlichungen des Südwestdeutschen Arbeitskreises für Stadtgeschichtsforschung 12), Sigmaringen 1987, S. 77–114; R. Holbach, Tradition und Innovation in der gewerblichen Wirtschaft des Spätmittelalters: Zunft und Verlag, E. E. DuBruck, K.-H. Göller (Hgg.), Crossroads of Medieval Civilization: the City of Regensburg and its Intellectual Milieu (Medieval and Renaissance Monograph Series 5), Detroit 1984, S. 81–119; Ders., Frühformen, bes. S. 729–733.

[11] Als Beispiel mag der Hinweis auf eine Bestimmung der Uelzener Schuhmacherrolle von 1440 genügen, nach der ein Meister *„omme armodes willen“* dem anderen arbeiten konnte; K. Janicke, Zunfturkunden der Stadt Uelzen, ZHV Niedersachsen (1884), S. 188–205, S. 190.

lichen Investitionen für die Entwicklung technischer Innovationen, für den Transfer von Know-how und die Einführung neuer Gewerbe;
– die laufenden Kosten für den Erwerb von Rohstoffen, Halbfertigwaren bzw. Betriebsmitteln;
– die Lohnkosten für die Bezahlung von Arbeitskräften;
– die Kosten im Zusammenhang mit Lagerung, Transport und Absatz der Produkte[12].

Andere Aufwendungen wie z.B. Beitragsverpflichtungen gegenüber einer Zunft oder Abgaben an Herrschaftsträger im Zusammenhang mit der beruflichen Tätigkeit sollen und brauchen hier nicht weiter berücksichtigt zu werden.

Zurückkommen möchte ich zunächst jedoch auf den erwähnten Bereich der Lebenshaltungskosten (Konsumtivkredit), dessen Bedeutung im Zusammenhang mit der Verschuldung von Handwerkern nicht geringgeschätzt werden darf. Hauszinsen, auf deren Höhe z.B. die Augsburger Kistler oder die Antwerpener Nadelmacher um die Mitte des 16. Jahrhunderts hinwiesen[13], die Kosten für Heizung, Kleidung und vor allem für Lebensmittel oder die Aufwendungen für die unmittelbaren Lebensbedürfnisse[14] konnten oftmals mit dem Verdienst der Handwerker nicht bestritten werden; insbesondere bei schlechter Auftragslage und übersetztem Gewerbe mußten diese „recht magere Mäuse ziehen“[15],

---

[12] Im Handwörterbuch der Finanzwirtschaft, Sp. 1138, ist auch dementsprechend zwischen Investitionskredit, Produktionskredit, Einkaufskredit und Absatzkredit unterschieden.

[13] StadtA Augsburg, Handwerk, Kistler 1, fol. 362^{r}, ähnlich 364^{r}; R. Holbach, Exportproduktion und Fernhandel als raumbestimmende Kräfte. Entwicklungen in nordwesteuropäischen Gewerbelandschaften vom 13. bis 16. Jahrhundert, Jahrbuch für westdeutsche Landesgeschichte 13 (1987), S. 227–256, S. 240.

[14] Grundlegend hierzu U. Dirlmeier, Untersuchungen zu Einkommensverhältnissen und Lebenshaltungskosten in oberdeutschen Städten des Spätmittelalters (Mitte 14. bis Anfang 16. Jh.), (Abhandlungen der Heidelberger Akademie der Wissenschaften Phil.-Hist. Kl. 1978, 1), Heidelberg 1978.

[15] So heißt es für die Breslauer Goldschmiede im 16. Jh. in der freilich reichlich dubiosen Goldschmiede-Chronik; C.R. Vincentz, Die Goldschmiede-Chronik. Die Erlebnisse der ehrbaren Goldschmiede-Ältesten Martin und Wolfgang, auch Mag. Peters Vincentz, Hannover 1918, S. 256.

konnten kaum das „trockene Brot" verdienen[16] und waren zur Deckung ihres täglichen Bedarfs auf Kredite angewiesen. Der Dortmunder Weber Dyrik Lucker bietet um 1600 ein Beispiel für eine aus solcher Situation erwachsende Abhängigkeit. In kurzen Abständen erhielt er vom Wandschneider Anton Bockholdt[17] kleine Vorschüsse an Geld, Getreide, an Tuch- und Fleischwaren, blieb diesem laufend verschuldet und hatte ihm fast regelmäßig ein Laken zu liefern[18]. Auf das Vorhandensein spezieller Wirtschaftszweige, in denen es regelmäßig zu einer Bevorschussung von Kräften mit Lebensmitteln (Naturalkredit) kam, so beim Fischfang in entfernten Gewässern[19], sei lediglich hingewiesen[20].

---

[16] Hierzu z.B. für die Nürnberger Rotschmiede Holbach, Frühformen, S. 448, für die Hofer Schleierweber ebenda, S. 216. Von den Frankfurter Posamentierern wurde 1548 angesichts einer neu geforderten Abgabe von ihren Geräten auf verschiedene Kostenfaktoren verwiesen: „*... ja haben gnug zu thun, denselbigen zeuge, so aus teglichem gebrauch vernützet wird, zerbricht und abgehet, zu erhalten oder ufs new anzurichten. Wann wir dann neben dem täglichen brodt denselbigen werckzeug erhaltten, weyber und kinder zur notturft bekleyden, burgerliche schatzung (wie pillich) geben und darzu von unserm werckzeug... järlichs so viel geben soltten, das were uns... impossibell*"; B. Schmidt, Frankfurter Zunfturkunden bis zum Jahre 1612, 2 Bde. (Veröffentlichungen der Historischen Kommission der Stadt Frankfurt a. M. 6), Frankfurt (M.) 1914, Ndr. Wiesbaden 1968, I, S. 402.

[17] Zu dessen Vorliebe für naturale Zahlweise auch L. v. Winterfeld, Die Dortmunder Wandschneider-Gesellschaft. Quellen und Untersuchungen zur Geschichte des Tuchhandels in Deutschland (Beiträge zur Geschichte Dortmunds und der Grafschaft Mark 29/30), Dortmund 1922, S. 46.

[18] Ebenda, S. 56.

[19] So erhielten die norwegischen Nordervarer von Lübecker Kaufleuten abgesehen von der Finanzierung von Booten und Netzen Kredit in Form von Getreide, Mehl, Malz u. a., was sie mit ihren Fangerträgen zu begleichen hatten; P. Kirchberg, Bemerkungen zum Verhältnis Kaufmann–Fischer in Norwegen zur Hansezeit, G. Heitz, M. Unger (Hgg.), Hansische Studien. Heinrich Sproemberg zum 70. Geburtstag (Forschungen zur mittelalterlichen Geschichte 8), Berlin 1961, S. 201–209. Ein schönes Beispiel für Auseinandersetzungen im Zusammenhang mit der „uthredinge" HR II,3 S. 214 (1447); siehe auch HR II,7 S. 576 f.; zur Problematik der Belieferung mit Lebensmitteln schlechter Qualität HR III,6 S. 437 f. Für weitere Vorschüsse in der Fischerei R. Holbach, Formen des Verlags im Hanseraum vom 13. bis zum 16. Jahrhundert, HGbll. 103 (1985), S. 41–73, S. 67 f.

[20] Zum Bergbau und Hüttenwesen mit den z. T. schwierigen Versorgungsmöglichkeiten sei auf einen im Druck befindlichen Tagungsband zur Verpro-

Die Aufwendungen für die Errichtung und das Betreiben von Werkstätten und für den Erwerb von Produktionsmitteln hingen wesentlich vom differierenden Stand der Produktionstechnik ab. Insbesondere dort, wo kompliziertere und größere Anlagen entstanden (Mühlen, Hütten, Öfen), bedurfte deren Finanzierung herrschaftlicher oder genossenschaftlicher Investitionen[21] bzw. der Leistungen privater Interessenten; dabei ist jedoch im Einzelfall danach zu fragen, inwieweit diese lediglich andere finanzierten oder selbst eine Produktionsbeteiligung besaßen oder anstrebten[22]. Bei der Kupferhütte vor den Toren Goslars, die der Erfinder des Ofengalmeis und Rat von Herzog Julius, Erasmus Ebner, 1556 mit einem Eisenbergwerk und anderen Hütten zu Lehen erhielt, war ihm die Übernahme der Betriebe nur dank der Darlehen des Braunschweigers Franz von Damm möglich; diesem wurden jedoch, als Ebner seinen Zahlungsverpflichtungen nicht nachkam, die Anlagen seinerseits übertragen[23]. Daß auch für die Gewerbetätigkeit in kleineren Werkstätten bei etwas komplizierteren und teureren Geräten Investitionskredite notwendig sein konnten, illustriert zur Genüge das Beispiel jener Flo-

viantierung hingewiesen, der die Beiträge einer von E. Westermann vor einigen Jahren durchgeführten Tagung enthält; siehe etwa auch J. Mayer, Beiträge zur Geschichte des Scheibbser Eisen- und Provianthandels, Jahrbuch für Landeskunde von Niederösterreich NF 9 (1910), S. 101–223; L. Scheuermann, Die Fugger als Montanindustrielle in Tirol und Kärnten. Ein Beitrag zur Wirtschaftsgeschichte des 16. und 17. Jahrhunderts (Studien zur Fugger-Geschichte 8), München–Leipzig 1929, S. 25–27, 390–397. Auch hier kamen z. T. Vorschüsse (und spätere Lohnabzüge) vor; meist waren die Lebensmittel aber Teil der Bezahlung.

[21] Man denke an Walkmühlen im Besitz von weltlichen und geistlichen Herrschaftsträgern, von Stadt oder Zunft.

[22] Interessant erscheint das Beispiel der Chemnitzer Bleiche, die bereits 1367 in Form einer Gewerkschaft organisiert war, wobei jeder Anteilinhaber seinen Beitrag einzuschießen hatte; Holbach, Frühformen, S. 182 f.; H. Ermisch, Urkundenbuch der Stadt Chemnitz und ihrer Klöster (Codex diplomaticus Saxonie Regiae 2, 6), Leipzig 1879, S. 113 f., 115 f., 121–123 u. ö., bes. S. 190–195 mit schöner Walkmühlenbeschreibung. Auf die verwickelten Verhältnisse im kapitalintensiven Bergbau und Hüttenwesen mit einer ganzen Hierarchie von Kreditverhältnissen kann hier nicht weiter eingegangen werden.

[23] W. Spieß, Geschichte der Stadt Braunschweig im Nachmittelalter. Vom Ausgang des Mittelalters bis zum Ende der Stadtfreiheit (1491–1671), Braunschweig 1966, S. 391; F. Tenner, Geschichte der ehemaligen Nordharzer Messingindustrie (Beiträge zur Geschichte des Amtes Harzburg 3), Bad Harzburg 1952, S. 6–8.

rentiner Handwerker im 14. und 15. Jahrhundert, die vollkommen ausgerüstete Webstühle von einer Tucherfirma erhielten und die Kaufsumme durch Arbeitsleistung abzugelten hatten[24]. Wo das Arbeitsgerät relativ einfach und nicht allzu teuer war, bot sich ärmeren Personen zwar eher die Möglichkeit selbständiger Tätigkeit. Die Lehrlinge im Londoner Ledergewerbe 1482, die nach ihrer Ausbildung, statt als Gesellen zu arbeiten, eine eigene Werkstatt oder einen Laden eröffnet hatten, allerdings *„no good nor ware of their owen to put therein"* besaßen und daher Schulden machen mußten[25], zeigen aber, daß gerade eine solche Situation ebenfalls Kreditabhängigkeiten begünstigte. Nicht zuletzt um spätere Notlagen aufgrund laufender Verbindlichkeiten von Handwerkern und um Verluste für etwaige Gläubiger zu vermeiden, wurde so in mittelalterlichen Städten teilweise ein Mindestvermögen von jedem gefordert, der Meister werden und einen Betrieb eröffnen wollte[26]. Die Wollweberordnung für die Markgrafschaft Baden von 1486 schrieb für jeden vor, der *„das handwerck tryben und anfahen will"*, er müsse *„vorab schiffe und geschirre nach aller notturft haben"*; sie berücksichtigte aber auch die Möglichkeit, daß ein Meister oder Hausknappe Arbeitsgerät lieh[27].

---

[24] A. Doren, Die Florentiner Wollentuchindustrie vom 14. bis zum 16. Jahrhundert. Ein Beitrag zur Geschichte des modernen Kapitalismus (Studien aus der Florentiner Wirtschaftsgeschichte 1), Stuttgart 1901, Ndr. Aalen 1969, S. 265–270. Dagegen wurden englische Weber nach dem „Act touching weavers" von 1555 oder anderen Quellen von Tuchern (*„clothiers"*) mit Webstühlen gegen *„unreasonable rents"* versehen; C. H. Williams, English Historical Documents 1485–1558, London 1971, S. 148.

[25] W. H. Black, History and Antiquities of the Worshipful Company of Leathersellers, of the City of London, London 1871, S. 39; Holbach, Frühformen, S. 533.

[26] In Krakau waren dies 1412 für die Rotgießer 3 Mk. und die Messingschläger 6 Mk.; F. Piekosiński, Codex Diplomaticus Civitatis Cracoviensis (1257–1506) (Editionum Collegii Historici Academiae Literarum Cracoviensis 22, Monumenta Medii Aevi Historica Res Gestas Poloniae Illustrantia 7), Krakau 1882, S. 407; B. Bucher, Die alten Zunft- und Verkehrs-Ordnungen der Stadt Krakau. Nach Balthasar Behem's Codex Picturatus in der K. K. Jagellonischen Bibliothek, Wien 1889, S. 101.

[27] F. J. Mone, Die Weberei und ihre Beigewerbe vom 14. bis 16. Jahrhundert, Zeitschrift für die Geschichte des Oberrheins 9 (1858), S. 129–189, S. 147 ff., Art. 24, 26, 31; W. Ebel, Quellen zur Geschichte des deutschen Arbeitsrechts (bis 1849) (Quellensammlung zur Kulturgeschichte 16), Göttingen–Berlin–Frankfurt 1964, S. 74 f. Nr. 16.

Für Kreditleistungen im Zusammenhang mit der Entwicklung, dem Erwerb und Einsatz neuer Techniken und der Einführung neuer Gewerbe ist eine Reihe von Beispielen angefangen vom Textil- und Metallsektor bis hin zum Buchdruck bekannt[28]. Ein solcher Fall war auch im 16. Jahrhundert die Einführung einer Goldschlägerei und Goldspinnerei nach venezianischem Vorbild[29] in Augsburg, wo örtliche Bürger die Finanzierung übernahmen[30]. Wenn es dabei von Georg Kratzer heißt, er habe *„den verlag biß anhero mit grossen uncossten ... uff sich genomen, inn hoffnung, desselben mittler zeit wider ergetzet zu werden"*[31], wird das Bewußtsein des Risikos einer solchen Unternehmung angedeutet, die hohe Aufwendungen erforderte, aber erst längerfristig Gewinn versprach. Gerade deshalb strebten die kaufmännischen Betreiber neuer Gewerbe oder weniger kapitalkräftige Fachleute die Erlangung öffentlicher Kredite oder doch Unterstützungen anderer Art von Herrschaftsträgern oder Städten an, die ihrerseits an der Förderung neuer Gewerbezweige interessiert sein konnten[32]. In Bern wurden so 1463, 1467 und später einem von auswärts kommenden Handwerker zum Aufbau einer Tuchproduktion städtische Darlehen bis zu mehreren hundert Gulden gewährt[33]; in Leipzig hatten die Räte *„czu vffkomen vnd*

[28] Hervorzuheben sind in diesem Zusammenhang bes. die Forschungen von W. von Stromer. Für den Buchdruck braucht nur an Gutenberg und seine Beziehungen zu Johannes Fust erinnert zu werden.

[29] Zur venezianischen Goldverarbeitung u. a. F. Brunello, Arti e mestieri a Venezia nel Medioevo e nel Rinascimento (Studi e testi veneziani 8), Vicenza 1980, S. 39–50.

[30] Holbach, Frühformen, S. 487 f.

[31] StadtA Augsburg, Handwerk, Goldschläger 1, zum 25. 9. 1584.

[32] In diesem Zusammenhang auch R. Holbach, Exportproduktion, S. 248–251; Ders., Verlag als Organisationsform im Gewerbe des 13. bis 16. Jhs. Bemerkungen zur Typologie mit Hilfe von Beispielen. Istituto Internazionale di Storia economica „F. Datini". XXI Settimana di Studi. L'impresa. Industria, commercio, banca (secc. XIII–XVIII). Communicazioni Mercoledí 2 maggio 1990, S. 9 f.

[33] F. E. Welti, H. Rennefahrt, Das Stadtrecht von Bern, I und II (Sammlung Schweizerischer Rechtsquellen, Abt. 2, Die Rechtsquellen des Kantons Bern, T. 1. Stadtrechte 1 u. 2), Aarau 1971, Nr. 93, S. 498 f.; H. Rennefahrt, Das Stadtrecht von Bern, VIII (Sammlung Schweizerischer Rechtsquellen, Abt. 2, Die Rechtsquellen des Kantons Bern, T. 1. Stadtrechte 8,2), Aarau 1966, Nr. 211, S. 554–557.

gedien" des Tuchmacherhandwerks 1469 Zwickauer Meister angeworben und u. a. vereinbart, verschiedenen von ihnen je 200 fl auf vier Jahre zu leihen[34]. In Hildesheim wurden 1491 ein Färber und mehrere Weber[35] zur Herstellung gefärbter Tuche angeworben und sollten ebenfalls Darlehen erhalten[36]. Die Liste entsprechender Forderungen und städtischer oder herrschaftlicher Kredit- und Zuschußleistungen im Gewerbe ließe sich erheblich verlängern[37].

---

[34] K. v. Posern-Klett, Urkundenbuch der Stadt Leipzig, I (Codex diplomaticus Saxoniae, 2, 8), Leipzig 1868, S. 353f. Nr. 426. Für Aktivitäten in Goslar 1480 bzw. 1504 zur Förderung des Textilgewerbes U. Hölscher, Goslarsche Ratsverordnungen aus dem 15. Jahrhundert, Zeitschrift des Harz-Vereins 42 (1909), S. 39–99, 118–143, 229–260, S. 258f.

[35] Der Name Carsten van Aken weist auf die Herkunft aus dem Westen.

[36] R. Doebner, Urkundenbuch der Stadt Hildesheim, VIII, Ndr. Aalen 1980, S. 206, Nr. 221.

[37] Hierzu ist ein spezieller Beitrag geplant. In der Antwerpener Stadtrechnung von 1537 heißt es z. B., man habe „*diversen konstenaers alhier van buyten comende wonen ende hier nieuwe neringe brengende ende der ingesetenen kinderen leerende*" zur Unterstützung bei den Hausmieten Beträge gewährt, nämlich einem Damastwerker, einem Sporenmacher, einem Glockengießer, einem Kupferpottgießer und einem Kristallglasmacher, der auch „*tot reparatien ende stoffe van eenen gelaesoven te zetten*" 63 lb 3 s 3 d erhielt; P. Génard, De oude Antwerpsche glasblazerijen, Antwerpsch Archievenblad 13 (1876), S. 421–477, S. 422. In Kampen (Prov. Overijssel) boten sich im Jahre 1563 zwei Färber zur Einrichtung einer Draperie und Färberei unter der Voraussetzung an, daß ihnen 1200 Karolusgulden vorgestreckt würden; GemeenteA Kampen, Oud-archief, Inv.-Nr. 22 S. 53–55; Register van charters en bescheiden in het oude archief van Kampen, 4 Bde., Kampen 1862–1875, III, Nr. 2189 S. 120. Für herrschaftliche Kreditleistung sei die Eintragung in den hennebergischen Rechnungen für 1525 genannt, nach der 78 fl auf Befehl des Grafen an den aus Schwaben nach Schleusingen gezogenen Glasmacher gezahlt worden waren, die in Jahresfrist zurückzuerstatten waren; E. Koch, Die ehemalige Glashütte zu Langenbach bei Schleusingen, die Mutter der Glashütten zu Fehrenbach und Lauscha. (1525–1589), Meiningen 1908, S. 23; R. Ludloff, Zur sozialökonomischen Entwicklung in der Glasindustrie Thüringens und Hessens im 16. und 17. Jahrhundert, Thüringer Heimat 2 (1957), S. 37–53, S. 43; Ders., Die Entwicklung der Produktionsverhältnisse in der Glasindustrie Thüringens, von ihren Anfängen bis zur vollständigen Herausbildung des Kapitalismus, Diss. masch. Jena 1955, S. 54f. Der Betreiber mußte bald aber die Hütte dem Schleusinger Kaufmann Joseph Jude überlassen, bei dem er wohl verschuldet war; ebenda, S. 56f.; H. Kühnert, Urkundenbuch zur thüringischen Glashüttengeschichte (Veröffentlichungen zur Geschichte des Glases und der Glashütten in Deutschland 3), Wiesbaden 1973, S. 32f.

Bei der laufenden Versorgung von Gewerben mit Rohstoffen, Halbfertigwaren und Betriebsmitteln spielte Kredit eine besonders große Rolle. Dies hängt zum einen mit der Schlüsselstellung und den Aktivitäten von Rohstoffhändlern, zum anderen mit der mangelnden Kapitalkraft von Handwerkern zusammen, um teurere – insbesondere importierte – Rohstoffe (wie Baumwolle[38]) und Halbfertigwaren zu erwerben bzw. einen längeren Zeitraum bis zum Erhalt des Erlöses aus dem Verkauf der Ware zu überbrücken[39]. Erschwert wurde eine selbständige Rohstoffversorgung der Meister abgesehen von speziellen Rohstoffmonopolen[40] möglicherweise durch Auf- und Fürkaufpraktiken von Personen, die das Angebot – unter Vorschußleistung an die jeweiligen Rohstoffproduzenten oder -lieferanten – künstlich verknappten und verteuerten und die weiterverarbeitenden Handwerker vielfach von sich abhängig machten. Der mit Krediten verbundene Vorwegkauf von Häuten und Fellen bei den Metzgern durch Händler oder Gerber bot z. B. im 15./16. Jahrhundert mehrfach Anlaß zur Kritik (so in Linz/Oberöst., Wien, Nürnberg, München oder Freiburg i. Br.[41]); gegen entsprechende

[38] Daher war besonders im Barchentgewerbe der Sachverlag durch Kaufleute verbreitet; W. v. Stromer, Die Gründung der Baumwollindustrie in Mitteleuropa. Wirtschaftspolitik im Spätmittelalter (Monographien zur Geschichte des Mittelalters 17), Stuttgart 1978.

[39] Zu beobachten sind in Einzelfällen auch gestufte Formen der Kreditabhängigkeit: Breslauer Kaufleute z. B. lieferten an Görlitzer Tuchmacher Wolle, die ihrerseits ärmeren Berufskollegen Vorschüsse leisteten und ihre Verbindlichkeiten bei den auswärtigen Lieferanten mit fertigen Tuchen beglichen; H. Jecht, Beiträge zur Geschichte des ostdeutschen Waidhandels und Tuchmachergewerbes, Görlitz 1923, S. [57]f. u. [110]f. Für die Tinners in Cornwall J. Hatcher, English Tin Production and Trade before 1500, Oxford 1973, bes. S. 52–58.

[40] So z. B. beim Bernstein.

[41] Holbach, Frühformen, S. 508, 524; G. Otruba, J. A. Sagoschen, Gerberzünfte in Österreich. Organisation und Brauchtum eines weitverbreiteten Handwerks in sieben Jahrhunderten (Österreich-Reihe 236/238), Wien 1964, S. 74; A. M. Böhm, Verhandlungen bezüglich des Geschäftsbetriebes ausländischer Kaufleute in Wien und diesfällige Verordnung Kaiser Maximilians I. vom 15. Jänner 1515, Archiv für Kunde österreichischer Geschichts-Quellen 14 (1855), S. 259–304, S. 270 (1515); A. Schlichthörle (Hg.), Die Gewerbsbefugnisse in der K. Haupt- und Residenzstadt München, Ein Beitrag zur Kenntnis und Praxis des Gewerbewesens in Deutschland, II, Erlangen 1844, S. 16 (1553), siehe auch S. 389; F. J. Mone, Zunftorganisation vom 13.–16. Jahrhundert, Zeitschrift für die Geschichte des Oberrheins 16 (1864), S. 151–188, 327–341, S. 153; StadtA Freiburg, B 3 Nr. 40, fol. 35^r, 67^v, Urk. VI e (Gerber) zum 12. 12. 1533. Für

Praktiken und eine Verlegertätigkeit von Wollhändlern wurde gerade im 16. Jahrhundert eingeschritten[42]. Die kurtrierische Verordnung von 1551 über den Wollkauf läßt den wohl auch im Rahmen frühmerkantilistischer Erwägungen stehenden Ansatz erkennen, eine institutionalisierte Kreditpraxis zugunsten des einheimischen Handwerks durchzusetzen; das Territorium war in Aufkaufbezirke eingeteilt, in denen ständige Vertreter der Weberzünfte die Vorschüsse an die Landleute vermittelten[43]. Ein Beispiel dafür, daß in Krisensituationen aus Fürsorgegründen Städte selbst sich an Krediten zur Rohstoffversorgung beteiligten, findet sich in Saint-Omer 1459/60; hier wurde beschlossen, Wolle in Calais *„à créance et long jour de paiement“* zu erwerben – wofür sich die Stadt gegenüber den Verkäufern verpflichtete – und an die Drapiers zur Weiterverarbeitung zu verteilen[44].

Im Zusammenhang mit den Lohnkosten sind im Gewerbe ja jeweils zwei Möglichkeiten von Kreditbeziehungen zu beachten: zum einen

---

Stichkäufe von Mainzer Gerbern Holbach, Frühformen, S. 519 (für Ulm allg. S. 521) u. Ders., Verlag als Organisationsform, S. 3. In St. Gallen beklagten sich die Gerber 1509 über Bartlome Ribiner, der, als das Leder teuer gewesen sei, *„uff das leder gelihen, damit noch thürer gemacht“* habe; H. C. Peyer, Leinwandgewerbe und Fernhandel der Stadt St. Gallen von den Anfängen bis 1520, Quellenband, St. Gallen 1960, S. 457 Nr. 883. Zum Fürkauf von Fleischern selbst etwa O. Brunner, Die Rechtsquellen der Städte Krems und Stein, Österreichische Akademie der Wissenschaften (Phil.-hist. Kl., Fontes Rerum Austriacarum, 3,1), Graz–Köln 1953, S. 186 (1524). Zum Verhältnis Gerber–Schuhmacher auch Holbach, Frühformen, S. 551.

[42] Etwa: E. Bodemann, Die älteren Zunfturkunden der Stadt Lüneburg (Quellen und Darstellungen zur Geschichte Niedersachsens 1), Hannover 1883, S. 254 f. (1568); F. v. Strenge, E. Devrient, Die Stadtrechte von Eisenach, Gotha und Waltershausen (Thüringische Geschichtsquellen, NF. 6), Jena 1909, Nr. 61 S. 97–100 (1577); H. Helbig, Quellen zur älteren Wirtschaftsgeschichte Mitteldeutschlands, T. 3 (Studienbücherei 11), Weimar 1953, S. 127 f. (1583). Auch aus vielen anderen Orten und Territorien gibt es entsprechende Verfügungen.

[43] J. N. v. Hontheim, Historia Trevirensis diplomatica et pragmatica, inde a translata Treviri praefectura praetorio Galliarum, ad haec usque tempora, II, Augsburg–Würzburg 1750, S. 755 f.; Kuske, Kreditwirtschaft, S. 76 f.

[44] J. Deschamps de Pas, Textes inédits extraits des registres echevinaux sur la décadence de l'industrie drapière à Saint-Omer au XVe siècle et les efforts de l'echevinage pour y remédier, Mémoires de la Société des Antiquaires de la Morinie 31 (1913), S. 53–75, S. 67; Holbach, Frühformen, S. 76, auch für Kortrijk 1529. Für die Verteilung von Baumwolle an arme Frauen zum Verspinnen in Basel ebenda, S. 213.

Vorschußleistungen auf zukünftige Arbeit[45], zum anderen Kredit in Form von verzögerter Bezahlung von Leistungen, wodurch die hiermit beauftragten Personen zu Gläubigern wurden[46]. Letztere Form des vielfach sicherlich unfreiwilligen Kredits[47] von Abhängigen konnte eine zusätzliche Ausbeutungspraxis sein, wie man sie im Tuchgewerbe findet[48]. Der umgekehrte Fall, die Vorauszahlung von Lohn an Gesellen und Stückwerker gegen spätere Arbeitsleistung, war ein geläufiges, wenngleich mit gewissen Risiken verbundenes Mittel[49], um diese zu gewinnen oder fester an sich zu binden[50]. Es wurde freilich teilweise eingeschränkt oder verboten[51].

---

[45] Teilweise erwuchsen aus Schulden auch Verpflichtungen für Meister, diese im Betrieb eines Berufskollegen abzuarbeiten; so für die Kürschner in Ragusa; R. Delort, Le commerce des fourrures en occident à la fin du moyen âge (vers 1300 – vers 1450) (Bibliothèque des Écoles Françaises d'Athènes et de Rome 236), 2 Bde., Rom 1978, S. 799–801; ähnliches gilt für Luccheser Goldschläger; Holbach, Frühformen, S. 480–482.

[46] Auf letzteren Aspekt weist Kuske, Kreditwirtschaft, S. 73 f. hin. Vgl. auch R. Sprandel, Das mittelalterliche Zahlungssystem nach hansisch-nordischen Quellen des 13.–15. Jahrhunderts, Stuttgart 1975, S. 55: „Zahlungsverzug ist eine Art Kredit".

[47] Siehe aber z. B. StadtA Ulm A 3670 fol. 62r, wo den Tuchscherern untersagt wird, „*uff borg*" zu scheren.

[48] Dies belegen gegenteilige Verfügungen betreffend die regelmäßige Bezahlung und Verzicht auf Trucksystem; hierzu etliche Beispiele bei: G. Espinas, H. Pirenne, Recueil de documents relatifs à l'histoire de l'industrie drapière en Flandre, T. 1, 1–3, Brüssel 1906–1920; H. E. de Sagher, J.-H. de Sagher, H. van Werveke, C. Wyffels, Recueil de documents relatifs à l'histoire de l'industrie drapière en Flandre, T. 2,1–3, Brüssel 1951–1966; H. W. Posthumus, Bronnen tot de geschiedenis van de Leidsche textielnijverheid, I (Rijksgeschiedenkundige Publicatiën, Grote Serie 8), s'Gravenhage 1910–1912.

[49] Als Beispiel hier nur die Konstanzer Wollweber: F. Horsch, Die Konstanzer Zünfte in der Zeit der Zunftbewegung bis 1430 unter besonderer Berücksichtigung des Zunftbuches und der Zunftbriefe (Konstanzer Geschichts- und Rechtsquellen 23), Sigmaringen 1979, S. 80 (1386); F. Wielandt, Das Zunftbuch der Konstanzer Wollweberzunft, Zeitschrift für die Geschichte des Oberrheins 108 (1960), S. 49–84, S. 83 (15. Jh.).

[50] Angewandt wurde dies auch bei Schwarzarbeit; z. B. StadtA Ulm A [7868/1], S. 74 für Schlosser/Hufschmiede 1544.

[51] Z. B. StadtA Nürnberg, QNG 68 S. 441, 884, 972, 1298; StadtA Ulm A [7868/1] S. 74. Daß Kreditabhängigkeit die Bezahlung statt in Bargeld in Warenlöhnen (Trucksystem) förderte, darf zumindest vielfach angenommen werden.

Als wichtiger Grund für die Inanspruchnahme von Krediten wurde bereits ein größerer Zeitabstand zwischen Produktionsbeginn und Erlös aus dem Verkauf der Ware genannt, was durch einen langwierigen Herstellungsprozeß, Notwendigkeiten der Lagerung, weite Transportwege[52] oder Modalitäten beim Absatz bedingt sein konnte[53]. Für die Tuchhersteller von Poperinghe in Flandern hieß es 1533, sie seien zu arm, um die zeitliche Differenz zwischen der Rohstoffbeschaffung und der Bezahlung der fertigen Ware durch die hansischen Kaufleute überbrücken zu können. Deshalb würden sie auf die Abnahmegarantien der Osterlinge hin Wolle, Alaun, Waid u.a. von Brügger Kaufleuten auf Kredit erhalten[54]. Eine Distanz der Handwerker zu den Absatzmärkten und fehlende wirtschaftliche Möglichkeiten zur Abkömmlichkeit von ihrem Betrieb begünstigten, z.B. bei den Ratinger Scherenschmieden[55], die Einschaltung von Händlern, die auch bei größerer Kapitalkraft eher in der Lage waren, daran interessierten Abnehmern ihrerseits Kredit zu gewähren (Borgkauf). Aus einer Führungsstellung vom Absatz her und entsprechenden Verbindungen leisteten sie verschiedentlich Kredite auf die Produktion; genannt seien als Beispiel die Sensenhändler von Schwä-

---

[52] Als Beispiel für Kredit im Zusammenhang mit Transportkosten möchte ich die Flößerei anführen: Holbach, Frühformen, S. 604–624.

[53] Zur Problematik eines längeren Lagerns von fertigen Waren nahm ein Braunschweiger Plattner 1556 wie folgt Stellung: *„nachdem er als handwerksman die vorlagt nicht hette, das er ein taler oder siebenhundert also hinwegkhengen, vnd aus seiner narung entperen konde"*; F. Fuhse, Schmiede und verwandte Gewerbe in der Stadt Braunschweig. Ein Beitrag zur Geschichte des Handwerks und zur Familienkunde (Sonderveröffentlichungen der Ostfälischen Familienkundlichen Kommission 4), Leipzig 1930, S. 43.

[54] L. Gilliodts-Van Severen, Cartulaire de l'ancienne estaple de Bruges, Recueil de documents concernant le commerce intérieur et maritime, les relations internationales et l'histoire économique de cette ville, 6 Bde., Brügge 1904–1909, II, S. 639–647; R. Häpke, Niederländische Akten und Urkunden zur Geschichte der Hanse und zur deutschen Seegeschichte, hg v. Verein für Hansische Geschichte, 2 Bde., München–Leipzig 1913–1923, I, S. 124–127; Holbach, Frühformen, S. 74. Für Probleme für die Produzenten durch Borgkäufe auch für Saint-Omer 1459 J. Deschamps de Pas, Textes inédits, S. 67.

[55] Holbach, Frühformen, S. 321.

bisch Gmünd im 15. und 16. Jahrhundert[56]. Die Verbindung zu den Abnehmern setzte so auch im Augsburger Goldschmiedegewerbe des 16. Jahrhunderts die Silberkrämer in die Lage, Aufträge zu erhalten, zu vermitteln und die betreffende Arbeit evtl. zu kreditieren[57]. Zu wesentlichen Teilen absatzbedingt waren ebenso jene Kredite, mit denen Kaufleute – z. T. im kollektiven Lieferungsvertrag – die Produktion von bislang nicht oder nur begrenzt an den Fernhandel angeschlossenen Handwerkern an sich brachten (ostmitteldeutsches Leinengewerbe)[58].

Als Kreditgeber in der gewerblichen Produktion lassen sich die Meister derselben oder aber einer benachbarten Zunft[59], Händler en gros oder en détail, sowohl mit als auch ohne Spezialisierung, einzeln oder in Gesellschaften aufzählen; für Verlagsbeziehungen kann dementsprechend vor allem zwischen handwerksinternem oder handwerksübergreifendem (zwischenzünftigem) Verlag durch Handwerker-Verleger bzw. einem kaufmännischen Verlag durch Kaufleute-Verleger getrennt wer-

[56] Ebenda, S. 341–346. Erwähnt seien auch jene zu den Massenbläsern und Hammerschmieden gehörigen Eisenhändler im Nassauischen 1563, die sich ganz auf den Handel verlegt hatten – sie zogen „*zwischen den messen hin und wider hinaus*“ –, die die Hammerschmiede bevorschußten und ihrerseits wieder von Auswärtigen Vorschüsse erhielten; H. Schubert, Geschichte der Nassauischen Eisenindustrie von den Anfängen bis zur Zeit des Dreißigjährigen Krieges (Veröffentlichungen der Historischen Kommission für Nassau 9), Marburg 1937, S. 189.

[57] Sie entstammten allerdings teilweise dem Gewerbe; Holbach, Frühformen, S. 469–473.

[58] G. Aubin, A. Kunze, Leinenerzeugung und Leinenabsatz im östlichen Mitteldeutschland zur Zeit der Zunftkäufe. Ein Beitrag zur industriellen Kolonisation des deutschen Ostens, Stuttgart 1940.

[59] Bei aufeinander angewiesenen Handwerken konnte von Vorteil sein, sich fremde Dienste durch Kredit zu sichern, was jedoch teilweise untersagt wurde. Z. B. wurde den Garnsiedern in Ulm auferlegt, daß sie „*von den webern furohin nichtzit entlehnen noch von inen auf borg nichts erkaufen söllen, weder äschen, holtz, saltz, schmaltz, barchant oder anders*“; E. Nübling, Ulms Baumwollweberei im Mittelalter. Urkunden und Darstellung. Ein Beitrag zur deutschen Städte- und Wirtschaftsgeschichte (Staats- und socialwissenschaftliche Forschungen 9, 5), Leipzig 1890, S. 35 f.; Barchentkardern wurde vorgeworfen, einander durch Geldleihen an Weber „*leibsnarung*“ entzogen zu haben; ebenda, S. 61, für die Scherer als Gläubiger von Webern S. 117 f.

den[60]. Die Verhaltensweise der Zünfte und Räte gegenüber diesen Vorschußleistungen war durchaus unterschiedlich, wobei auch differierende Interessenlagen innerhalb der einzelnen Gruppen zu berücksichtigen sind; je nach Nachfragesituation und Konjunktur, sozialer Lage und Parteiverhältnissen wurde das jeweilige Kreditgeben toleriert, beschränkt oder untersagt[61]; am ehesten wurde allerdings der innerzünftige Kredit erlaubt[62]. Von einer grundsätzlichen Verlags- und Kreditfeindlichkeit der Zünfte kann jedenfalls insgesamt nicht die Rede sein[63]. Als Kreditleistende oder doch Vermittler von Krediten kamen außer den genannten Personen und anderen Gruppen wie Geistlichen, wie Lombarden oder wie Juden, für die teilweise Verbote im Bereich des gewerblichen Kredits verfügt wurden[64], aber auch Herrschaftsträger und Städte

---

[60] Zur Typologie knapp Holbach, Verlag als Organisationsform bzw. Ders., Frühformen, S. 703 f.

[61] Für eine Begünstigung der Kaufleute sei ein Beispiel aus München genannt: Hier hatten einige Loder 1583 Berufsgenossen im vorhinein auf ihre Erzeugnisse zu leihen begonnen, wodurch die *„armen vnvermüglichen Maister hart getruckht vnd beschwerdt"* (also vorgeblich auch Fürsorgemaßnahmen für diese), aber auch Handelsleute behindert worden seien (mit denen Abschlüsse der Loder sonst üblich waren); Schlichthörle, Gewerbsbefugnisse 2, S. 414.

[62] Selbstverständlich gibt es auch zahlreiche Verbote des Kredits innerhalb der Zunft; so wurde etwa für die Berner Sattler um 1484 verfügt, kein Meister solle einem andern Meister, Gesellen oder Lehrjungen zur Arbeit leihen; Rennefahrt, Stadtrecht von Bern 8,2 Nr. 209b S. 545.

[63] Holbach, Tradition und Innovation; Schmidt, „Frühkapitalismus".

[64] In Nürnberg scheinen Juden auf *„unausgemachte arbeyt"* der Rotschmiede Kredite geleistet und sich auf diese Weise Handelsobjekte gesichert zu haben, was 1495 vom Rat ausdrücklich verboten wurde; M. Stern, Die israelitische Bevölkerung der deutschen Städte. Ein Beitrag zur deutschen Städtegeschichte, T. 3: Nürnberg im Mittelalter. Quellen, Abt. 1–2, Kiel 1894–1896, S. 311; G. Michelfelder, Die wirtschaftliche Tätigkeit der Juden Nürnbergs im Spätmittelalter, Beiträge zur Wirtschaftsgeschichte Nürnbergs, I (Beiträge zur Geschichte und Kultur der Stadt Nürnberg 11), Nürnberg 1967, S. 236–260, S. 250. Für eine Einschränkung des Leihens von Juden auf unfertige oder fertige Kessel, Becken u. a. in Braunschweig 1392 (Verfügung zugunsten der Beckenwerker) StadtA Braunschweig B I 2, Bd. 17, S. 25; zu einer Beschränkung bezüglich der Lakenmacherei L. Hänselmann, Urkundenbuch der Stadt Braunschweig, II, Braunschweig 1873, Ndr. Osnabrück 1975, S. 388 Nr. 705. Zu einer Einschränkung für Juden in Ulm 1425, auf gesponnene oder ungesponnene Wolle oder Baumwolle zu leihen, C. Mollwo, Das rote Buch der Stadt Ulm (Württembergische

in Frage, sofern sie ein spezielles Interesse an bestimmter Produktion (Waffen, Luxusgüter) oder an Gewerbeförderung hatten[65]. Der Bedarf an Waffenlieferungen führte etwa in der Nürnberger Plattenharnischherstellung zu gelegentlicher städtischer Kreditierung oder doch Einschaltung des Rates bei der Kreditbeschaffung[66]. Nicht zuletzt ist an die Kunden selbst als Kreditgeber unter Vorauszahlung auf das Produkt zu denken[67], insbesondere wenn dieses in der Herstellung aufwendig war und für einen oder mehrere Auftraggeber nach Wunsch gefertigt wurde. Dies war gerade bei Kunstwerken der Fall wie z. B. im 16. Jahrhundert beim Brunnenwerk[68] Jörg Labenwolfs in Nürnberg für den dänischen

---

Geschichtsquellen 8), Stuttgart 1905, S. 187; das Verbot in Frankfurt 1377, auf rohes Tuch zu leihen, falls sie nicht wüßten, daß es dem Kreditnehmer gehöre, zeigt die Befürchtung hinsichtlich von Unterschlagungen seitens abhängiger Handwerker als Grund für diese Einschränkung jüdischer Kreditgeschäfte an; Schmidt, Frankfurter Zunfturkunden, II, S. 191; siehe auch E. Fromm, Frankfurts Textilgewerbe im Mittelalter. Ein Beitrag zur Geschichte des Zunftwesens im 14. und 15. Jahrhundert, Archiv für Frankfurts Geschichte und Kunst, 3. Folge, 6 (1899), S. 1–160, S. 138 f. Das Lakenmachen und -färben für Lombarden war etwa in Brüssel 1368 verboten; F. Favresse, Actes inédits du magistrat et de la gilde de Bruxelles relatifs à la draperie urbaine..., Bulletin de la Commission Royale d'Histoire 113 (1948), Nr. 10, S. 22; siehe auch Ders., Règlements inédits sur la vente des laines et des draps et sur les métiers de la draperie bruxelloise (1363–1394), Bulletin de la Commission Royale d'Histoire 111 (1946), S. 167–234, S. 228. Diese Aspekte bedürften insgesamt gründlicherer Untersuchung.

[65] Zu Herzog Julius von Braunschweig als Verleger H.-J. Kraschewski, Wirtschaftspolitik im deutschen Territorialstaat des 16. Jahrhunderts: Herzog Julius von Braunschweig-Wolfenbüttel (1528–1589) (Neue Wirtschaftsgeschichte 15), Köln–Wien 1978, S. 90.

[66] K. Dettling, Der Metallhandel Nürnbergs im 16. Jahrhundert, Mitteilungen des Vereins für Geschichte der Stadt Nürnberg 27 (1928), S. 97–241, S. 192–196; E. Scheibe, Studien zur Nürnberger Waffenindustrie von 1450–1550. (Unter besonderer Berücksichtigung der Arbeitsteilung.), Diss. Bonn 1908, S. 66–68; R. Stahlschmidt, Die Geschichte des eisenverarbeitenden Gewerbes in Nürnberg von den 1. Nachrichten im 12.–13. Jahrhundert bis 1630 (Nürnberger Werkstücke zur Stadt- und Landesgeschichte, 4), Nürnberg 1971, S. 145–148.

[67] Die allgemeine Verbreitung des Verbraucherkaufs auf Borg betont zu Recht Kuske, Kreditwirtschaft, S. 63.

[68] Ein interessantes Beispiel für das Abarbeiten einer Schuld durch künstlerische Arbeit stellt das im Kopfregest des Lübeckischen Urkundenbuches fälschlich als Lieferungskontrakt über Kupfer dargestellte Abkommen zwischen Hans van Leiden und Bertold Borstelt dar; Urkundenbuch der Stadt Lübeck, hg. v. d.

König[69], bei Schnitzaltären, Tapisserie und anderem; zu denken ist ferner an Großprojekte wie Bauwerke oder Schiffe, auf deren besondere Entwicklung hinsichtlich der Finanzierung und Produktionsorganisation aber hier nicht weiter eingegangen werden soll.

Empfänger von Krediten im Gewerbe waren nicht nur einzelne Meister, Gesellen, Stückwerker oder Hilfskräfte, die von Auftraggebern bzw. Kunden Vorschüsse erhielten. Vielmehr ist auch an die ganzen Zünfte im Rahmen der in verschiedenen Gewerbezweigen bezeugten kollektiven Lieferungsverträge zu erinnern[70], ferner an jene Personen, die außerhalb des zünftigen Rahmens standen und teilweise nicht in der Stadt, sondern auf dem Lande ansässig waren. Auf die besonderen Probleme von stadtübergreifender Kreditierung und Verlag im Gewerbe kann jedoch nicht ausführlich eingegangen werden; sie wurde im Umland größerer Zentren je nach Konjunktur toleriert oder restriktiv gehandhabt, z. B. beim Ulmer Leinengewerbe[71]; insbesondere bei größerer Entfernung konnte sie mit der Einschaltung von lokalen Vermittlern und mit besonderen Absicherungsmaßnahmen verbunden sein[72].

Vereine für Lübeckische Geschichte und Altertumskunde, 11 Bde., Lübeck 1843–1905, IX, S. 757 Nr. 741.

[69] Siehe Th. Hampe, Nürnberger Ratsverlässe über Kunst und Künstler im Zeitalter der Spätgotik und Renaissance (1449) 1474–1618 (1633), 3 Bde. (Quellenschriften für Kunstgeschichte und Kunsttechnik des Mittelalters und der Neuzeit, NF 11–13), Wien–Leipzig 1904, II, S. 82, 86 f., 91–96, 99, 103 f., 107, 109, 111 f., 122, 135.

[70] Hierzu ist ein eigener Beitrag geplant.

[71] Hierzu Nübling, Ulms Baumwollweberei; G. Geiger, Die Reichsstadt Ulm vor der Reformation. Städtisches und kirchliches Leben am Ausgang des Mittelalters (Forschungen zur Geschichte der Stadt Ulm 11), Ulm 1971, S. 40 f.; vgl. allg. W. Zorn, Ein neues Bild der Struktur der ostschwäbischen Gewerbelandschaft im 16. Jahrhundert, VSWG 75 (1988), S. 153–187, sowie die versch. Arbeiten von R. Kießling, z. B.: Das Umlandgefüge ostschwäbischer Städte vom 14. bis zur Mitte des 16. Jahrhunderts, H. K. Schulze (Hg.), Städtisches Um- und Hinterland in vorindustrieller Zeit (Städteforschung, R. A: Darstellungen 22), Köln–Wien 1985, S. 33–60; Die „Nachbarschaft“ und die „Regionalisierung“ der Politik: Städte, Klöster und Adel in Ostschwaben um 1500, F. Seibt, W. Eberhard (Hgg.), Europa 1500. Integrationsprozesse im Widerstreit. Staaten, Regionen, Personen-Verbände, Christenheit, Stuttgart 1986, S. 262–278; Die Stadt und ihr Land. Umlandpoltik, Bürgerbesitz und Wirtschaftsgefüge in Ostschwaben vom 14. bis ins 16. Jahrhundert (Städteforschung, R. A: Darstellungen 29), Köln-Wien 1989.

[72] Hierzu Holbach, Frühformen.

Für eine vergleichende Betrachtung der Form der Kredite, die – auch quellenmäßig z. T. schwer zu fassen – nicht in wünschenswerter Weise geleistet werden kann, erscheinen wichtig die Häufigkeit und die Höhe von Kreditleistungen, der Gegenstand des Kredits, die Art der Rückzahlung und der Gewinn für den Kreditgeber, die Laufzeit der Kredite sowie die Art ihrer Absicherung. Hinsichtlich der Häufigkeit der Kreditleistung sei lediglich auf den Unterschied zwischen den in verschiedenen Gewerben (bes. Metallsektor) notwendigen größeren einmaligen oder auch mehrmaligen Investitionskrediten einerseits und den laufenden kleineren Vorschüssen für Rohstoffe oder auch Nahrungsmittel (Konsumkredit) andererseits hingewiesen; angedeutet wurde aber bereits, daß sich auch letztere Beträge summierten und der Weg einzelner Handwerker in immer größere Abhängigkeit führen konnte. Die Höhe der Kredite war natürlich abhängig von der Zahlungsfähigkeit, dem Interesse und der Risikofreudigkeit des Gläubigers, ferner vom Kapitalbedarf, der Kreditwürdigkeit[73] und den Möglichkeiten der Sicherheitsleistung beim Schuldner. Die Spannweite reicht von sehr hohen Beträgen bei größeren Betrieben wie z. B. den 3245 Gulden bei der Glashütte Wolfgang Vitls in Hall in Tirol 1540 bis zu geringen Summen von wenigen Schillingen bei kleinen Meistern. Bei Krediten, die sich auf den Erwerb wichtiger Materialien bezogen, konnte per Verordnung das Kreditvolumen beschränkt werden; die Augsburger Sägmüller und Floßleute durften so 1549 einem oberländischen Bauern oder Floßmann allenfalls im Werte von 100 Bäumen „*voreinleihen*"[74].

Der Gegenstand des Kredits als Sache (Rohstoffe, Halbfertigwaren[75]) oder als Geld (einseitig oder zweiseitig monetärer Kredit[76]) hing wesent-

[73] Zur Kreditwürdigkeit ein Beispiel. Für die von Verlegern abhängigen Innerberger und Vordernberger Hammermeister hieß es im 16. Jh. einmal, daß „*mancher armer Hammermeister*" mit einem alten Hammerwerk arbeitslos sei, während derjenige, der „*des Vermögens und des Vertrauens*" hätte, übermäßig viel zu arbeiten habe; K. Kaser, Eisenverarbeitung und Eisenhandel. Die staatlichen Grundlagen des innerösterreichischen Eisenwesens (Beiträge zur Geschichte des österreichischen Eisenwesens, Abt. II, H. 1), Düsseldorf 1932, S. 104 f., 110.

[74] StadtA Augsburg, Handwerk, Sägmüller u. Floßleute 1 für 19. 09. 1549 sowie Zünfte 3, fol. 369^{v}.

[75] Für Werkzeug siehe oben.

[76] Hierzu Bühler, Art. Kreditarten, Sp. 2384 f. Während beim zweiseitig monetären Kredit Zahlung wie Rückzahlung in Geld erfolgen, ist beim einseitig

lich von den Versorgungsbedingungen für das betreffende Handwerk und der Beteiligung des Kreditgebers in diesem Bereich ab. Für die Vorauszahlung von Geld auf zu liefernde (Fertig-)Ware (Lieferungskauf[77]) sind Belege vor allem aus solchen Gewerben überliefert, bei denen die Rohstoffe für die Produzenten selbst leicht zu beschaffen waren; hier seien nur die Leineweber[78] oder Böttcher[79] aufgeführt[80]. Bei einer Entfernung des Kreditgebers von Produzenten sowie Rohstoffen bot sich die monetäre Form des Vorschusses besonders an (Barkredit des Ulmer Kaufmanns für Paternosterer und Tafelmacher in Österreich[81]). Die Lieferung von Rohstoffen oder Halbfertigwaren auf Kredit gegen spätere Bezahlung in Geld war in vielen Bereichen üblich[82]; ein Kredittausch Ware gegen Ware war u.a. dann gebräuchlich, wenn Lieferanten von Material (z.B. Wollhändler) zugleich die Möglichkeit und das Interesse besaßen, sich beim Handel mit der fertigen Ware zu betätigen, oder wenn umgekehrt Verkäufer von Fertigwaren auch den Zugang zu den

---

monetären Kredit an eine Zahlung in bar und Rückzahlung in Ware oder umgekehrt zu denken (Käufer-/Abnehmerkredit mit Zahlung vor Leistung bzw. Verkäufer-/Produzentenkredit mit Zahlung nach Leistung).

[77] Hierzu auch F. Conze, Kauf nach hanseatischen Quellen, Bonn 1889, S.51–55; K. Mohr, Die Anfänge der Warenspekulation im 15. und 16. Jahrhundert, Diss. München 1927, S.29–45; bei beiden aber mehr für Lieferungskauf bei agrarischen Produkten und bei Rohstoffen, wobei dieser vor allem von jenen praktiziert wurde, die die Waren mit Gewinn weiterverkaufen wollten.

[78] In Isny werden sogar ausdrücklich *„gelttücher“* genannt, auf die Weber Vorschüsse erhalten hatten; K.O. Müller, Oberschwäbische Stadtrechte, I: die älteren Stadtrechte von Leutkirch und Insy (Württembergische Geschichtsquellen 18), Stuttgart 1914, S.167. Ansonsten Holbach, Frühformen, S.164–198. Es ist aber ebenfalls Garnverlag überliefert.

[79] Holbach, Frühformen, etwa S.626 (Lüneburg Verbot), 633 (Leipzig), 636–638 (Heilbronn, Zürich); in letzteren Fällen handelt es sich um das Leihen auf Teile wie Reifen bzw. Dauben. In Basel war es im 15.Jh. den Küfern verboten, Daubenhauern Geld im voraus auf ihre Ware zu leihen; StaatsA Basel, Zunftarchive Spinnwettern 5, fol. 18r.

[80] Im Zusammenhang mit Vorschüssen auf Holzlieferungen in Zwickau begegnet 1538 auch quellenmäßig der Begriff des „Kaufverlags“; Ch. Meißner, Die Geschichte der Zwickauer Muldenflöße, Diss. masch. Leipzig 1954, S.20.

[81] Hassler, Ott Rulands Handlungsbuch, S.9, 14f., 19f. u.ö.

[82] Für einen Nürnberger Messerer etwa, der 1492 Klingen aus Passau erhalten und diese ratenweise in Geld zu bezahlen hatte, StadtA Nürnberg Lib. Cons. G., fol. 46r.

Rohstoffen hatten oder erlangten[83]; geläufig war diese Form des Kreditgeschäfts ferner im innerzünftigen oder zwischenzünftigen Verlag bei Handwerker-Verlegern, die selbst an der Produktion beteiligt waren, aber bestimmte Produktionsschritte von anderen durchführen ließen. Auf den Borgkauf mit Kredit für den Abnehmer als weniger die Produktion, sondern vielmehr den Handel betreffende Kreditform sei lediglich hingewiesen[84]. Zu denken ist schließlich noch an einen nicht-monetären Kredit in Form der Übernahme einer Verbindlichkeit gegenüber Dritten durch den Kreditgeber (Kreditleihe)[85]. In Ratingen verpflichtete sich 1595 der Scherenschmied Hermann Juncker auf sechs Jahre, Jakob Bercks und seiner Frau seine Erzeugnisse zu festem Preis zu liefern, wofür diese seine Schulden in Höhe von 230 fl übernehmen wollten[86].

---

[83] Als Beispiele sei im 16. Jh. auf gleichzeitig im Gewandschnitt und Wollhandel tätige Personen im hessischen Marburg wie im schwäbischen Esslingen hingewiesen; Holbach, Frühformen, S. 132 u. 143. Für Ulrich Imholz in Konstanz ebenda, S. 165f. Das Handlungsbuch der Runtinger bietet einen der vielen Belege auch für Großkaufleute, die den Tausch von Rohstoff (Baumwolle) gegen spätere Fertigware (Barchent) praktizierten; F. Bastian, Das Runtingerbuch 1383–1407 und verwandtes Material zum Regensburger-Südostdeutschen Handel und Münzwesen, 3 Bde. (Deutsche Handelsakten des Mittelalters und der Neuzeit, 6–8), Regensburg 1935–1944, II, S. 150f. Die Vorschrift für die Drapiers von Dendermonde 1423, Schulden bei Kaufleuten wegen Wolle, Waid und anderem in Bargeld zu begleichen (Holbach, Frühformen, S. 86), ist wohl Ausdruck der Befürchtung, über Warenlieferungen an Rohstofflieferanten in stärkere Abhängigkeit zu geraten.

[84] Daß Borghandelsverordnungen der Hanse keine grundsätzliche Kreditfeindlichkeit bedeuten, hat Stuart Jenks nachgewiesen; St. Jenks, War die Hanse kreditfeindlich?, VSWG 69 (1982), S. 305–338. Dies gilt auch für Lieferungskäufe mit der Vorauszahlung von Geld auf zu liefernde Laken (oder andere Waren); zu Verfügungen siehe etwa HUB 5 S. 596; HUB 6 S. 16; HR I,5 S. 59, I,6 S. 165, 338, 378, 389, 557 u. später.

[85] Art. Kreditleihe, Handwörterbuch der Finanzwirtschaft, Sp. 1189–1195; Bühler, Art. Kreditarten, Sp. 2387–2389.

[86] HStaatsA Düsseldorf, Dep. Ratingen, Nr. 11; O. R. Redlich, Quellen zur Rechts- und Wirtschaftsgeschichte der rheinischen Städte. Bergische Städte, III, Ratingen (Publikationen der Gesellschaft für Rheinische Geschichtskunde 29), Bonn 1928, S. 201 (nur knappes Regest). Der Nürnberger Klingenschmied Niclas Rafler versprach dem Hans Röder 1491, Schulden von 2 fl und 32 lb mit wöchentlich 15 d abzuarbeiten, „*damit er im auß dem schuldturm geholfen hat*"; StadtA Nürnberg, Lib. Cons. F, fol. 265v. Schwierigkeiten mit mehreren Gläubigern zeigen sich auch beim Lübecker Kupferschläger Johannes Rynghemut 1441,

Die Rückzahlung der Kredite erfolgte entweder in Bargeld oder aber – insbesondere beim Verlag – in Form von Arbeitsleistungen[87] bzw. Waren, deren Wert den des Kredites bzw. des vom Kreditgeber normalerweise zu zahlenden Preises oder Lohns überstieg und damit einen Gewinn für diesen bedeutete. Im Einzelfall konnte aber auch die Erbringung einer anderen Leistung erwünscht sein. Das Halten von Arbeitskräften für einen Geldgeber, der auf diese Weise Beschränkungen in der Zahl eigener Beschäftigter unterlaufen konnte, ist etwa bei den Augsburger Kistlern im 16. Jahrhundert bezeugt[88]. Die Art und Höhe von Gewinnen ist bei den erhaltenen Verträgen meist überhaupt nicht und bei vielfach fehlenden Angaben über Preise und Löhne allenfalls indirekt zu erschließen. Beispiele von Abmachungen zwischen Kreditgebern und Schuldnern finden sich etwa in den Notariatsregistern von Freiburg i. Ue. Ein dortiges Metzgerehepaar traf mit einem Weißgerber in Straßburg im Oktober 1379 die Vereinbarung, daß letzterer ihnen bis zum kommenden 2. Februar eine Lieferung von 149 Bockshäuten zu begleichen habe[89], wobei als Profit jede zwanzigste Haut, d. h. 5% bei den fünf Monaten, für die Lieferanten vereinbart war[90]; in anderen Fällen, bei

dessen Verleger wegen des Hauses und der Arbeitsgeräte sich mit anderen Gläubigern verständigen sollte, um es wieder dem für ihn arbeitenden Handwerker zu überlassen; UB Lübeck, V, S. 426 Nr. 383.

[87] Über die eingangs erwähnten Beispiele hinaus sei auch für eine relativ geringe Verschuldung von 50 s ein Beispiel gebracht, nämlich das des Kürschners Hartmann von Winterthur gegenüber seinem Berufsgenossen Heintzmann von Florimont; W. Schnyder, Quellen zur Zürcher Wirtschaftsgeschichte, I, Zürich–Leipzig 1937, S. 205 Nr. 377.

[88] StadtA Augsburg, Zünfte 3, fol. 65r; Handwerk, Kistler 1, fol. 155r, 158r; F. Hellwag, Die Geschichte des deutschen Tischlerhandwerks, Berlin 1924, S. 70f., 564. Für ähnliche Tendenzen bei den Antwerpener Lakenbereitern E. Scholliers, Vrije en onvrije arbeiders voornamelijk te Antwerpen in de 16e eeuw, Bijdragen voor de geschiedenis der Nederlanden 11 (1956), S. 285–322, S. 286f.; H. Soly, Nijverheid en kapitalisme te Antwerpen in de 16e eeuw, Album aangeboden aan Charles Verlinden ter gelegenheid van zijn 30 jaar professoraat, Gent 1975, S. 331–352, S. 338f.

[89] Die Rede ist von 29 lb 6 s Lausanner Währung *„absque aventhagio"*.

[90] H. Ammann, Mittelalterliche Wirtschaft im Alltag. Quellen zur Geschichte von Gewerbe, Industrie und Handel des 14. und 15. Jahrhunderts aus den Notariatsregistern von Freiburg i. Üchtland, I, Aarau 1942–54, S. 25 Nr. 268f. Das Ehepaar hatte aber auch die gesamten Ziegen- und Bocksfelle während der nächsten 14 Tage dem Gerber zu überlassen sowie diesem 5 Ziegenfelle zu geben. Zu

denen nicht der Metzger auf Borg geliefert hatte, sondern der oder die Abnehmer Vorauszahlung geleistet hatten, mußten von den Lieferanten für das Dutzend 13 Felle und *„daventagio et prerogativa"* vom gesamten Anfall während der Laufzeit von ca. 11 Monaten zusätzlich 18 Felle bzw. 24 Felle gegeben werden[91]. Bei Verlagsgeschäften im Textilgewerbe sind unterschiedlich hohe Gesamtgewinne errechnet worden[92]; die detaillierte Rechnung, die Federigo Melis für das Datini-Unternehmen vorgelegt hat, kommt gerade auf 8,9% Reingewinn aus Produktion und Vermarktung von Wolltuchen[93].

Über die Laufzeit der Kredite sind generelle Aussagen kaum möglich. Die erhaltenen Verträge lassen sowohl kurzfristige als auch längerwäh-

---

den Beziehungen von Gerbern und Metzgern bes. auch H. Ammann, Freiburg als Wirtschaftsplatz im Mittelalter, Fribourg – Freiburg 1157–1481. Ouvrage édité par la Société d'Histoire et le Geschichtsforschender Verein avec l'appui de la ville et de l'état à l'occasion du huitième centenaire de la fondation de Fribourg, Freiburg/Ue. 1957, S. 184–214, S. 212f.; U. Portmann, Bürgerschaft im mittelalterlichen Freiburg. Sozialtopographische Auswertungen zum ersten Bürgerbuch 1341–1416 (Historische Schriften der Universität Freiburg 11), Freiburg i. Ue. 1986, S. 153. Zu „avvantaggio" (= Profit) F. Edler, Glossary of Mediaeval Terms of Business. Italian Series 1200–1600, Cambridge, Mass., 1934, S. 37.

[91] Ammann, Mittelalterliche Wirtschaft, S. 69 Nr. 703–705: Frist von Ostern 1396 (2. 4.) bis *„carnisprivium laicorum"* 1397 (6. 3.); vorausgezahlter Betrag: 40 lb (Dutzendpreis: 20 s bzw. 19 s); ebenda S. 70 Nr. 710: Frist vom 26. 4. 1398 bis 6. 3. 1399; Betrag: 40 lb. Siehe auch ebenda S. 135 Nr. 1432: ebenfalls 13 für 12 gerechnet; Frist vom 3. Mai 1420 bis 4. Februar 1421; Betrag: 9 lb; S. 333 Nr. 3418: 13 für 12 bzw. in einem Monat 15 statt 12 sowie *„de awentagio et gratia"* 2 Dutzend am Ende jeden Jahres, Vertrag ab 1. 11. 1436 auf 3 Jahre; S. 384 Nr. 4125: 14 für 12 (Dutzendpreis: 40 s), 1459.

[92] Auf enorm hohe Gewinnspannen bei Barchenttuchen kommt Bastian, Runtingerbuch, I, S. 632–634, II, S. 58–60. Vgl. hierzu auch W. Eikenberg, Das Handelshaus der Runtinger zu Regensburg. Ein Spiegel süddeutschen Rechts-, Handels- und Wirtschaftslebens im ausgehenden 14. Jahrhundert (Veröffentlichungen des Max-Planck-Instituts für Geschichte 43), Göttingen 1976, S. 125.

[93] F. Melis, La formazione dei costi nell'industria laniera alla fine del Trecento, jetzt Ders., Industria e commercio nella Toscana medievale, hg. v. B. Dini, Istituto Internazionale di Storia Economica „F. Datini" Prato (Opere sparse di Federigo Melis 3), Florenz 1989, S. 212–307, S. 304. Eine Kostenberechnung mit 5% Gewinn aus einer geplanten Wolltuchproduktion legte Zanino 1570 der Züricher Obrigkeit vor, die eine Kapitaleinlage erbringen sollte; L. Weisz, Die wirtschaftliche Bedeutung der Tessiner Glaubensflüchtlinge für die deutsche Schweiz, Zürich 1958, S. 53–55; insgesamt Dirlmeier, Untersuchungen, S. 129.

rende, mehrjährige Beziehungen erkennen; das eingangs zitierte Nürnberger Beispiel zeigt eine häufiger übliche Erneuerung von Verträgen (Prolongation). Bei größeren Barkrediten finden sich nicht selten gestreckte, ratenweise Abzahlungen[94]; Rohstofflieferungen waren schon von ihrem Zweck her auf den Zeitraum bis zur Fertigstellung des Produkts bezogen; die Ulmer Wollherren etwa lieferten Baumwolle an die Weber *„auf zil"* und erhielten häufig Tücher zurück[95]. Bisweilen richtete sich der Rückzahlungstermin nach speziellen Verkaufszeiten; so sollten im 16. Jahrhundert die Augsburger Kistler, die Holz, Firnis und anderes *„auff porg"* genommen hatten, diese Schulden am kommenden Markt am St. Ulrichs-Tag begleichen[96]. In einigen Gewerben, in denen sich ein Verlegerstand etabliert hatte, wurden auch feste Regelungen bezüglich der Abgeltung durch Waren getroffen; so war von den Sensenschmieden in Schwäbisch Gmünd der gelieferte Stahl innerhalb der betreffenden Saison zu verarbeiten[97]. Bei den Zunftkäufen im Leinengewerbe begegnet hingegen vor allem die Jahresfrist[98].

Das Ausmaß ungesicherter oder kaum gesicherter Kleinkredite im Bereich von Rohstoff-, Naturallieferungen oder Vorauszahlungen an Lohn ist schwer zu ermessen; das Risiko war hierbei jedoch bei meist geringen Beträgen für den Kreditgeber nicht allzu groß[99]. Häufig prakti-

---

[94] Für Fristen von nur zwei Monaten bzw. drei Monaten bei Schulden in Höhe von 4 lb bzw. 3 lb bei Luccheser Goldschlägern im 13. Jh. Archivio di Stato Lucca, Not. 15, fol. 98v; Not. 16,1, fol. 118v. Zwei bzw. drei Jahre hingegen sollten 18 lb bzw. 22 lb Schuld andere Goldschläger im Betrieb der Gläubiger abarbeiten (Not. 15, fol. 10v, 370r).

[95] Nübling, Baumwollweberei, S. 151; Holbach, Frühformen, S. 201. Zur Bevorzugung von Bürgern als Gläubiger gegenüber Gästen, wenn beide ein und demselben *„auf zil"* geliehen hatten, StadtA Ulm, A 3670 Bd. 2, fol. 135r–136r.

[96] StadtA Augsburg, Handwerk, Kistler 1, fol. 219r.

[97] StadtA Schwäbisch Gmünd, Ordnung der Sensenschmiede (1544–1549), S. 57.

[98] Aubin Kunze, Leinenerzeugung, S. 78 f.; G. Seibold, Die Viatis und Peller. Beiträge zur Geschichte ihrer Handelsgesellschaft (Forschungen zur internationalen Sozial- und Wirtschaftsgeschichte 12), Köln–Wien 1977, S. 139. Von Jahrkäufen ist aber auch in München bei den Loderern die Rede; Schlichthörle, Gewerbsbefugnisse 2, S. 41 u. 411 (1575).

[99] Klagen über das Entlaufen von Gesellen, denen zuvor geliehen wurde, sind gang und gäbe; z. B. Zils, Bayerisches Handwerk, S. 116 (Nürnberger Panzermacher 1536).

ziert wurde als Absicherung die Verpfändung von Liegenschaften[100] oder Arbeitsgerät[101]: In Douai z.B. setzten verschiedene Weber im 13.Jahrhundert ihren Gläubigern die Webstühle zum Pfand[102], in Nürnberg hatte der Klingenschmied Michael Freyenschlag 1495 wegen 18 fl Schulden sein Werkzeug an Hans Pöttel und Frau zu übergeben, erhielt jedoch bis auf Widerruf die weitere Nutzung[103]. Bei größeren Schulden, die nicht zurückgezahlt werden konnten, ging so nicht selten der gesamte Betrieb in fremde Hand über; auf diesem Wege erhielten z.B. Buchverleger wie Johann Helmann um 1480 in Köln eine Druckereieinrichtung[104] oder gelangte die Glashütte von Hall in Tirol nach dem Tode von Wolfgang Vitl 1540 an Sebastian Höchstetter[105]. Auf die Möglichkeit einer Absicherung über Bürgen oder durch bestimmte Strafandrohungen[106] wurde selbstverständlich ebenfalls zurückgegriffen; beim überregionalen Verlag in der Form des Zunftkaufs im Leinengewerbe wurde

---

[100] Hierzu etwa StadtA Braunschweig B I 19 Nr. 12 fol. 20 zu 1447: Schuld eines Kupferschlägers.

[101] Z.B. auch Ammann, Mittelalterliche Wirtschaft, S.72 Nr. 735: Rohstoffe, Waren, *„et omnia instrumenta ad artem fabricatoriam pertinentia et generaliter omnia bona sua"*; S.322 Nr. 3324; *„smides geschirr"*; Verpfändung von Kleidung hingegen S.108 Nr. 1105.

[102] Espinas-Pirenne, Recueil 1,2, z.B. S.118–122, 148f., 151f., 159f., 162f.

[103] StadtA Nürnberg, Lib. Cons. H, fol. 177ʳ–177ᵛ. Ein anderes Beispiel ist Ulrich Frolich, der dem Scheidenmacher Heinz Paur wegen 5½ fl all seinen Hausrat und Werkzeug zum Pfand setzte; ebenda, E fol 160ʳ. Siehe ferner etwa F fol. 167ʳ; für das Londoner Kupferschmiedegewerbe ähnlich Holbach, Frühformen S.491. Eine andere Möglichkeit, zu Geld zu gelangen, die kein Kredit, aber diesem doch ähnlich war, war der Verkauf mit dem Recht weiterer Nutzung gegen Miete und des jederzeitigen Wiederkaufs; für Braupfannen in Lübeck UB Lübeck, IX, S.201f. Nr. 200; S.791f. Nr. 769.

[104] Z.B. W. Salloch, Gesellschaftsarbeiten Basler Buchdrucker. Zur Wirtschaftsgeschichte des Frühdrucks. Aus dem Antiquariat 11 (1985) S. A401–A411, S. A408f.; S. Corsten, Die Anfänge des Kölner Buchdrucks, Jahrbuch des Kölnischen Geschichtsvereins 29/30 (1954/55) S.1–98, S.77; H. Blum, S. Corsten, P.J. Hasenberg (Hgg.), 500 Jahre Buch und Zeitung in Köln. Ausstellung Köln 1965, S.19.

[105] Dieser hatte ihm nicht weniger als 3245 Gulden geliehen; H. Heimer, Die Glashütte zu Hall in Tirol und die Augsburger Kaufmannsfamilie der Höchstetter, Diss. München 1959, S.21; E. Egg, Glashütten zu Hall und Innsbruck im 16.Jh. (Tiroler Wirtschaftsstudien 15), Innsbruck 1962, S.24.

[106] So in Braunschweig bei den Beckenwerkern 1372 Verlust der Gilde bei Wegzug, ohne zu bezahlen; StadtA Braunschweig B I 19, Bd.11, fol. 55ʳ.

teilweise auch der betreffende Landesherr oder die Stadt als Garant mitbeteiligt[107]. Dort, wo Kredit städtischerseits nicht gern gesehen oder ausdrücklich verboten wurde, fehlten hingegen entsprechende rechtliche Flankierungsmaßnahmen[108].

Die Formen von Kredit im Gewerbe waren – wie der notwendigerweise vereinfachende und zeitlich, räumlich wie sachlich nicht genügend differenzierende[109] Überblick gezeigt hat – vielfältig. Abschließend sei festgestellt. Wenn Bruno Kuske unter Hinweis auf den Kredit als Kapitalsurrogat behauptet hat, das Mittelalter sei ein „Zeitalter der Kreditwirtschaft" gewesen[110], muß dem gerade im Hinblick auf die gewerbliche Produktion zugestimmt werden[111]. Kredit im Gewerbe konnte zwar ein Mittel zur Ausbeutung sein, wie dies Hans Sachs in einem „dialogus" ausdrückt: „*... dann steet der arm arbeyter zitrent bey der thür mit geschloßnen henden, stilschweigent, auff das er des kauffherren huld nit verlier, hat etwann vor gelt auff die arbeyt entlehent, alßdann rechent der kauffherr mit im, wie er wil*"[112]. Kredit stieß daher und aus anderen Gründen bei den Zeitgenossen vielfach auf Kritik[113] und wurde teilweise

[107] Aubin-Kunze, Leinenerzeugung, S. 77 u. ö.

[108] Im rigischen Stadtrecht findet sich für 1412 die Bestimmung, daß „*neen recht over gaen*" solle für den Fall, daß ein Mann „*ghelt tuvoren vddeyt*" auf Wachs oder Kabelgarn, aber kein Zahlungsausgleich erfolgte; G. L. Napiersky, Die Quellen des Rigischen Stadtrechts bis zum Jahr 1673 (Beiträge zur baltischen Landesgeschichte, Ortsgeschichte und Volkskunde 1), Riga 1876, Ndr. Hannover 1976, S. 218, siehe auch S. 211 u. 214.

[109] Angesichts der großen Entwicklungsunterschiede erscheint dies in einem begrenzten Rahmen auch schwierig. Als eine wichtige Komponente bei einer zeitlich differenzierenden Betrachtung muß sicherlich das sich wandelnde herrschaftliche Verhalten gegenüber dem Gewerbe gesehen werden, ein Aspekt, auf den mich auch Prof. Dr. J. Hoock zu Recht hinwies.

[110] Kuske, Kreditwirtschaft, S. 74.

[111] Lediglich verwiesen sei auch darauf, daß auch außerhalb des gewerblichen Rahmens geleistete Kredite für die Produktion nutzbar gemacht werden konnten, indem etwa von Herrschaftsträgern als Gegenleistungen für Zahlungen entsprechende Rechte erworben wurden. Der Erfolg der Waffenproduktion der Pögl in Thörl hing z. B. eng mit landesherrlichen Aufträgen und der Gläubigerstellung gegenüber dem Landesherrn zusammen; Holbach, Frühformen, S. 377 f.

[112] Hans Sachs, hg. v. A. v. Keller u. E. Götze, XXII (Bibliothek des Litterarischen Vereins 201), 1894, Ndr. Hildesheim 1964, S. 55.

[113] Ein solches Beispiel bietet etwa auch der Holzschnitt „Das Schiff der Handwerker" um 1535; M. Geissberg, The German Single-Leaf Woodcut,

auch durch Herrschaftsträger, Räte und Zünfte eingeschränkt oder verboten[114]. Er bot aber andererseits für viele arme Handwerker überhaupt erst eine Existenzgrundlage; daher wiesen die Kölner Kupferschläger, deren Verleger Thomas Venroede seinen Betrieb in der Stadt wegen Umweltbelästigung schließen sollte, 1463 darauf hin, daß hierdurch sie und andere geraume Zeit *„egein werk haven mochten"* und mit ihren Familien wie schon vorher einmal *„verderflich werden moesten"*[115]. Kredit stellte in verschiedenen Bereichen der gewerblichen Produktion die Mittel bereit, um Schwierigkeiten im Zusammenhang mit Versorgung, Herstellungsprozeß und Absatz zu überwinden; Kredit war wichtig für eine Wirtschaft, in der einerseits bei den Produzenten häufig das Bargeld knapp war, andererseits aber bereits eine vielfältige und weiträumige Verflechtung und in einigen Bereichen eine stärkere und z. T. sogar überregionale Arbeitsteilung existierte. Kredit im Gewerbe war somit – wie insgesamt deutlich geworden sein dürfte – sowohl ein Mittel, das traditionellen Engpässen entsprach und diesen abhalf, als auch ein Motor zu wirtschaftlichem Fortschritt mit der Entwicklung neuer Techniken und Organisationsformen[116].

1500–1550, II, New York 1974, S. 747; Die Kunst der Reformationszeit, Staatliche Museen zu Berlin, Hauptstadt der DDR, Ausstellung im Alten Museum vom 26. August bis 13. November 1983, Berlin 1983, S. 227 (frdl. Hinweis von Herrn Dr. W. Schmid, Trier) (siehe auch Darstellung im Narrenschiff bei Sebastian Brant).

[114] Zur Umgehung eines solchen Verbots durch die Gerber von Troyes 1339 G. Fagniez, Documents relatifs à l'histoire de l'industrie et du commerce en France, II, Paris 1900, Ndr. Glashütten 1974, S. 76 Nr. 32.

[115] H. v. Loesch, Die Kölner Zunfturkunden nebst anderen Kölner Gewerbeurkunden bis zum Jahre 1500 (Publikationen der Gesellschaft für Rheinische Geschichtskunde 22), II, Bonn 1907, Ndr. Düsseldorf 1984, Nr. 537A, S. 570–572; F. Irsigler, Die wirtschaftliche Stellung der Stadt Köln im 14. und 15. Jahrhundert. Strukturanalyse einer spätmittelalterlichen Exportgewerbe- und Fernhandelsstadt (VSWG Beihefte 65), Wiesbaden 1979, S. 118 f.

[116] Die Frage nach dem Verhältnis von Kredit und wirtschaftlichem Fortschritt hat Prof. Dr. Herman Van der Wee in der Abschlußdiskussion zu Recht als wichtigen Aspekt genannt, der weiter diskutiert werden müßte.

DIE ROLLE DES KREDITS IM WIRTSCHAFTSLEBEN DES MITTELALTERLICHEN POLEN

von

Henryk Samsonowicz

Der Kredit war in Polen, einem von den europäischen Gewerbezentren weit entfernten Agrarland, eine bemerkenswerte Erscheinung. Kreditbeziehungen gab es in den großen Städten seit dem Beginn des 13. Jahrhunderts; deutlich intensivierten sie sich im 15. Jahrhundert. Verschiedene Kreditinstrumente tauchten auf und wurden weiter entwikkelt: Wechsel, Tratten, Kontobücher und Anleiheinstitutionen. Auch scheinen in den großen Städten in den Randgebieten des Königreichs Polen oder jenseits seiner Grenzen bereits die ersten Banken entstanden zu sein. Bestimmt war dies der Fall in den städtischen Zentren Danzig, Breslau, Krakau und Lemberg, deren Kaufleute einen florierenden Handel in einem Gebiet trieben, das sich von den Schwarzmeerhäfen (Kaffa) bis zu den italienischen Städten (Venedig) sowie von Moskau bis nach Nürnberg und Köln oder sogar bis nach England (Hull) erstreckte. Danziger Kaufleute handelten in einem Raum von vier Millionen Quadratkilometern. Dabei spielte der Kredit vor allem bei den Handelsgesellschaften, die Kommissionshandel betrieben und sich im Versicherungsgeschäft betätigten, eine größere Rolle. Allerdings sollte wohl eher der Lokalkredit, d.h. Kreditumsätze in einem geographisch begrenzten Raum, zum Gegenstand künftiger Untersuchungen werden. Diese Kreditart unterschied sich von den großen Kreditumsätzen in einigen wichtigen Merkmalen. Auf dem lokalen Markt vollzog sich der Kreditumsatz das ganze Jahr über mit größerer Regelmäßigkeit und das vermutlich deshalb, weil die gegenseitigen Beziehungen über den Bereich des Handels hinausgingen und die unterschiedlichsten finanziellen Transaktionen umfaßten: Anleihen, Erbauseinandersetzungen, Vermögensverrechnungen innerhalb der Familie, Heiratsverträge, Immobilienumsatz. An den Kreditbeziehungen waren beinahe sämtliche soziale Gruppen beteiligt: die Oligarchie, die Schlachta, Vertreter von ethnischen und religiösen Minderheiten (Juden, Armenier). Der Handel, der in diesen Beziehungen eine wesentliche Rolle spielte, unterschied sich ganz deutlich vom regionalen oder gar internationalen Handel. Er betraf beinahe ausschließlich den Austausch zwischen Kaufmann und Verbraucher.

Innerhalb einer ganzen Handelskette waren Transaktionen zwischen Vermittlern weitaus seltener als im Fernhandel. In zahlreichen Fällen basierte auch der Warenaustausch zwischen Hersteller und Konsument auf Kredit. Die Kreditbeziehungen umfaßten ein umfangreiches Warensortiment, im allgemeinen Konsumgüter, d.h. die Nahrungsmittelversorgung für die Städte, Höfe oder Konvente, industrielle Massengüter, wenngleich auch Luxusgüter vereinzelt vorkommen sollten. Selbstverständlich war die Warenmenge im allgemeinen nicht groß, genauso wie die Quoten, über die eine Kreditvereinbarung abgeschlossen wurde, gering waren.

Die Häufigkeit der Kreditangelegenheiten läßt sich schwer messen. Sie herrschen in Gerichtspapieren vor, doch dürfte auf den lokalen Märkten die überwiegende Mehrheit der Transaktionen gewiß ohne Kreditanteil in bar oder gegen eine andere Ware abgewickelt worden sein. Fest steht jedoch, daß der Kredit ein dauerhaftes Element in den lokalen Handelsgeschäften darstellte und sich nicht wegdenken ließ bei Anleihen, Kaufverträgen, Gerichtsstrafen, Vermögensverrechnungen einzelner Familien oder Kaufmannsgilden sowie bei Heiratsverträgen. Eine besondere Rolle in den Handelstransaktionen spielten der Kauf und Verkauf von Boden und Häusern. Diese Güter – also Immobilien – bildeten, wie angenommen werden darf, die Grundlage für die Entwicklung der Kreditbeziehungen. Generell hing deren Entwicklung gewiß auch damit zusammen, daß man versuchte, angesichts einer permanenten Knappheit an Bargeld an Geldmittel heranzukommen. Dadurch stiegen die Umsätze, es wuchsen die Investitions- und Konsumtionsmöglichkeiten. Anhand von Untersuchungen, die überwiegend den Adel auf ruthenischem Boden betreffen, entfielen auf jeweils 275 bar bezahlte Einheiten 100 Krediteinheiten. Somit vergrößerte die Kreditgewährung den Geldumsatz um mehr als ein Drittel. Im Fall der großen Städte spielte der Kredit eine erheblich größere Rolle, jedoch betraf er nicht allein die lokalen Beziehungen. In kleinen Städten mit weniger als 2000 Einwohnern erfolgte mehr als die Hälfte der in den Gerichtsakten verzeichneten Transaktionen auf Kredit.

Kreditzentren waren ebenfalls die allerkleinsten Städte. Die unterschiedlichen wirtschaftlichen Bedürfnisse führten zu Handelskontakten auf den Märkten, in den Handwerksbetrieben und in den Kaufmannskontoren. In die Städte zogen die Menschen aufgrund der kulturellen Einrichtungen, der Kirche, der Schule, der Gerichte, der staatlichen Verwaltung (Kreistage). Das erleichterte die zwischenmenschlichen Kontakte, was um so wichtiger war, da – abgesehen von wenigen Ausnahmen von überlokaler Reichweite – keine Kreditinstitutionen existierten. Wenn jemand Geld brauchte, nahm er individuellen Kontakt zu jemand anderem auf, der es ihm borgen konnte.

Überwiegend wurde Geld aus zwei Gründen verliehen. Entweder befriedigte es den Konsum oder es war für Investitionen gedacht, die Gewinn abwerfen sollten. Selbstredend verdiente der Gläubiger an seiner Kreditvergabe. Generell gesehen waren die Gläubiger gleichzeitig auch Schuldner und umgekehrt.

Wenn man den gesamten polnischen Raum betrachtet, kann man für das 15. Jahrhundert berechnen, daß auf 1000 Einwohner innerhalb eines Jahres mehr als eine Kreditvereinbarung entfiel. Das sind Minimalangaben, die sich auf ein unvollständiges Quellenmaterial stützen. Übrigens gestaltete sich die Sachlage in den verschiedenen Teilen Polens unterschiedlich. In Ruthenien darf angenommen werden, daß etwa 0,8 Kreditvereinbarungen auf 1000 Einwohner kamen, wogegen im Königlichen Preußen 1,3 auf 1000 Einwohner fielen.

Die Anleihenhöhe gestaltete sich ausgesprochen differenziert. Ihr realer Wert für das gesamte Land läßt sich kaum feststellen. Nicht viel verraten auch die Angaben zur nominalen Anleihenhöhe, die in Groschen, Florin und Mark ausgedrückt sind. Wenn wir angenähert die Nominalquoten zum Preis für 1 Hufe (etwa 15 Hektar) landwirtschaftlicher Nutzfläche in Südpolen umrechnen (Ruthenien, Kleinpolen), so können wir Kennziffern für die Kredithöhen erhalten. Willkürlich in fünf Gruppen aufgeteilt, läßt sich somit die folgende Liste zusammenstellen:

	1. Hälfte 15. Jh.	2. Hälfte 15. Jh.
Kredite im Wert bis zu 0,1 Hufe	18	16
Kredite im Wert von 0,1 bis zu 1 Hufe	27	25
Kredite im Wert von 1 bis 2 Hufen	16	19

	1. Hälfte 15. Jh.	2. Hälfte 15. Jh.
Kredite im Wert von 2 bis 5 Hufen	18	17
Kredite im Wert von mehr als 5 Hufen	21	23
zusammen	100	100

Während des gesamten Jahrhunderts herrschten die Kreditanleihen in der Gruppe 2 und in Gruppe 5 vor. Die Wechselbeziehungen der einzelnen Gruppen scheinen eine zunehmende Tendenz der Konzentration der Geldanleihen in diesen beiden Gruppen aufzuzeigen. Vielleicht betrafen sie die Investitionsmöglichkeiten zweier sozialer Schichten, vielleicht hingen sie auch mit dem Preis der beiden grundlegenden Güter zusammen: mit den Agrarerzeugnissen und dem Boden. Das Gütersortiment, für das man Kredite aufnahm, war ausgesprochen breit gefächert. Annähernd ließe es sich in die folgenden Gruppen untergliedern.

1. Waren für den Konsumbedarf des Kreditnehmers: Erbsen, Fleisch, Pelze, Pferde, Rinder, Metallerzeugnisse (Pflüge, Eggen) und mannigfaltige Tuche. Letztere dienten als Arbeitslohn für die Gesellen, Geschenke für Würdenträger, Zahlungsmittel, mit dem u. a. die Zinsen abgegolten wurden. In diese Rubrik gehören ebenfalls Luxusgüter wie goldene und silberne Gefäße, Kostbarkeiten, Kolonialwaren.

2. Güter, die für den Handel bestimmt waren. Hierunter fielen Getreide, kleine Pelze, Waldprodukte (Asche), Holz, Pech, Wachs, Honig, Rinder (keine einzelnen Stücke, sondern ganze Herden, die für den Verkauf an den Kaufmann gedacht waren), mitunter Koschenille (Farbstoff), Hanf, Leinen, Hopfen.

3. Immobilien. In diese letzte Rubrik gehören auch die Käufe von Residenzen und jegliche Arten von Besitzungen in Zusammenhang mit der ländlichen oder städtischen Wirtschaft. Demnach fielen hierunter Ackerland, Wiesen, Gärten, Vorwerke, Dörfer, mitunter ganze Güterkomplexe. Hinzuzuzählen wären auch Einrichtungen auf dem Lande oder in der Stadt wie Vogteien, Schulzenämter, Schenken, Mühlen, Schlachtbänke, Bleichen, Sägewerke und Kaufmannsbuden. Eine besondere Rolle spielten hierbei die Immobilien in den Städten, die Häuser und Parzellen. Vertreter sämtlicher sozialer Schichten wickelten hierfür Kreditgeschäfte ab. Alle verkauften und kauften: die Bürger und die Bauern, die Schlachta, die Geistlichkeit und die Magnaten. Mitunter

wechselte die gleiche Immobilie innerhalb eines Jahres mehrfach ihren Besitzer, wobei nicht immer Preisunterschiede sichtbar werden, war dies doch eine Art Sparkasse oder Kapitalanlage, die je nach Bedarf wieder aufgelöst werden konnte. Darauf scheint die Tatsache hinzuweisen, daß bereits im 15. Jahrhundert die Hypothek aufkam und Geschäfte für ihre Hinterlegung abgewickelt wurden. Diese Schlußfolgerung dürfte auch durch die durchschnittliche Nutzungszeit einer städtischen Parzelle für eine Familie untermauert werden. Außer den Residenzen, die im 15. Jahundert zwei bis drei Generationen dienten, wechselten die meisten Objekte alle 5 bis 7 Jahre ihre Besitzer.

Wenn wir die vorhandenen Hinweise in die drei Gütergruppen teilen, für die Geld ausgeliehen wurde, entsteht das Verhältnis:

1. Güter für den erweiterten Konsum	8
2. Güter für den Handel	22
3. ländliche und städtische Immobilien	50
(darunter Verkauf und Kauf von Häusern in Städten)	

Die letzte Gruppe betraf im allgemeinen die größten Geschäfte, die erste – die kleinsten. Selbstredend kommen in beiden Fällen Ausnahmen vor, die nicht in dieses Schema passen.

Die Gewinnhöhe bei den Kreditgeschäften läßt sich schwer feststellen. Mitunter resultierte sie aus der Art, wie die Anleihe abgesichert wurde. Davon kennen wir vier. Die erste hing mit dem Zeitpunkt zusammen, an dem die Vertragsbedingungen bei einer städtischen oder staatlichen Behörde rechtskräftig wurden (Eintragung ins Grundbuch), die zweite mit der Absicherung in bestimmten Gütern, die dritte mit der Gewähr der sogenannten Treuhänder („*Fideiussores*“) und schließlich die vierte mit dem Pfand. Im ganzen Land wurden alle vier Arten häufig angewandt, wobei am seltensten das sogenannte „Pfand“, d. h. die Absicherung mit Gütern, vorkam. Selten wurde der Zinssatz für den Gewinn beziffert. Aus relativ wenigen Hinweisen ist zu entnehmen, daß sich der geplante Gewinn in den Grenzen von 10 bis 50% der ausgeliehenen Summe pro Jahr bewegte. Höchstwahrscheinlich hing die Gewinnhöhe vom Zeitpunkt der geplanten Rückzahlung ab. Je kürzer die Termine, um so höher wurde der Zinssatz veranschlagt. Im allgemeinen wurden auch größere Summen mit geringerem Zinsfuß ausgeliehen, was gewiß wiederum mit größerem Vertrauen in den Kreditnehmer zusammenhing und vielleicht durch dessen großes Vermögen untermauert wurde. Es scheint so, als ob recht häufig bei Krediten auf die Einziehung des Vermögens des Schuldners (oder Bürgen), spekuliert worden wäre. Fälle der Vereinnahmung (Besitzergreifung) von Gütern des Schuldners sind recht oft anzutreffen. In Danziger Quellen endeten 20 bis 30% der Anleihen mit Beschlagnahmung. Selbstverständlich läßt sich unmöglich die Gewinnhöhe, die durch die Übernahme des ausgesetzten Pfandes entstand, feststellen. Verpfändet wurden Mühlen, Dörfer, Felder, Wiesen, Gärten, Weinberge, leibeigene Bauern. Bei geringeren Summen sollte es vorkommen, daß als Gebrauchspfand Teile der Garderobe (Mäntel, Zierknöpfe) galten. Ebensooft verpfändet wurden Pferde, Ochsen oder Kühe. In diesen Fällen dürfte sich der Gewinn für den Gläubiger aus dem Geldverleih kaum beziffern lassen. Die Anzahl der Kreditgeschäfte, die ja praktisch überall verbreitet waren, belegt, daß sich das rentiert haben muß.

An diesen Geschäften beteiligten sich die verschiedenen bereits erwähnten sozialen Gruppen.

Allerdings lassen sich die sozialen Verhältnisse im lokalen Maßstab in Polen im 15. Jahrhundert nicht exakt bestimmen, denn zahlreiche Gruppen paßten nicht in die Standesstruktur. Die Mobilität in horizontaler und vertikaler Richtung war beträchtlich. Deshalb läßt sich mitunter die soziale Zugehörigkeit der an einem Kreditgeschäft Beteiligten nur schwer bestimmen. Wenn wir von der nur wenig präzisen und wechselnden Standesbestimmung ausgehen, so lassen sich auf der Grundlage von Angaben für die Städte Sieradz, Radziejów, Zakroczym, Warschau und Lemberg und die sie umgebenden Landkreise für die Mitte des 15. Jahrhunderts die folgenden Proportionen bei den Mitwirkenden an Kreditgeschäften ausmachen (in %):

Schlachta	40
(davon Magnaten)	6
Bürger	29
Bauern	9
andere (Geistliche, Vögte, Juden, nicht näher Bestimmte)	16

Aufschlußreicher dürfte die Zusammenstellung der Relationen zwischen den einzelnen Gruppen sein. Diese muß für die Land- (also Gutherren-) und Stadtgerichte gesondert angefertigt werden.

Selbstredend ist diese Aufstellung nicht völlig exakt. Wesentlich dagegen sind die seitens der verschiedenen Gruppen ausgeliehenen oder geborgten Summen. Hierbei wiederum muß dem Wirken der Juden, die

Kontakte zwischen den jeweiligen Ständen	Stadt-gerichte	Land-gerichte
Schlachta – Schlachta	2	72
Schlachta – Bürger	48	7
Schlachta – Bauern	6	8
Bürger – Bürger (auch anderer Städte)	21	1
Bürger – Bauern	17	5
Bauern – Bauern	4	4
andere	2	3
zusammen	100	100

eine bedeutende Rolle als Kreditgeber gespielt haben, besondere Aufmerksamkeit gelten; nicht minder auch dem überraschend großen Anteil der Bauern, die z.B. etwa zu 10% Gläubiger der Schlachta und zu 12% der Bürger waren. Unübersehbar ist auch die katholische Kirche als Kreditgeber, wenngleich der niedere Klerus (Dorfpfarrer, Vikare) auch oft bei Bürgern und Kleinadel borgte.

Unser nächstes Problem bei der Untersuchung des Kreditwesens ist die Dauer der Kreditgewährung und der Rückzahlungstermin. Innerhalb eines Kalenderjahres intensivierte sich der Umsatz dreimal: 1. zu Jahresbeginn, im Winter; 2. im Frühjahr, im April bis Juni; 3. im Herbst, im November. Der geringste Umsatz im Kreditgeschäft herrschte im Juni–Juli und im September. Dabei läßt sich eine interessante Erscheinung beobachten. Der Höhepunkt im Winter fiel in Ruthenien auf Januar, gleich nach Neujahr, in Lublin verschob er sich auf das Monatsende und Anfang Februar, in Sieradz und Warschau auf den Februar und in Danzig schließlich auf den Monat März. Letzterer Zeitpunkt hing mit dem Beginn der Schiffbarkeit der Weichsel zusammen. Genauso fiel der Höhepunkt im Frühjahr in Ruthenien auf Ende März und Anfang April, in Zentralpolen auf April, in Danzig indessen erst auf den Monat Mai. Lediglich im Herbst stimmte der Kreditboom im großen und ganzen zeitlich in ganz Polen überein. In gewissem Maße erklären die in den Kreditverträgen festgesetzten Rückzahlungstermine diesen Sachverhalt. Grundsätzlich wurden sie entweder auf Feiertage, also die gleichen im gesamten Lande, oder aber auf Termine, die mit der Wirtschaftsaktivität zu tun hatten, gelegt, etwa auf Jahrmärkte, Kirmessen, den Beginn der Schiffahrt. Für das gesamte Land stellt sich die Terminfrequenz folgendermaßen dar:

Weihnachten – Hl. Drei Könige (Winter)	38%
Aschermittwoch – Ostern (Vorfrühling)	8%
Pfingsten – Peter und Paul (Frühling)	14%
Mariä Himmelfahrt (Sommer)	12%
Michaelis (Herbst)	14%
Sonstige	14%

Allerdings sahen lediglich rund zwei Drittel der Transaktionen – und das überwiegend in den Städten – einen konkreten Abrechnungstermin vor. Die restlichen enthielten die Klausel nach Rückzahlung auf Wunsch bzw. legten den Termin überhaupt nicht fest, wenn im Gegenzug ein Pfand hinterlegt worden war. Ein beträchtlicher Teil der übrigen Kreditgeschäfte wurde auf den Zeitpunkt des Jahrmarktes oder des Schiffahrtsbeginns festgeschrieben. In diesem Falle läßt sich nicht von einer Gesetzmäßigkeit im gesamten Land sprechen, denn die Markttermine fielen ja zu ganz verschiedenen Zeiten an. Eine besondere Rolle spielten Jahrmärkte, auf denen Geschäfte im Zusammenhang mit dem großen europäischen Handel abgeschlossen wurde. Wenn wir die Markttermine im 15. Jahrhundert zusammenstellen, lassen sich gewisse Feststellungen zu den gegenseitigen Beziehungen treffen. Demnach fanden nach den Januarmärkten in Wilna, Łódź und Lemberg, im Februar Märkte in Lublin und Jarosław und im März in Danzig statt. Gleichzeitig existierte ein Zusammenhang zwischen Warschau (März), Thorn und Gnesen (Mai), Posen und Breslau (Juni). Die Oktobermärkte in Krakau und Warschau fanden ihre Fortsetzung im Dezember in Leipzig. Die Geschäftswelle im Kreditumsatz rollte jedoch auch in die andere Richtung, wenn wir bedenken, daß im März in Danzig, in Warschau indessen im April und in Krakau und Lublin im Juni Markt war. Die ausgebauten und komplizierten Querverbindungen zwischen den Märkten existierten auch zu Łęczyca, Kazimierz, Brieg, Sandomir, Łowicz und anderen Städten. Auffallend dabei ist, daß sich die auf Kredit gekauften Güter überwiegend auf vier Waren begrenzten: 1. Tuch (auf den Märkten in Danzig, Gnesen, Lublin, Krakau, Warschau); 2. Pelze (in Danzig, Warschau, Lublin, Lemberg); 3. Ochsen (in Jarosław, Lublin, Kazimierz, Lemberg, Warschau); 4. Getreide (in Lublin, Sandomir, Warschau, Danzig). Die auf die Marktzeit entfallenden Rückzahlungstermine könnten die Vermutung aufkommen lassen, daß es sich dabei um Investitionskredite handelte, die dem Kreditnehmer Gewinn bringen sollten. Vor der Erntezeit aufgenommene Kredite mit Rückzahlungstermin im

Frühjahr konnten den Konsum betreffen, Kredite mit Rückzahlungstermin im Herbst konnten mit dem Ergebnis der Ernte abgerechnet werden. Die Getreideernte in Polen begann im Juli und endete im September. Im Herbst-Winter-Zeitraum waren die Zahlungsmöglichkeiten erheblich größer (annähernd zwei Drittel der Zahlungstermine), im Frühjahr-Sommer geringer (lediglich ein Drittel aller Zahlungstermine).

Wenn also die Schulden überwiegend im Winter abgegolten wurden und nicht unmittelbar nach der Ernte, erhebt sich die Frage, ob das nicht durch den Handel möglich wurde, der ja nicht nur die lokalen Märkte, sondern auch weit entfernte Handelszentren im großen Stil umfaßte. Diese Schlußfolgerung läßt sich durch die Untersuchung der Zeit, für die der Kredit erteilt wurde, bestätigen. Das ließe sich folgendermaßen darstellen:

Länge der erteilten Kredite (in %):

bis 2 Wochen	13,3
bis 1 Monat	23,1
bis 2 Monate	8,9
bis 6 Monate	23,7
bis zu 1 Jahr	15,3
bis zu 2 Jahren	10,0
mehr als 2 Jahre	5,7

Willkürlich darf angenommen werden, daß Anleihen bis zu einem Monat als kurzfristig, von mehr als einem Jahr als langfristig galten.

Diese Unterteilung resultiert auch aus den Angaben zur Zeit, die man brauchte um Handelsgeschäfte abzuwickeln, also um zum Markt mit den eigenen Erzeugnissen zu fahren oder auf dem Wasserwege bis zu den Seehäfen zu gelangen, und dafür brauchte man mehr als einen Monat. Daraus läßt sich die Annahme ableiten, daß kurzfristige Kredite stärker mit Konsumzwecken zusammenhingen. Das würden auch die Zeitpunkte ihrer Aufnahme, überwiegend im Zeitraum von April bis Juli, belegen. Die langfristigen Anleihen, die überwiegend im Zeitraum von Oktober bis Februar erfolgten, können mit der Möglichkeit zusammenhängen, eine gewinnbringende Aktivität zu entfalten. Die gegenseitigen Relationen bei den Krediten sehen folgendermaßen aus (in %):

Kurzfristige Anleihen	36,4
Mittelfristige Anleihen	47,9
Langfristige Anleihen	15,7

Daraus ließe sich entnehmen, daß längerfristige Kredite vorherrschten. Ausschlaggebend dafür dürften Transaktionen im Handel und Handelsinvestitionen gewesen sein.

Die Bedeutung des lokalen Kredits läßt sich lediglich anhand des Gesamtbildes von der polnischen Wirtschaft im 15. Jahrhundert richtig beurteilen. Es hat den Anschein, daß für unser Problem drei Merkmale wichtig sind. Erstens – der Agrarcharakter der Wirtschaft. Lediglich etwa 6% der Bewohner im gesamten Königreich Polen lebten vom Gewerbe, dem Handel und den Dienstleistungen.

Dieser Sachverhalt hing wiederum mit der Naturalwirtschaft und damit auch mit fehlendem Bargeld zusammen, was ja übrigens eine allgemeine Erscheinung in Europa war. Zweitens vollzogen sich im 15. Jahrhundert Wandlungen, die die Struktur und Hierarchie der Gesellschaft in Polen völlig umkrempeln sollten. Die alten auf Territorialbindungen beruhenden Formen veränderten sich rasch und das sowohl aufgrund der Weiterentwicklung des Landes als auch durch die Übernahme von westlichen Vorbildern. Kennzeichnendes Merkmal für die sozialen Formen waren die noch schwach ausgeprägten Grenzen zwischen den einzelnen Bevölkerungsschichten, eine starke Mobilität sowie die Möglichkeit, finanziell Karriere zu machen. Das hing mit der allgemeinen Konjunktur zusammen, die für die Entwicklung eines Landes im mittleren Osteuropa günstig war. Drittens ging die Entwicklung eines massenhaften kontinentalen Austausches mit der Einbeziehung des Agrarproduzenten Polen in den europäischen Handel einher. All diese drei Faktoren führten zu einer Intensivierung der Kreditbeziehungen im lokalen Maßstab, eröffneten Möglichkeiten für große Gewinne am großen Handel für alle sozialen Gruppen, die über die lokalen Zentren ihre Produkte in den großen Export nach Westen einfließen lassen konnten. Der Bargeldmangel beeinflußte die zunehmende Bedeutung des bargeldlosen Verkehrs noch zusätzlich. Die Auswirkungen dieses Sachverhaltes waren sehr mannigfaltig. Unter wirtschaftlichem Aspekt ermöglichte der Kredit eine bessere Arbeitsweise der lokalen Märkte als Kettenglieder des internationalen Warenaustausches. Er trug zur Weiterentwicklung der kleinen, doch zahlreichen städtischen Zentren bei (von denen es Ende des 15. Jahrhunderts annähernd 600 in Polen gab), wo die Kreditgeschäfte stattfanden. Unter sozialem Aspekt ermöglichten letztere die Akkumulation des Kapitals überwiegend in den Händen der Grundbesitzer. In der Zukunft sollte das dem Adel (der Schlachta) eine Monopolstellung verschaffen, doch im 15. Jahrhundert trug dieser Sachverhalt zu den verschiedensten Wechselbeziehungen zwischen den gesellschaftlichen Gruppen bei.

Die obigen Erörterungen stützen sich auf die Gerichts-Grundbücher: Hauptarchiv Alter Akten (AGAD) – Warszawa, Grundbücher von Zakroczym, Warschau, Sieradz, Radziejów, Kowal und die sogen. Kapiciana. Ebenso Stadt- und Landakten Lemberg 1880–1888, XII–XIII–XIV–XV, Bücher von Przemyśl, Przeworsk. Gerichtsbücher von Brieg-Kujawien-Łęczyca. Pawiński-Mappen, Warszawa 1899–1903, I–V, Grundbuch Czersk, Warszawa 1891.
Konsistorialbücher Pułtusk (AGAD) 1.

Genutzt wurden auch die Stadtbücher von Krakau (Archiv der Stadt Kraków, Consularia 428–432, Advocatialia 82–83), Danzig (Wojewodschaftsarchiv Gdańsk 300.42.2, 2b, 4, 4b, 212; 300.59, 6, 7, 8, 9), Lublin (Wojewodschaftsarchiv Lublin, Advocatialia, 1, 2, 3, 5, 6, Consularia 144), Posen (Ratsakten von Posen, herausg. von K. Kaczmarczyk, I–III, Poznań 1925–1938), Warschau (A. Wolff; Ratsbuch der Stadt des Alten Warschau, I, Wrocław 1963, A. Wolff: Ratsbuch der Stadt des Neuen Warschau I, Wrocław 1960), Przemyśl (Schöffenbuch, herausgeg. von J. Smołka und Z. Tymińska, Przemyśl 1936), aufbewahrt im AGAD, Płock 1, Sieradz 1,2, Wartha 1, Lanckorona 1, Radziejów 1; (Wojewodschaftsarchiv Gdańsk, Puck, Sztum und Malbork III/267/41 III 263 1328. III 272/4.)

In der Fachliteratur haben zum vorliegenden Thema die grundlegenden Arbeiten verfaßt: M. Ungehauer, Stosunki kredytowe w ziemi przemyskiej w poł. XV w. (Die Kreditbeziehungen im Raum Przemyśl Mitte des 15. Jhs.), Lwów 1929.

M. Małowist, Croissance et regression en Europe XIVe–XVIe, Paris 1972. J. Topolski, Narodziny kapitalizmu w Europie XIV–XVI w. (Die Geburt des Kapitalismus in Europa, 14.–16. Jh.), Warszawa 1965.

A. Wyrobisz. Handel w Solcu nad Wisłą do końca XVIII w. Przyczynki do historii rynku wewnętrznego w Polsce przedrozbiorowej (Der Handel in Solec an der Weichsel bis zum Ende des 18. Jhs. Beiträge zur Geschichte des Binnenhandels in Polen vor den Teilungen), Przegląd Historyczny 57 (1966).

J. Małecki, Studia nad rynkiem regionalnym Krakowa (Studien zum Regionalmarkt von Krakau), Warszawa 1963.

T. Lalik, Funkcje miast i miasteczek w Polsce późniejszego średniowiecza (Die Funktionen der größeren und kleineren Städte in Polen im späteren Mittelalter), Kwartalnik Historii Kultury Materialnej 4 (1975).

H. Samsonowicz, Beziehungen zwischen den polnischen Kleinstädten und ihrem Hinterland im 15. Jh., Hansische Studien IV, Weimar 1979. Ders., Untersuchungen über das Danziger Bürgerkapital in der zweiten Hälfte des 15. Jhs., Weimar 1969. Ders., Soziale und wirtschaftliche Funktionen der Kleinstädte im Polen des 15. Jhs., Jahrbuch des Feudalismus 2 (1978). I. Janosz-Biskupowa, Materiały do dziejów lichwy w Prusach krzyżackich w poł. XV. w. (Materialien zur Geschichte des Wuchers im Ordensstaat Preußen Mitte des 15. Jhs.), Studia i materiały do dziejów Wielkopolski i Pomorza IV, Poznań 1958. M. Toeppen, Die Zinsverfassung Preußens unter der Herrschaft des Deutschen Ordens, Berlin o. J. B. Lesiński, Les rentes comme instrument de credit dans la Pologne medievale, Studia Historiae Oeconomicae 3 (1968). O. Balzer, Zastaw użytkowy jako poprzednik hipoteki w Polsce (Das Nutzpfand als Vorläufer der Hypothek in Polen), Kłosy 1888. A. Janowicz, Kupno renty (Der Rentenkauf), Lwów 1883. A. Mączak: Kredyt w gospodarce chłopskiej na Żuławach malborskich na pocz. XVII w. (Der Kredit in der Bauernwirtschaft im Marienburger Werder zu Beginn des 17. Jhs.), Przegląd Historyczny 2 (1960). G. Szekely, Die Rolle der Groß- und Kleinstädte im osteuropäischen Fernhandel (14.–17. Jh.), Annales Universitatis Scienciarum Budapestienensis, Sectio Historica 15 (1974). S. Gierszewski, Struktura gospodarcza i funkcje rynkowe mniejszych miast województwa pomorskiego w XVI–XVII w. (Die Wirtschaftsstruktur und die Marktfunktionen kleinerer Städte im Raum Pomerellen im 16.–17. Jh.), Gdańsk 1966.

K. Tymieniecki, Procesy twórcze formowania się społeczeństwa polskiego w wiekach średnich (Die Herausbildungsprozesse der polnischen Gesellschaft im Mittelalter), Warszawa 1921.

Vgl. W. Mantels, Aus dem Memorial oder Geheimbuch des Lübecker Krämers H. Dunkelgud. (Beiträge zur Lübisch-Hansischen Geschichte 9), Jena 1881.

U. Łydkowska-Sowina, Ruch kredytowy w późnośredniowiecznym Sieradzu – pożyczki pieniężne. Szkice z dziejów materialnego bytowania społeczeństwa polskiego (Kreditverkehr im spätmittelalterlichen Sieradz – Geldanleihen. Skizzen zur Geschichte der materiellen Lage der polnischen Gesellschaft), Wrocław 1990.

KIRCHE UND KREDIT

Ein Beitrag zur Geldwirtschaft im spätmittelalterlichen und frühneuzeitlichen Dänemark

von

Troels Dahlerup

Am 21. August 1518 kam der Ripener Archidiakon während einer Visitationsreise zum Marktdorf Højer, wo er eine Verabredung mit den Kirchenpflegern und der Gemeinde über den Zinsfuß traf, die nach einer entsprechenden Abmachung aus der Stadt Tondern wie folgt lautete: „Item von jeder guten Mark geht ein guter Schilling und von jeder schlechten Mark geht ein schlechter Schilling". Der Zinssatz betrug also 6¼%, was angesichts des Mark-Schilling-Münzfußes ein sehr praktischer Zinssatz war.

Zweifellos spielte die Kirche eine hervorragende Rolle in der frühen internationalen Geldwirtschaft, obwohl sie gleichzeitig einen ideologischen, insgesamt aber vergeblichen, Kampf gegen den Wucher führte. Bis heute sind die Probleme des Kredits in Skandinavien vorzugsweise mit Hilfe der Staatsrechnungen und der besser erhaltenen Rechnungen des Adels und des Handelskapitals erforscht worden. Wenn ich hier die Kirchenrechnungen hervorhebe, geschieht das nicht aus ökonomischem Interesse, sondern weil ich die Sozialgeschichte der Geldwirtschaft, vor allem die frühe Geldwirtschaft des gemeinen Mannes, der keine Archive hinterlassen hat, untersuchen möchte.

In den norddeutschen Städten spielte besonders der Rentenkauf eine bedeutende Rolle, und es ist bemerkenswert, daß die päpstlichen Extravaganten von 1425 und 1455 (Extrav. comm. 3-5-1 und 3-5-2) an die norddeutschen Diözesen ergangen sind, um solche ein wenig zweifelhaften Geschäfte zu legalisieren[1].

---

[1] A. Friedberg, Corpus Juris Canonici, II, Lipsiae 1881, Sp. 1269f. und Sp. 1271f. Ich danke Professor Dr. Ernst Andersen für Hinweise zu seinem Buch, Bankvæsenets Oprindelse, København 1976.

In einer früheren Arbeit habe ich über den Zinssatz des Spätmittelalters und der Reformationszeit, insbesondere im Herzogtum Schleswig, geschrieben und herausgefunden, daß der hohe – vielleicht nicht immer legale – Zinssatz von 10–12% im Laufe des 15. Jahrhunderts auf 6¼% sank[2]. In Flensburg konnte man zu Beginn des 16. Jahrhunderts sogar Geld für bescheidene 5% bekommen. Leider fließen die Kirchen- und Gildenquellen im Königreich nicht so reichlich wie im Herzogtum Schleswig. Deshalb sind die Rechnungen des Ripener Archidiakons so bedeutend, zumal er den nordwestlichen Teil des Herzogtums Schleswig als Amtsbezirk innehatte und zugleich auch Prälat eines dänischen Bistums war. Aus diesen Rechnungen ergibt sich, daß man bei den Darlehen keinen Umweg – z.B. über den Rentenkauf – machte; rechnungsmäßig wurden jedenfalls Darlehen in Bargeld verbucht[3]. Vielleicht hatten die Darlehen ihren Ursprung in der uralten Sitte, Vieh auszuleihen? Denn die normale mittelalterliche Begräbnisabgabe war für den Bauern eine Kuh, und dieses Vieh wurde von der Kirche dann ausgeliehen. Falls ein junger Bauer einen Hof übernahm, benötigte er selbstverständlich viel Vieh, das er nun von seiner Kirche bekommen konnte. Häufig brauchte man auch Bargeld; mußte man solche Geschäfte immer in eine Kuhrente kleiden? (Vgl. die Rechnungen von Böll um 1550: „Rente gelt des jares 1 ß van 1 mk – Kohure 3 ß van 1 ko“[4]).

Systematische Untersuchungen fehlen noch für Dänemark, obwohl Rentenkauf und Kirchenkastenanleihen meiner Meinung nach häufiger vorkamen, als ich früher annahm. Als der dänische Reichsrat in der zweiten Hälfte des 14. Jahrhunderts (wahrscheinlich 1377) über den Wucher urteilte, hieß es, das gehöre zum geistlichen Gericht („*Quia causa est ecclesiastica*“[5]). Zur selben Zeit finden wir bereits in den

---

[2] Bidrag til Rentespørgsmaalets Historie i dansk Senmiddelalder og Reformationstid, Festskrift til Astrid Friis, København 1963, S. 47–64.

[3] C. Petersen, Kirker i Tønder Provsti, Sønderjyske Aarbøger 1941, S. 1–52. Über die nachreformatorischen Verhältnisse siehe J. Hvidtfeldt, Bidrag til Belysning af de kirkelige Forhold i Vestslesvig, Ebenda, S. 53–118. Über ähnliche Verhältnisse in Schweden siehe G. Olsson, Stat och Kyrka i Sverige vid Medeltidens Slut, Stockholm 1947, S. 63 f.; in Finland O. Nikula, Kyrkans Lånerörelse i äldre tid, Historisk Tidskrift för Finland 39 (1953–54), S. 134–152.

[4] H.F. Rørdam, Samlinger og Studier, III, S. 525 f., København 1898.

[5] Den danske Rigslovgivning indtil 1400, ed. E. Kroman, København 1971, S. 331 § 7. Vgl. A. Bøgh, Om dateringen af „Responsum“ etc., Fortid og Nutid 39, S. 40 f.

schlecht erhaltenen Kirchenrechnungen der Kleinstadt Assens auf Fünen (ca. 1372–85) einige Beispiele für Darlehen zu 6¹/₄%[6]. Gründliche Untersuchungen könnten vielleicht mehr Beispiele zutage fördern, als ich bisher zusammengetragen habe[7].

Abgesehen von der Quellenlage gibt es auch andere Ursachen dafür, daß der Rentenkauf vergleichsweise selten im Königreich vorkam. So stellen wir während des gesamten Spätmittelalters eine kritische bis feindselige Haltung gegenüber der „toten Hand“ fest. Sehr oft verfügten kirchliche Institutionen über großen Grundbesitz in den Städten, was aufgrund der kirchlichen Immunitäten, insbesondere der Steuerfreiheit, zahlreiche Probleme hervorrief. Bereits um die Mitte des 15. Jahrhunderts (1459) hören wir von solchen Problemen aus der Bischofsstadt Odense[8]. 1506 entschieden König und Reichsrat schließlich in einem Urteil, daß die Kirche bei der Pacht kirchlichen Eigentums dem Pächter nicht die Abgaben erhöhen dürfe[9]. Das Besitzrecht der Kirche wandelte sich so im Laufe der Jahrhunderte vom Eigentum zu einer Art Hypothek; so lange der Pächter seinen vor langer Zeit festgesetzten Zins zahlte, war er de facto der Besitzer, der das Eigentum verkaufen oder vererben konnte. Als Folge der immer wiederkehrenden Preissteigerungen finden wir dann auch im 19. Jahrhundert oft Stadteigentum, das an Kirche, Schule oder Spital traditionsgemäß einen symbolischen Zins von 2, 4 oder 6 Schillingen zahlte, in der Tat eine unerwartete, aber ganz effektive Säkularisierung kirchlichen Eigentums[10].

Erst von der Reformationszeit an sind fortlaufende Serien von Kirchenrechnungen in Dänemark überliefert. In der Stadt Assens finden wir in den 1520er Jahren mehrere Beispiele für Darlehen zu 6¹/₄%[11]. Auch

---

[6] Vgl. Assens Kirkeregnskab, Landsarkivet for Fyn, Odense.

[7] Danmarks Gilde- og Lavsskraaer, I–II, ed. C. Nyrop, København 1895–1904, vgl. Sachregister II, S. 602.

[8] Danmarks gamle Købstadslovgivning, III, ed. E. Kroman, København 1955, S. 487f.

[9] Gamle danske Domme, I, ed. E. Reitzel-Nielsen, København 1978, Nr. 43, S. 136f. Vgl. die Abmachung von 1524 zwischen dem Kopenhagener Kollegiatkapitel und den Bürgern über die Fragen von „Übereigentum“ und realem Besitz, Kong Frederik den Førstes danske Registranter, ed. Erslev und Mollerup, København 1879, S. 53f.

[10] Vgl. z. B. Grundbuch Helsingørs um 1866, Landsarkivet for Sjælland, København.

[11] Wie Anm. 6.

aus dem Jahr 1529, als die Stadt Malmö ihre städtische Reformation durchführte, sind zahlreiche Darlehen von der Kirchenfabrik, der Schule, dem Spital und der Vormundschaft überliefert; und hier betrug der Zinssatz nur 5%[12]. Ursprünglich konnten wir all diese Darlehen als „Kirchengeld" bezeichnen, aber mit der Reformation fand auch eine „terminologische Säkularisierung" statt, da Schule, Spital und Vormundschaft nicht mehr selbstverständlich als Gebiete der Kirche angesehen wurden.

Daß der Zinssatz von 6¹/₄% allgemein verbreitet war, bestätigt die Zinsverordnung des frommen Königs Christian III., in der er 1547 diesen Zinssatz legalisierte[13]. Vielleicht ist es von allgemeinem Interesse, daß dieser König mit seinen enormen Staatsschulden normalerweise – auch beim Kieler Umschlag – Geld zu 6% oder vielleicht nur zu 5% aufnehmen konnte[14].

Bereits 1557 versuchte der König, in einer neuen Verordnung einen Zinssatz von 5% gesetzlich festzulegen[15]. Die Kirchenrechnungen von Assens geben uns sogleich Beispiele für diesen neuen Zins, der jedenfalls von den erhaltenen schriftlichen Quellen allgemein überliefert wird[16]. Der fromme König befand sich aber auch in bester Übereinstimmung mit der Meinung seiner Theologen, daß die verschiedenen Formen des Zinses ein Ärgernis darstellten und daß die Pfarrer gegen den Wucher des gemeinen Mannes predigen sollten[17]. Ein seeländisches Synodalmonitum zeigt uns etwas aus der Praxis: die Pfarrer wurden 1574 ermahnt, gegen den Wucher zu predigen; aber falls sich die Leute mit dem legalen Zins von 5% begnügten, sollte die Predigt nicht zu hart ausfallen[18]. Um

---

12 Malmö Stadsbok 1503–48, ed. E. Kroman, København 1965, z. B. S. 82f. (1529), Kindergeld (1531) S. 96, Armengeld (1545) S. 218 etc.

13 Danske Magazin 4. R., I, København 1864, S. 274.

14 Über die Staatsschulden siehe A. Friis, Kansler Johan Friis' første Aar, Scandia 8 (1934), S. 172f.

15 Gamle Danske Love, IV, ed. Kolderup Rosenvinge, København 1824, S. 250f.

16 Wie Anm. 6, fol. 19r (1558).

17 M. Schwarz Lausten, Rentespørgsmålet hos teologer i den danske reformationskirke, Festskrift til Troels Dahlerup, Århus 1985, S. 91–104.

18 Gedruckt in Kirkehistoriske Samlinger 2. R., IV, København 1867–68, S. 367. Vgl. T. Dahlerup, Sin, Crime, Punishment and Absolution, L. Grane, K. Hørby (Hgg.), Die dänische Reformation vor ihrem internationalen Hintergrund, Göttingen 1990, S. 284.

die Wende zum 17. Jahrhundert tauchte dann der uralte 6¼%-Zins wieder auf, obwohl er erst 1632 – und das nur partiell – legalisiert wurde[19].

Sowohl im 16. als auch noch im 17. Jahrhundert finden wir im Herzogtum Schleswig eine Menge von Beispielen, in denen die Bauern die Kirchenkasten fast wie eine Sparkasse benutzten[20], was sich im Königreich leider nur vereinzelt nachweisen läßt. Im ganzen 17. Jahrhundert kommen dann und wann noch die traditionellen Kirchenkühe (Pferde, Schafe) vor, und die Kirchenkapitalien gab es ebenfalls noch, obgleich man in mehreren Fällen den Eindruck gewinnt, daß sich dahinter eine Administrationsveränderung verbergen könnte. Allzuoft teilen uns die dänischen Kirchenrechnungen nur eine Art Saldo mit; d.h., daß entweder die Kirchenpfleger der Kirche soundso viel schuldig waren, oder daß umgekehrt die Kirche den Pflegern einen bestimmten Betrag schuldete. In mehreren Fällen verwalteten die Pfleger das gesamte Kirchenvermögen und konnten daraus vielleicht ihren Nutzen ziehen.

Ein schönes Beispiel von der Nutzung kirchlicher Mittel besitzen wir in den Prälatrechnungen von Vardesyssel, wo der Prälat der berühmte Historiker Anders Sørensen Vedel war (1587)[21]. In dieser Zeit begannen die großen Anschaffungen modernen Kircheninventars (Altartafeln, Kanzeln usw.) sowie bedeutendere Baumaßnahmen, für die viele Kirchen Kleinvermögen anzusparen versuchten. Hier scheint der Prälat sehr erfolgreich gewirkt zu haben. Er war nicht nur der Visitator und Revisor, sondern er war auch den Kirchen mit künstlerischen Kontakten behilflich. Für uns ist natürlich die Finanzierung dieser vielen Einkäufe interessant, bei denen der Prälat wiederholt als „Makler“ die Darlehen zwischen den Kirchen ordnete.

---

[19] Viborg Landstings skøde og panteprotokoller 1624–37, ed. J. Holmgaard, København 1966–70, kennen Zinsen zu 6% schon im Jahr 1627 (S. 76), 1629 (S. 99) und 1631 (S. 128). Zur Verordnung von 1632 siehe V. A. Secher, Forordninger og Recesser, IV, København o.J., S. 572. Vgl. O. Fenger, E. Ladewig Petersen, Adel forpligter, København 1983, S. 41 f.

[20] Vgl. Anm. 2 und 3. Zu der dort zitierten Literatur ist hinzuzufügen K. Hector, Die Gettorfer Schuldbücher 1494–1534, Jahrbuch der Heimatgesellschaft des Kreises Eckernförde 17 (1959), S. 182 f.

[21] T. Dahlerup, Det danske Sysselprovsti i Middelalderen, København 1968, S. 116. Vgl. auch die kunstgeschichtlichen Kommentare S. Rasks, Om altertavler og Anders Sørensen Vedel, Ribe Stiftsbog 1982, S. 79 f.

Leider sind die Kirchenrechnungen meist nur für lokal- oder kunstgeschichtliche Fragen untersucht, und vielleicht würde eine genauere Durchsicht der Stadtkirchenrechnungen lohnend sein. In der lokalgeschichtlichen Literatur finden wir vereinzelte Beispiele, die uns einen Eindruck von der Bedeutung kirchlichen Kapitals im Stadtleben vermitteln[22]: Armengeld, Schulvermögen, Geld aus Vormundschaften. Daß Christian IV. 1619 eine neue Verordnung über die Vormundschaft erließ[23], war wohl nur im Sinne alter Tradition (z.B. Stadtrecht Flensburgs 1284, Stadtrecht Kopenhagens 1294, allgemeines Stadtrecht 1445 V 6, 28 und 59)[24]. Durch diese Studien fand ich – leider spät – eine hervorragende Quelle, die bis heute vernachlässigt wurde: das Legaterepertorium Hans de Hofmans über alle noch um die Mitte des 18. Jahrhunderts existierenden Legate und karitativen Institutionen[25], eine Publikation, die eigentlich eine moderne und systematische Bearbeitung verdient.

In aller Kürze ergibt sich hieraus eine – fast selbstverständliche – Entwicklung einer „feudalen Ökonomie", in der ursprünglich alle Legate mit Grundbesitz fundiert waren. Im Spätmittelalter stiftete aber der Adel nicht gerne Grundbesitz, sondern eher eine „ewige Rente"[26]; im Laufe des 16. Jahrhunderts wurde es dann üblich, ein Legat mit Kapital auszustatten.

In Wirklichkeit existierte das Kapital wohl nicht immer, aber der Gutsbesitzer und seine Nachkommen verpflichteten sich statt dessen, eine entsprechende Rente, also einen Zins, an Pfarrer, Kirche, Schule oder Spital zu zahlen; fast eine Entwicklung „vom Feudalismus zum Kapitalismus"[27].

---

[22] Z.B. E. Ladewig Petersen et alii, Odense Bys Historie, II, 1559–1660, Odense 1984, S. 281 f.; O. Degn, Rig og Fattig i Ribe, I–II, Århus 1981, z.B. I, S. 234, II, S. 123 f.

[23] V. A. Secher, Forordninger, III, København 1891, S. 585.

[24] Vgl. J. O. Koch, Bidrag til Københavns Overformynderis Historie, København 1944, S. 12 ff.

[25] H. de Hofman, Samlinger af Publique og Private Stiftelser, Fundationer og Gavebreve, I–XI, København 1755 ff.

[26] Z.B. die Erbteilung der Gyldenstierne-Familie im 1456 (gedr. Danske Magazin 3. R., III, S. 297 f., København 1851), durchgearbeitet bei T. Dahlerup, De fire Stænder, Gyldendals og Politikens Danmarkshistorie, VI, 1400–1500, København 1989, S. 110 f.

[27] Selbstverständlich ist es oft schwierig zu entscheiden, wann ein Legatekapital eigentlich nur aus einer ewigen Rente bestand, und wann es sich nur um die

Daß dieser frühe Kapitalismus eine Rolle gespielt hat, ergibt sich eindeutig aus der immer ideenreicheren königlichen Steuerpolitik. 1627 führte Christian IV. nicht nur die gewöhnliche Steuer auf Grundbesitz ein, sondern er belegte auch verzinstes Kapital mit einer einprozentigen Steuer: wohl nicht ganz ohne Erfolg; denn der König versuchte sich später mit einer zweiprozentigen und noch einmal sogar mit einer dreiprozentigen Kapitalertragssteuer[28]. Der königliche Finanzbedarf war damit noch nicht befriedigt. 1620 wünschte Christian eine Übersicht über die Kirchenrechnungen der vorangegangenen sechs Jahre, d.h. von 1614 bis 1620, und diese Idee wurde später noch mehrmals in den Jahren 1632 und 1637 aufgenommen[29]. Selbstverständlich kann man die königliche Begründung, er benötige eine bessere Grundlage für „kollektive Hilfe" (arme Kirchen wurden von wohlhabenderen unterstützt), sowie das in dieser Zeit allgemein zunehmende Interesse an Statistik nicht übersehen.

Jedoch geben diese Quellen einen lebendigen Eindruck von Darlehen in einer bäuerlichen Geldwirtschaft, die auch durch andere Quellenzeugnisse bestätigt wird. Hatte der König deshalb so ein lebhaftes Interesse am Kirchenvermögen, weil er insgeheim nach neuen Kreditmöglichkeiten Ausschau hielt, dann wurde er enttäuscht. Denn diese Berichte

---

Restanten der vorigen Pfleger handelte. Einige Beispiele: Nach der königlichen Donation Friedrichs II. für das Kopenhagener Armenhaus Vartov 1574 wurden diese 1000 Taler (zu 5%) bald nachgeahmt, und schon 1631 fingen hier die 6%-Zinsen an (Hofman, Samlinger, X, S.258, vgl. S.254, 265, 291 u.a.) und in einem Fall wurde das Kapital in Hamburg plaziert (S.370f.). Wohlbekannt ist, daß das kinderlose Ehepaar Herluf Trolle und Birgitte Gøye den Herrenhof Herlufsholm, das frühere Benediktinerkloster St. Peter (Skovkloster bei Næstved), als Schule verschenkt hatte. Sie hatten auch ein riesiges Kapitel der Schule in Helsingør geschenkt (Hofman, Samlinger, VII, S.66f.). Interessant sind die vielen charitativen Stiftungen aus den späteren Jahren des Königs, als sein Adel ihn fast in der Wohltätigkeit überflügelte. Vgl. ebenda, IV, S.603, wo 1641 eine sechsprozentige Rente (von 200 rd) dem *„Degn"* (Küster) in VestJylland (Aulum) gewährt wurde, wenn er Unterricht gab.

[28] Secher, Forordninger, IV, S.366; vgl. H. Bennike Madsen, Det danske skattevæsen, Odense 1978, S.42f.

[29] Kancelliets Brevbøger 1616–20, ed. L. Laursen, København 1919, S.819f., 1630–32, ed. E. Marquard, København 1932, S.364f., 1636–39, ed. E. Marquard, København 1940, S.736.

[30] Danske Kancelli, Vejledende Arkivregistratur, I, København 1943, ed. B. Kornerup, B.184 a–e, B 160 A und B 107.

melden allzuoft, daß der König zu spät gekommen war. Obwohl der König während des Dreißigjährigen Krieges zahlreiche Darlehen von Kirchen im östlichen Dänemark bekam, hatten sich die königlichen Amtmänner mit Hilfe ihrer Oberaufsicht über die Kirchen bereits an den Kirchenvermögen bereichert. Wo wie in Westjütland die Domkapitel amtierten und die Prälaten die Oberaufsicht führten, konnte sich der königliche Wille überhaupt nicht durchsetzen. Die Prälaturen waren nämlich oft in den Händen höherer königlicher Beamten, und das königliche Beamtentum hatte sich schon bedient. Ob die Kirchenvermögen durch den Bankrott des Königs oder den Ruin einzelner Edelmänner verschwanden, war schließlich ja egal.

Die bisher aus verstreuten Quellen zusammengetragenen Beispiele sollten eigentlich nur die traditionelle Auffassung von der „Naturalwirtschaft des gemeinen Mannes" widerlegen. Vielleicht kann man noch nicht von einer eigentlichen Geldwirtschaft sprechen, aber die Quellen zeigen uns eine Art „Geldrechnungswirtschaft" – ähnlich wie heute, wo moderne Menschen auch nicht mehr mit Bargeld bezahlen.

Aus den Jahren 1644–48 ist das erste Protokoll über Erbteilungen seeländischer Bauern überliefert. Man hat hier alles in Geld berechnet; oft kommt „Papiergeld", d.h. verzinste Schuldbriefe, vor[32]. In einem – vielleicht außergewöhnlichen – Fall hinterließ der verstorbene Bauer ein Vermögen von mehr als 3000 rigsdalern (rd), und der Vormund mußte sich verpflichten, diese Summe zum gesetzlichen Zinssatz von 6% anzulegen. Auch finden wir 13 „Obligationen" mit insgesamt über 775 rd und *„nach dem Buch des seligen Manns"* noch mehr als 50 rd[33]. In einem anderen Fall war die Kirche einem verstorbenen Bauern mehr als 80 rd schuldig[34], wogegen ein Pfarrer Armengeld aus der Stadt Køge geliehen

---

[31] Schon 1620 war viel nordseeländisches Kirchenkapital im Besitz des Stiftslehnsmannes (Danske Kancelli B 184 b und c). Daß dies problematisch sein konnte, ergab sich beim Tode des königlichen Bastards Gyldenløves 1645. Vgl. Kancelliets Brevbøger 1644–45, ed. J. Jørgensen, København 1968, S. 234f., 258 und 309.

[32] Bondeskifter fra Smørum og Lild herred 1644–48, ed. J.H. Andersen, København 1984.

[33] Ebenda, S. 10f.

[34] Ebenda, S. 50.

hatte[35]. Die Durchsicht dieser Quellen läßt also auf eine ländliche Gesellschaft mit reichen Kreditmöglichkeiten schließen.

Man gewinnt denn auch den Eindruck, daß im 17. Jahrhundert Geld und Geldwirtschaft allgemein verbreitet waren. Die Gerichtsprotokolle liefern uns zahlreiche Beispiele für Kredit und Darlehen und gehen dabei stillschweigend über den Zinssatz hinweg, weil es sich selbstverständlich um die legalen 6% (bei Summen über 100 rd und um 6¼% bei kleineren Summen) handelte[36]. Diese 6% wurden noch im „*Danske Lov*" (1683) festgehalten, obwohl der gesetzliche Zinssatz bereits 1695 auf 5% gesetzt wurde und im 18. Jahrhundert noch weiter sank[37].

Der Kieler Umschlag ist – obwohl nicht ausreichend erforscht – allseits bekannt[38]; weniger bekannt ist dagegen seine Nachahmung, der „*Viborg Snapslandsting*", der zumindest lokale wenn nicht sogar regionale Bedeutung besaß. Während die nordjütländische Stadtkirche Hjørring St. Katharine[39] ihr Kapital meist lokal anlegte, scheint z. B. die Stadtkirche von Skive schon früh den Viborg Snapsting benutzt zu haben. Jedoch war es im beginnenden 18. Jahrhundert oft nicht möglich, freies Kapital gegen eine ausreichende Sicherheit an den Mann zu bringen; so schwamm der Bischof Viborgs 1705 geradezu in nicht zu nutzendem Kapital[40]. Dies schien das Problem der Zeit zu sein, da auch der Bischof Jens Bircherod von Aalborg 1702 in seinem Tagebuch klagte, wie schwierig es damals war, Geld zu verleihen[41].

Dank einer sorgfältigen Administration bewahrten viele Kirchen ihre Vermögen. Als gegen Ende des 18. Jahrhunderts die Bauernemanzipa-

---

[35] S. 148.

[36] Vgl. Skast Herreds Tingbog 1636–40, ed. P. Rasmussen, København 1954–65, z. B. 1637, 320, 326, 350, alle 6¼%. Aasum Herreds Tingbog 1640–48, ed. A. E. Christensen und T. Dahlerup, København 1956–62, z. B. 1641, 170; 1642, 50; 1645, 238.

[37] K. E. Svendsen (Hg.), Dansk Pengehistorie, I, København 1968, S. 21.

[38] H. Landgraf, Bevölkerung und Wirtschaft Kiels im 15. Jahrhundert (Quellen u. Forschungen zur Geschichte Schleswig-Holsteins 39), Neumünster 1959 und E. Ladewig Petersen, Der Kieler Umschlag in nordwesteuropäischer Perspektive, HGbll. 98 (1980), S. 61–75.

[39] Hjørring St. Katharine Kirkeregnskaber 1661–74, Landsarkivet for Nørrejylland, Viborg, C. 603-2.

[40] Skive kirkes Regnskaber, ebenda, 1593–1722, C. 609-2, bes. fol. 267 f.

[41] H. Matthiesen, Snapstinget, København 1946, S. 58.

tion die Kreditnachfrage ins Unermeßliche steigerte, flossen dann nicht nur Kapital aus den neuen Witwenkassen der Bürokratie, sondern auch Armengelder und Kapital aus der Vormundschaft auf den Kapitalmarkt. Eine – zwar bescheidene – Rolle spielte hier z. B. auch die erwähnte Katharinenkirche, die 1809 mindestens sechs Darlehen im Wert von insgesamt 3000 rd vergeben hatte[42]. Ein wahrscheinlich nicht atypisches Beispiel für die Entwicklung vom Gutsbesitzer zum Rentier finden wir im Falle des Armenspitals Viborg. Dieses besaß, nachdem die eine Hälfte des Spitalsbesitzes nach 1698 und die andere Hälfte nach 1720 verkauft worden war, ein Kapital von ca. 11 150 rd in 22 Darlehen zu 5%[43].

---

[42] P. Ørberg, Viborg Gråbrødre Kloster, Viborg 1986, S. 122f. und S. 137.
[43] S. Jensen, Fra Patriarkalisme til Pengeøkonomi, København 1950, S. 65.

DIE ENTSTEHUNG DES BODENKREDITS IN DÄNEMARK, 1630–1730*

von

Erling Ladewig Petersen

War Dänemark noch im frühen 17. Jahrhundert eine Überflußgesellschaft gewesen, so wurde daraus bis 1730 „ein kleines von Armut betroffenes Land". Gemäß einem portugiesischen Sprichwort rieten Eltern ihrem Sohne nach Pernambuco zu gehen; dann würde er „in kurzer Zeit so reich wie der König von Dänemark zurückkehren". Dabei stammten die Einnahmen der dänischen Krone überwiegend aus den königlichen Domänen und dem Sundzoll. Immerhin hatte der Reichtum der dänischen Gesellschaft auch ausländische Beobachter beeindruckt: Adlige und Kaufleute zogen große Gewinne aus Produktion und Export von Getreide und Ochsen, was ihnen erlaubte, im Überfluß zu leben[1].

Um 1640 hatte Dänemark wahrscheinlich einen hohen Ausfuhrüberschuß, wogegen die Handelsbilanz 1735 negativ geworden war. Bedingt durch den Exportrückgang, den Preisverfall und die enorme Steuerlast des absolutistischen Staates mangelte es überall an Kapital. Jedoch bedarf die wirtschaftliche Situation Dänemarks der eingehenden Erörterung. An dieser Stelle werde ich aber nur einen Aspekt untersuchen, die Entstehung des Bodenkredits und der Hypothek, die man mit der zunehmenden Konsolidierung der öffentlichen Schulden vor allem in England, aber auch auf dem Kontinent seit dem ausgehenden 17. Jahrhundert vergleichen kann.

---

* Aus dem Englischen übertragen von Michael North.

[1] Hierzu und zum folgenden siehe Dansk socialhistorie, III, København 1980. Eine erweiterte Fassung der vorliegenden Untersuchung – mit umfangreicher Dokumentation – ist in Historisk tidskrift 1990, S. 293–319, erschienen. Das Zitat verdanke ich Dr. Peter Burke, Cambridge.

Insgesamt war der Überfluß im frühen 17. Jahrhundert in sozialer Hinsicht ungleich verteilt. Die wirtschaftliche Lage begünstigte die großen Grundbesitzer und die Kaufmannshäuser, was zu einer ökonomischen und sozialen Polarisierung führte. Landbesitz und politische Macht konzentrierten sich in den Händen einer Adelselite und des reichen Bürgertums von Kopenhagen und einiger Provinzstädte. Gleichzeitig heizte diese Situation eine hektische Spekulation in Adelsgütern an. Sie wurde seit 1570 zum großen Teil durch Anleihen und Kreditoperationen auf dem teuren Kapitalmarkt des „Kieler Umschlags" finanziert und endete in den „roaring 1620s" im totalen Chaos. Legislative und administrative Regelungen waren überfällig, da die Gerichtshöfe mittlerweile die Kontrolle über die adligen Schuldenoperationen verloren hatten. Die adligen Schuldverschreibungen, für die der Adel mit seiner Ehre eintrat, wurden zu oft mißachtet, so daß die Gläubiger letztlich pfänden ließen[2]. Als der administrative Eingriff schließlich unvermeidbar wurde, gestattete eine neue Verordnung 1632 dem Reichsadel die *„cessio bonorum"*, was einer Hypothek entsprach, da jährlich Zinsen bis zur Rückzahlung entrichtet werden mußten. Nichtadlige wurden schließlich in einer Verordnung von 1641 allein verpflichtet, die Nutzung von adligem Eigentum jährlich bei Gericht anzuzeigen, denn dessen Besitz war ihnen verboten. Auf diese Weise wurden die persönlichen ehrenhaften Schuldverschreibungen gesetzlich zu Schuldverschreibungen, die an Grundbesitz gebunden waren, d. h. zu vormodernen Hypotheken. Das bedeutet nicht, daß es solche Formen nicht schon früher gegeben hätte, oder daß die älteren Verschreibungen völlig verschwanden. Jedoch ermöglichen die Register, die in den Provinzgerichtshöfen (*„landsting"*) für Schuldverträge und Hypotheken geführt wurden, eine institutionelle und quantifizierende Untersuchung über Entstehung und Funktion eines Kreditmarkts, der ohne organisatorische oder öffentliche Ordnung die Agrarproduktion auf dem Großgrundbesitz finanzierte.

---

[2] E. Ladewig Petersen, Der Kieler Umschlag in nordwesteuropäischer Perspektive, HGbll. 98 (1980), S. 61–75; O. Fenger, E. Ladewig Petersen, Adel forpligter. Studier over den danske adels gældsstiftelse i 16. og 17. århunrede (Det kongelige danske Videnskabernes selskab, Historisk-filosofiske Meddelser 51:I), København 1983, S. 35–77, 243–60, 349–353, 364–375.

Tabelle 1. Darlehen gegen Hypothek in den Provinzgerichtshöfen (in rigsdalern und %)

	Jütland			Seeland	Fünen
1624–27	280 200			–	–
30–33	204 500		1632–35	37 100	–
34–37	82 900		36–40	56 900	–
	–		41–45	31 300	–
1645–48	260 300		46–50	95 300	72 300
49–52	148 500		51–55	52 000	51 500
1653–57	237 600		56–60	92 200	71 800
	Holstein. Kapital	Nichtadl. Kapital		Nichtadl. Kapital	Nichtadl. Kapital
1624–27	63,0	3,3		–	–
30–33	39,0	2,6	1632–35	27,8	–
34–37	34,2	9,7	36–40	13,7	–
	–	–	41–45	76,0	–
1645–48	11,8	16,4	46–50	33,0	34,0
49–52	4,7	18,2	51–55	25,1	33,4
53–57	2,1	15,5	56–60	45,9	12,9

Verschiedene Schlußfolgerungen können aus diesen Registern gezogen werden[3]. Ich muß zugeben, daß ich mich oft darüber gewundert habe, daß der Kieler Umschlag von deutschen Historikern – abgesehen von Richard Ehrenberg vor einhundert Jahren – trotz reichlicher Quellen nicht grundlegend untersucht wurde. Obgleich man deshalb die Situation des frühen 17. Jahrhunderts nicht quantifizieren kann, ist doch klar, daß in den 1630er Jahren die Goldene Zeit der adligen holsteinischen Unternehmer bereits Vergangenheit war. Deutlich wird nämlich in den Schuldregistern der Rückzug holsteinischen Kapitals aus dem dänischen Grundbesitz und der Hypothekenfinanzierung, nicht zuletzt in Jütland (Tabelle 1).

Offensichtlich änderte sich auch die Funktion des Kieler Umschlags fundamental oder sogar fatal nach dem Jahr 1630. Während bis dahin die königlichen Schulden unbedeutend gewesen waren, wuchsen sie bis 1650

[3] Fenger, Ladewig Petersen, Adel forpligter, Kapitel 6–8.

auf 900000 rigsdaler (rd), zu denen noch die immensen Schulden des Herzogs von Holstein-Gottorp, 1658 1,25 Mio. rd, kamen. Damit waren vermutlich die Grenzen für die vorhandenen Investitionsmittel erreicht; außerdem stellten die Schulden der frühen absolutistischen Monarchie kein sicheres Investitionsobjekt für die holsteinischen Adligen dar. Vermutlich war der Wechsel von der Geldanlage im privaten Bereich zur Finanzierung königlicher oder herzoglicher Schulden nicht freiwillig. Jedoch können wir nicht einfach annehmen, daß die Verordnungen der Jahre 1623–41 und die strengeren Verfahren am obersten Gerichtshof die holsteinischen Gläubiger abschreckten bzw. unakzeptable Bedingungen boten, noch weniger, daß einheimisches Kapital für die Bedürfnisse des dänischen Grundbesitzes ausreichend verfügbar war, oder die Gesetzgebung dem Kapitalmarkt eine neue Struktur gegeben hätte.

Immerhin wurden die neuen Kreditmärkte der Provinzen ein erstaunlich schneller Erfolg und insofern institutionalisiert, als regelmäßige Zahltage, „des Teufels Geburtstage", in den 1650er Jahren festgesetzt und akzeptiert wurden[4]. Im Jahre 1723 ließ der Historiker und Dramatiker Ludvig Holberg (1684–1754) einen seiner Charaktere, den Ritter Gottfried von Schuldenburg, am Zahltag klagen, er könne von den gierigen jütländischen Gläubigern und Landvögten nur Anleihen gegen eine Wucherschuldverschreibung oder hohe Hypothekenzinsen erhalten. Schonensche Schuldregister sind nicht überliefert, aber die übrigen weisen auf einen jährlichen Umschlag von etwa 100000 rd um die Mitte des 17. Jahrhunderts hin. Dabei dominierte anscheinend der alte Hochadel, der über Generationen eng verwandschaftlich und ökonomisch verbunden war. Gleichfalls ist aber der sich vergrößernde Anteil bürgerlichen Kapitals, das Kaufleute aus Kopenhagen und bis 1650 auch aus den Provinzstädten anlegten, zu bemerken. In solchen Fällen dienten Adlige als Bürgen, wovon sie möglicherweise auch mit Gütergewinn profitierten. Anzeichen von Kapitalknappheit ergeben sich nicht.

Die Verordnung des Jahres 1632 akzeptierte stillschweigend einen Zinssatz von 6% (gesetzlich waren nur 5% anerkannt), der wie in England langfristige Investitionen in Hypotheken attraktiv und sicher aus der Sicht der Kaufleute erscheinen ließ. Der Wert privilegierten Grundbesitzes betrug zu dieser Zeit durchschnittlich zwischen 50 und 55 rd

[4] Vgl. den Beitrag von K. K. Hvidt in Juristen 1966, S. 174–177.

Tabelle 2. Landwert und Hypothekenbelastung für Lehnsgüter in Seeland 1634–57 (in rigsdalern pro Tonne Hartkorn und in %)

	Landwert	Hypotheken-belastung
1634–37	52,7 rd	29,6 rd = 56 %
38–42	52,9 –	26,9 – = 51 %
43–47	55,0 –	29,3 – = 53 %
48–52	52,4 –	27,8 – = 53 %
1653–57	53,2 –	34,5 – = 65 %

pro Tonne Hartkorn[5] und erbrachte 1,5 rd festgesetzte Geldrente, d.h. 3%. Je Tonne Hartkorn hatte man durchschnittlich 25–30 rd geliehen, was den Zinssatz von 6% erhärtet (Tabelle 2). Auch wenn das einer merkantilistischen Sichtweise widerspricht, können wir doch die folgenden Schlußfolgerungen ziehen: zum einen gelang es der Regierung, ein ausreichendes und stabiles Angebot einheimischen adligen und Handelskapitals in die Agrarproduktion der Güter zu kanalisieren; zum anderen wurde dies durch die Einführung von Vorformen der Hypothek erreicht, relativ früh in der nordeuropäischen Entwicklung und vergleichbar allein mit England. Die älteren schwedischen Strukturen waren damit nicht zu vergleichen, und sogar die Schleswig-Holsteinische Ritterschaft wies eine öffentliche Regulierung des Bodenkredits noch lange zurück.

Der „dies irae" kam jedoch mit den Schwedenkriegen 1657–60, dem absolutistischen Staatsstreich des Jahres 1660 und der Umkehrung der ökonomischen Trends von den späten 1640er Jahren an. Die Folgen sind kurz zu skizzieren. Die „Revolution" des Jahres 1660 beseitigte die politischen Vorrechte des Adels, während die ökonomischen und juristischen Privilegien mit einer Ausnahme jedoch erhalten blieben. Die Steuerfreiheit der Güter und der Frondienste leistenden Bauern wurde aufgehoben. Der Gutsbetrieb wurde sozusagen privatisiert und hoch besteuert. Entsprechend konkurrierten die Krone und die privaten Grundbe-

[5] Die Tonne Hartkorn war eine Rechnungseinheit für die Leistungsfähigkeit des Grundbesitzes. Alle Abgaben der Bauern – Getreide, Butter, Vieh, Hühner usw. – wurden nach Taxen in Tonnen Hartkorn umgerechnet.

sitzer in einem bisher nicht gekannten Ausmaß bei der Abschöpfung der bescheidenen Überschüsse der bäuerlichen Produzenten. Die Steuern rangierten vor den Interessen der Grundherren, die ihrerseits die Verluste durch intensive Ausbeutung der Bauern zu kompensieren suchten, so daß die Belastung der Bauern im 18. Jahrhundert einen alarmierenden Umfang annahm.

Der Absolutismus beseitigte aber nicht die Stellung des Adels, den er nur domestizieren wollte. Daneben schuf der Absolutismus einen Amtsadel, da die Inhaber hoher Ämter automatisch und von 1691 an auch ihre Familien und Nachkommen adlig wurden. Außerdem verlieh man oft Nichtadligen das Recht, privilegiertes adliges Eigentum zu besitzen. All diese und andere Maßnahmen führten zur Veränderung der traditionellen gesellschaftlichen Strukturen, so daß beim Landbesitz die soziale Stellung und die ökonomische Leistungsfähigkeit – zumindest theoretisch – entscheidend werden sollten.

Verschiedene Faktoren trugen zur Umformung des Landbesitzes – strukturell und sozial – bei: zum ersten die Verschuldung zahlreicher Adliger, vor allem kleinerer Adliger, Witwen und „Hartkorn-Spieler" – obwohl dieser Faktor nicht zu stark hervorgehoben werden sollte. Nach heutiger Schätzung beliefen sich die Schulden auf maximal 30% aller adligen Ländereien[6], vermutlich sogar auf weniger, da die Besitzer die Schulden mit Hilfe von Hypotheken zu konsolidieren suchten, bevor sie verkauften. In Fünen (1661–64) machten die Hypotheken 11% des Werts des Adelsbesitzes aus, die Verkäufe weniger als 6%, in Seeland, das näher zur Hauptstadt war, wurden 31% des Eigentums hypothekarisch belastet und wahrscheinlich 10–15% verkauft.

Zum zweiten bedeuteten die Verwüstungen während der Schwedenkriege nach zeitgenössischen Schätzungen die Zerstörung von 30–40% der ländlichen Produktionsressourcen auf den Inseln; in Teilen Jütlands waren die Verluste sogar noch höher. Den Bauern mangelte es oft für Jahrzehnte an Saatgut und Zugtieren, meist auch an Geräten und Gebäuden. Der Wiederaufbau erforderte Zeit und Kapital und wurde nicht zuletzt durch die rücksichtslose Steuerpolitik der Krone stark verzögert. Zum dritten mußte die Krone zur Begleichung ihrer Schulden einen

[6] Die Schulden der Krone (ca. 5 750 000 rd) machten nicht weniger als 60% des Wertes der königlichen Domänen aus.

Tabelle 3. Landwert und Hypothekenbelastung 1661–1743 (in rigsdalern pro Tonne Hartkorn und in %)

	Seeland			Fünen
	Landwert	Hypotheken-belastung		Landwert
1661–70	47,4 rd	22,8 rd	= 48 %	50,4 rd
71–80	41,4 –	18,2 –	= 44 %	40,2 –
1684–93	36,4 –	16,2 –	= 44 %	36,5 –
94–03	41,1 –	7,5 –	= 43 %	47,7 –
1704–13	52,4 –	22,4 –	= 43 %	56,8 –
14–23	47,3 –	15,8 –	= 33 %	60,6 –
24–33	45,9 –	21,2 –	= 46 %	54,6 –
1734–43	37,3 –	19,2 –	= 51 %	58,1 –

erheblichen Teil des Kronlandes verkaufen oder ihren Gläubigern, Kopenhagenern und Ausländern, übergeben. Abgesehen von den ungünstigen Einflüssen der Agrarkrise der 1660er Jahre ließen die den Gläubigern diktierten Bedingungen eine Mobilisierung ihres Kapitals nicht zu, so daß die übergebenen Domänen Verluste abwarfen. Mehrere Gläubiger scheiterten und, was von größerer Bedeutung war, bis 1682 hatte die Krone fast die Hälfte ihrer Domänen verloren. Schließlich führte 1682 die Einführung der Steuerfreiheit für Güter, die über mindestens 200 Tonnen Hartkorn Bauernlands in einem Radius von zwei dänischen Meilen (ca. 15 km) verfügten, dazu, daß „standardisierte" Güter dieser Größe die dänische Gutslandschaft auf den Inseln und im östlichen Jütland sichtbar zu dominieren begannen. Neue soziale Gruppen – notwendigerweise nicht Adlige, sondern Beamte, Offiziere, Akademiker etc. – traten in den Vordergrund, während der alte niedere Adel verschwand.

Ich habe diese Ursachen erwähnt, um die unmittelbaren und die langfristigen Folgen für die Landwirtschaft hervorzuheben. Alle erwähnten Faktoren trugen dazu bei, daß sich der Umschlag von Grundbesitz in den ersten Jahrzehnten des dänischen Absolutismus unnormal verlängerte. Genaue Schätzungen fehlen noch, aber der Verkauf und Wiederverkauf können mit einer Rate von jährlich 3% geschätzt werden, was einem Kapitalbedarf von 50000–700000 rd entsprach, wozu noch die Hypotheken kamen.

Als Folge des unnormalen großen Angebots und der vorherrschenden und oftmals wiederkehrenden Agrarkrisen sanken die Landpreise von 1664 an (Tabelle 3). Extrem niedrige Preise, manchmal sogar lächerlich niedrige Preise wurden gezahlt; jetzt wirkten andere Kräfte auf die Preisgestaltung als früher, so z. B. die lokalen Verhältnisse, der Zustand der Güter, die Zahl der Frondienste leistenden Bauern, die Belastung der Hypothek etc. Alle Faktoren zusammengenommen, fielen die Preise um 25%. Der Preisverfall dauerte bis in die 1730er Jahre an und war besonders deutlich in den Zeiten der ökonomischen und finanziellen Depression, d. h. in den 80er Jahren des 17. und den 30er Jahren des 18. Jahrhunderts.

Kehren wir zum Bodenkredit zurück. Graphik 1 versucht, auf Grundlage einer Computeredition der Schuldregister des seeländischen Gerichtshofes den Kreditumfang 1632–1761 zu analysieren. Erfaßt sind ungefähr 2500 Einträge, die – obwohl sehr ungleichmäßig verteilt – in den 1660er Jahren ihren Höhepunkt und in den Anfangsjahrzehnten des 18. Jahrhunderts den tiefsten Stand erreichten. Die Interpretation ist jedoch komplizierter und kann auch nicht erschöpfend sein. Die große Aktivität im siebten Jahrzehnt des 17. Jahrhunderts erstaunt natürlich nicht, aber der Trend wies deutlich abwärts bis in das beginnende 18. Jahrhundert, wobei die 1690er Jahre eine stabilere Phase darstellten. Uneinheitlich verlief auch die Aufwärtsentwicklung zwischen 1720 und 1760, dem Beginn der Agrarreformen. Sie kann einerseits durch den nachlassenden fiskalen Druck nach den Kriegen begünstigt worden sein, andererseits aber auch den Kapitalbedarf der Güter während der Agrarkrise der 1730er und 1740er Jahre widerspiegeln, der eine Flut von Zwangsversteigerungen folgte. Ob die zunehmende Kreditnachfrage nach 1740 aus Reinvestitionen und Rationalisierung resultierte oder eine Folge der sich verbessernden Agrarkonjunktur war, können wir an dieser Stelle nicht entscheiden. Wenn für die Entwicklung nach 1720 immerhin verschiedene Erklärungen möglich sind, ist dagegen der Rückgang der Kreditvergabe von 1660 an weniger klar. Eine Hypothese wäre die Befriedigung des dringendsten Kapitalbedarfs direkt während der 1660er Jahre, so daß die Nachfrage auf ihren Vorkriegsstand zurückging. Eine zweite wahrscheinlichere Hypothese würde den Mangel an Kapital oder die geringe Investitionsneigung angesichts der ungünstigen fiskalischen und ökonomischen Rahmenbedingungen in den Mittelpunkt stellen. Im letzteren Falle müßte sich die Kapitalknappheit in steigenden

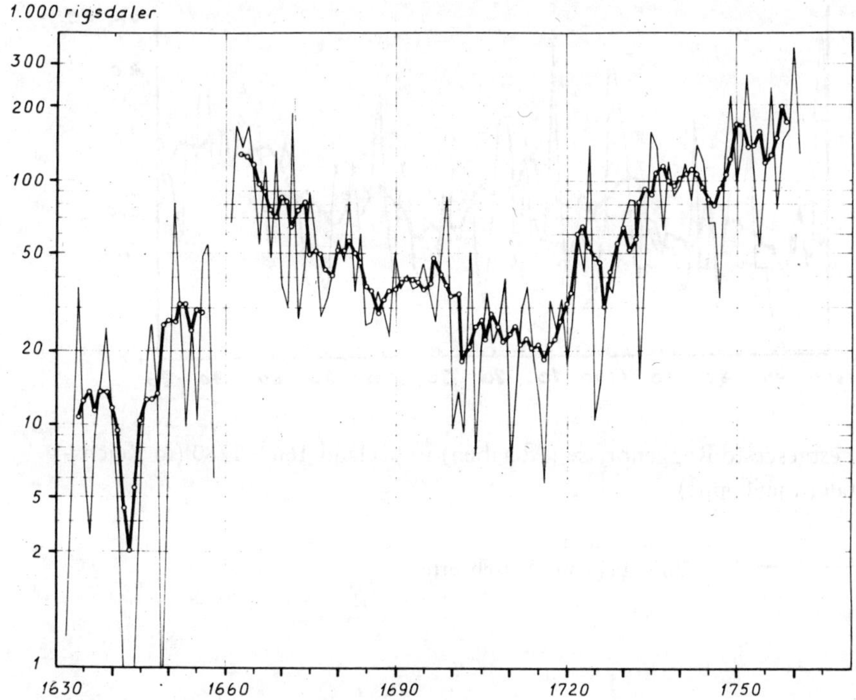

Gerichtshof der Provinz Seeland. Darlehen auf Hypothek 1632–1761.

——— jährliche Höhe
━━━ fünfjährig gleitende Mittelwerte

Zinsen oder ungünstigeren Hypothekenbedingungen (niedrigere Belastungsgrenzen) oder in einer Kombination beider Faktoren äußern.

Eine einfache Berechnung der Korrelationen zwischen Agrarpreisen und der Kreditvergabe ergibt keine statistisch signifikanten Ergebnisse bis zum Jahre 1740[7] (Graphik 2). Das schließt natürlich nicht die Ein-

[7] Erst danach beträgt der Korrelationskoeffizient ÷ 0,50. Dies könnte die Vermutung stützen, daß in der Folgezeit die Investitionsneigung und eine optimistische Stimmung in der Wirtschaft zunahmen.

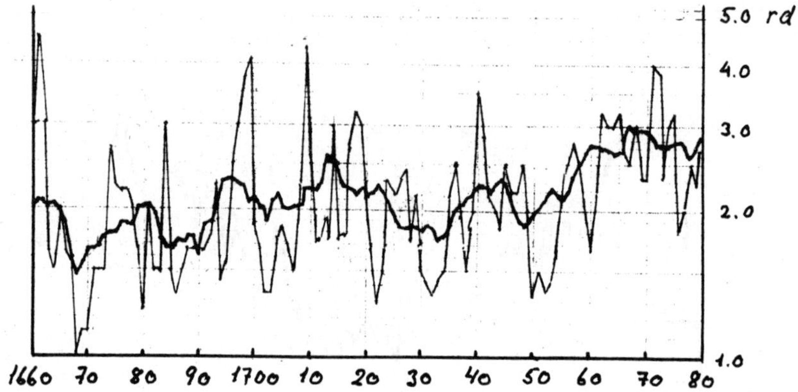

Festgesetzte Roggenpreise (Abgaben) in Seeland 1660–1780 (in Reichstalern je Tonne).

——— jährlicher Betrag
——— elfjährig gleitende Mittelwerte

flüsse der ökonomischen Situation oder des akuten Kapitalbedarfs aus. Letzterer war aber nur einer unter mehreren Faktoren, wobei das fehlende Kapitalangebot als primärer Faktor wirkte. Jedoch ging der Umschlag von Grundbesitz nicht zurück, während die Kreditaufnahme deutlich nachließ.

Außerdem fehlen alle Anzeichen für steigende Zinsen. Das dänische Gesetz von 1683 kodifizierte einen Satz von 6%, aber 1695 drückte die Regierung den Zinssatz aus fiskalischen Gründen auf 5%, ein Zinsniveau, das man anscheinend allgemein akzeptierte und das bis 1767 stabil blieb. Verglichen mit Hamburg oder Schweden war dieser Zinssatz trotzdem hoch. Verändert zu haben scheinen sich in der Zeit des Absolutismus jedoch die Belastungsgrenzen für Hypotheken. Sie sanken auf 16–20 rd je Tonne Hartkorn, d.h. auf 40–45% des Wertes, und lagen damit um ein Drittel niedriger als in den Jahren vor 1660. Das bedeutet, daß die festgesetzten Profite bedingt durch ökonomische und fiskalische

Ursachen auf 1 rd oder sogar auf 0,8 rd pro Tonne Hartkorn gefallen waren und nur noch zwei Drittel oder die Hälfte der vorhergehenden Generation betrugen. Die zeitgenössischen Zeugnisse fließen spärlich und bleiben darüber hinaus widersprüchlich. Mehrere Klagen aus den 1670er und 1680er Jahren betonen den Kapitalmangel und die Abneigung der Investoren: Geld war auch mit hoher Hypothek nicht einfach aufzubringen, da Kapital- und Rentenverlust häufig vorkamen. 1685 ließ die königliche Kammer in gestelzter Kanzleisprache verlautbaren, daß viele mittellose und enttäuschte Grundbesitzer ihre Güter wegen Steuerrückständen und Zahlungsunfähigkeit verließen. Grundbesitz hatte so an Ansehen verloren, „daß er, anstatt das schönste Objekt der Kapitalanlage zu sein, den Gläubigern den größten Verdruß bereitete, da er ihnen ständig Kosten und Unannehmlichkeiten verursachte".

Kapitalmangel und die Abneigung zur Investition wurden hier – wahrscheinlich nicht unrealistisch – kombiniert. Die Situation wiederholte sich 1692, als der kritische englische Diplomat Robert Molesworth behauptete, daß die Reichen Bankkonten in Amsterdam oder Hamburg bevorzugten. Leider ist dieses Urteil nicht zu erhärten. Dagegen berichtete der Bischof Jens Bircherod 1702, daß die Leute, „die vom Markt für Termingeschäfte [in Viborg] zurückkehrten, nicht aufhörten sich darüber zu wundern, wie schwierig es geworden war, Geld zu verleihen, da wenige Geld liehen, obwohl viele es verliehen". Solche Aussagen sind jedoch nicht unvereinbar. Die ökonomischen Bedingungen und der Wohlstand könnten sich im Laufe der Zeit verändert haben, nicht zuletzt während der großen europäischen Kriege 1689–1713, möglicherweise aber auch aufgrund fiskalischer Erleichterungen in der Zeit von 1692 bis zu den nordischen Kriegen. Darüber hinaus sind die verschiedenen Gläubigergruppen ohne gründliche Untersuchung der Schuldregister und anderer Quellen schwierig zu identifizieren. Allgemein besaßen die Steuern in diesen Jahren Priorität und konnten in harten Zeiten zu Recht als eine erste staatliche Hypothek betrachtet werden. Doch allgemein – trotz sozialer Differenzierung – habe ich den Eindruck, daß die alten und noch immer reichen Familien zusammen mit der Kopenhagener Oberschicht, Beamten und Akademikern den Kapitalmarkt beherrschten, während die kleineren Städte keine Rolle mehr spielten. Bedeutend war schließlich institutionelles Kapital von Kirchen, Armen- und Waisenhäusern, obwohl keine Versuche der Institutionalisierung nachzuweisen sind.

Wir besitzen noch keine Studie über die Entwicklung des modernen Vertragsrechts, der Rechtsbrüche oder der öffentlichen hypothekarischen Institutionen. Die Weigerung der Behörden, über die Vollstrekkung privater Forderungen Gesetze zu erlassen, war notorisch[8]. Immerhin taucht die praktische Regelung der ersten und zweiten Hypothek in den Schuldregistern des späten 17. Jahrhunderts auf und war im frühen 18. Jahrhundert allgemein so bekannt geworden, daß Schriftsteller wie Matthias Moth (Kammerbeamter und Lexikograph, 1649–1719) und Ludvig Holberg sie erwähnen konnten. 1727 ließ Holberg eine freche Magd ihre junge Herrin mit den Worten warnen: „die Wechsel, die Staatsanleihen, das Bargeld, die Prioritäten, Posteritäten etc." eines alten Mannes nicht gegen ihren Willen zu heiraten.

Wie bereits erwähnt blieb der Kapitalmarkt formal noch lange Zeit ungeregelt; es entwickelten sich keine Institutionen wie die Bank von England oder die schwedische *„riksbank"*, die die langfristige Konsolidierung des Bodenkredits und des Kredits allgemein ermöglichten. Trotzdem entstand ein institutioneller Rahmen vergleichsweise früh. Ursprünglich hatten die Verordnungen der Jahre 1623–41 das Ziel, adliges und Kaufmannskapital in die Gutswirtschaft zu kanalisieren, vielleicht auch das teure holsteinische Kapital zu ersetzen. Die Gesetzgebung war vor 1660 erfolgreich; und selbst danach war der dänische Kapitalmarkt in der Lage, sich den Mechanismen von Angebot und Nachfrage anzupassen. Er litt aber periodisch stark unter den ungünstigen ökonomischen Bedingungen und vor allem unter den unerträglichen und – wenn Sie wollen – schlechtberatenen fiskalischen Anforderungen des frühen absolutistischen Regimes.

[8] Fenger, Ladewig Petersen, Adel forpligter, S. 137–141. Zum folgenden siehe Ordbog over det danske Sprog, VIII, København 1926, Sp. 977f. (hypothek); XVI, København 1936, Sp. 1305f. (prioritet).

DER AGRARKREDIT IN DEUTSCHEN TERRITORIALSTAATEN VOM MITTELALTER BIS ANFANG DES 18. JAHRHUNDERTS

von

Willi A. Boelcke

Der Agrarkredit ist keine Erscheinung der neueren Wirtschaftsgeschichte, sondern reicht in zeitgemäßen Verkleidungen bis ins Mittelalter zurück. Weder hätte das Konzil von Nicaea im Jahre 325 ein Zinsverbot für Kleriker aussprechen müssen, noch Karl der Große sich veranlaßt gesehen, es in seinem Reich mit ländlichem Charakter auf die Laien auszudehnen, hätte es nicht bereits im frühen Mittelalter Geldhandel und Geldleihe in beträchtlichem Umfang gegeben[1]. Bekannt ist seit Karl Lamprecht, daß Kirchen und Klöster schon im 10. Jahrhundert gewissermaßen als „Bankiers" auftraten und vornehmlich freie und halbfreie Bauern beliehen[2]. Wohl blieb das Zinsverbot bis in die Frühe Neuzeit aufrechterhalten, doch Menschen und Obrigkeiten setzten sich darüber hinweg. Rechtstitel mit anderem Namen wurden geltend gemacht, die eine Umgehung dieses Verbots ermöglichten und den Gläubiger ermächtigten, tatsächlich einen Zins oder „Genuß" zu nehmen. Unverhüllt war das verzinsbare Darlehen seit dem 13. Jahrhundert üblich. Die Großschäffer des Deutschen Ordens in Preußen verlangten von ihren Kreditnehmern einen Effektivzins von 10%: *„tenetur 20 marc, do sal her uns*

---

[1] E. Salin, Politische Ökonomie. Geschichte der wirtschaftlichen Ideen von Platon bis zur Gegenwart. Tübingen–Zürich 1967[5], S. 24; hierzu auch M. Neumann, Geschichte des Wuchers in Deutschland bis zur Begründung der heutigen Zinsgesetze (1654), Halle 1865, Ndr. Leipzig 1969, S. 13; A. M. Knoll, Der Zins in der Scholastik, Innsbruck 1933, S. 30.

[2] J. Kulischer, Allgemeine Wirtschaftsgeschichte des Mittelalters und der Neuzeit, I, Berlin 1954, S. 344; Ders., Warenhändler und Geldausleiher im Mittelalter, Zeitschrift für Volkswirtschaft, Sozialpolitik und Verwaltung 17 (1908), S. 237.

von czinsen alle jar 2 marc uff weynachten"[3]. Der agrarische Kredit nahm bis in die Frühe Neuzeit vornehmlich die Gestalt des sog. Gültkaufs (Zins- und Rentenkauf) mit und ohne Pfandsetzung sowie der Pfandschaft an. Der Gläubiger empfing in diesem Falle das verpfändete Grundstück, „damit er es bis zur Wiedereinlösung besitze und ohne Einschränkung zu eigenem Vorteil nutze"[4]. Wenzel von Biberstein, ein begüterter Edelfreier und Herrschaftsbesitzer aus der Lausitz, machte Mitte des 15. Jahrhunderts in seiner Gütererwerbspolitik von beiden Möglichkeiten reichlich Gebrauch[5]. 1464 verkaufte er um 200 Schock Groschen die jährlich einkommenden 20 Schock Groschen Geldzins aus den Dörfern Schleife und Rohne an Äbtissin und Konvent des Klosters Marienstern und überließ noch im gleichen Jahre dem ehrbaren Jorgen von Löben Schloß, Stadt und Land Muskau um 1500 Gulden auf mindestens fünf Jahre als Pfand. Gült-, Zins- oder Rentenkäufe bei gleichzeitiger Pfandsetzung, die in einem bekannten Zwiegespräch zwischen Bauer, Bürger, Pfaffe und Mönch aus der Reformationszeit als Wucher gebrandmarkt wurden[6], waren allgemein verbreitet. Brauchten die Bauern von Waldenburg bei Basel Ende des 15. Jahrhunderts kurzfristig Geld, dann begannen sie Zinse vor allem an Bürger von Basel und städtische Körperschaften zu verkaufen, belasteten ihr Gut mit Zinsleistungen und verpfändeten es in einem nächsten Schritt an den Rat von Basel oder andere Interessenten[7].

Bedeutung und Umfang des Kredits in der spätmittelalterlichen Landwirtschaft wurden im allgemeinen bisher unterschätzt. U.a. wegen der grundherrlichen Abhängigkeit des bäuerlichen Besitzes schloß Grewe auf eine nur geringe Bedeutung des älteren landwirtschaftlichen Kredit-

---

[3] Sattler, Der Handel des Deutschen Ordens in Preußen, HGbll. 1 (1887), S. 78f.; Neumann, Geschichte des Wuchers, S. 512.

[4] Neumann, Geschichte des Wuchers, S. 182.

[5] W.A. Boelcke, Verfassungswandel und Wirtschaftsstruktur. Die mittelalterliche und neuzeitliche Territorialgeschichte ostmitteldeutscher Adelsherrschaften als Beispiel, Würzburg 1969, S. 71f.

[6] G. Franz (Hg.), Quellen zur Geschichte des deutschen Bauernstandes, München–Wien 1963, S. 9–14.

[7] J. Kümmel, Bäuerliche Gesellschaft und städtische Herrschaft im Spätmittelalter. Zum Verhältnis von Stadt und Land im Fall Basel/Waldenburg 1300–1535, Konstanz–Paris 1980/82, S. 150f.

wesens: „Im übrigen war die Verschuldung des Bauernstandes nur gering, wohl zum Teil deshalb, weil der Bauer seinen Besitz nur als Lehn hatte und daher kein Interesse zeigte, viel Kapital in seinen Betrieb zu stecken“[8]. Das galt freilich nicht für das bäuerliche Freieigen, dem auf west- und süddeutschem Altsiedelland bis in die Frühe Neuzeit eine erhebliche Bedeutung zukam[9]. Wo Grundherrschaft oder Landrecht der bäuerlichen Kreditaufnahme bzw. Verschuldung Grenzen setzten, war dem Bauern die eigenmächtige Entscheidung über die Kreditbelastung seines Grund und Bodens genommen und der Überschuldung sicher ein Riegel vorgeschoben. Grundherrliche Lehnbriefe des 15. Jahrhunderts enthielten durchweg die Bestimmung, daß der verliehene Hof nicht beliehen werden dürfe und „auch nicht weitere Gült daraus zu machen“ sei. Wen man dabei ertappte, der wurde im südwestdeutschen Raum gerichtlich gezwungen, die verkaufte Gült binnen festgesetzter Frist abzutragen. Ob die verhältnismäßig niedrige Verschuldung des in einer Stichprobe herausgegriffenen württembergischen Dorfes Münchingen mit seinen 112 Steuerzahlern im Jahre 1448 in Höhe von nur rund 500 fl – das waren kaum 7% des vorhandenen Steuervermögens von 6000 fl[10] – auch auf Eingriffe der Obrigkeit zurückzuführen war, ist nicht bekannt. Fast alle in Münchingen aufgenommenen Darlehen hatte den 26 Kreditschuldnern des Dorfes bezeichnenderweise die Geistlichkeit der badischen Stadt Pforzheim gewährt. Die Kreditbeträge bewegten sich zwischen 5 und 35 fl und waren überwiegend zu 5% zu verzinsen und nur in zwei Fällen mit einer Naturalrente.

Es gab für den Bauern seit dem Spätmittelalter eine ganze Reihe von Gründen und Ursachen, um sich Geld oder Kredit zu beschaffen. Er

[8] W. Grewe, Das landwirtschaftliche Kreditwesen und sein entscheidender Wandel unter dem Einfluß Friedrichs des Großen, Jahrbuch der Gesellschaft für Geschichte und Literatur der Landwirtschaft 39 (1940), S. 94.

[9] W. A. Boelcke, Die Grundbesitzverhältnisse auf der Gemarkung Kornwestheim um 1365. Beiwort zur Karte IX,3, Historischer Atlas von Baden-Württemberg, Stuttgart 1980; H. Ebner, Das freie Eigen. Ein Beitrag zur Verfassungsgeschichte des Mittelalters, Klagenfurt 1969; D. Sabean, Landbesitz und Gesellschaft am Vorabend des Bauernkriegs, Stuttgart 1972.

[10] W. A. Boelcke, Zur Entwicklung des bäuerlichen Kreditwesens in Württemberg vom späten Mittelalter bis Anfang des 17. Jahrhunderts, Jahrbücher für Nationalökonomie und Statistik 176 (1964), S. 326–327.

brauchte es[11], um die in Geld erhobenen Grundzinsen und Steuern zu entrichten, landwirtschaftliche Arbeiter zu entlohnen, seinen anfallenden persönlichen und betrieblichen Sachmittelbedarf zu befriedigen, seinen Betrieb durch Landkäufe aufzustocken und weichende Erben auszuzahlen. Wenn durch Mißernten, Seuchen, Kriege usw. ein Verlust an Betriebsmitteln, von Saatgut, Vieh, Gebäuden eintrat und in Notzeiten das zum Überleben Notwendige fehlte, waren in aller Regel Kreditmittel bzw. Notstandshilfen notwendig, um das Ausgefallene zu ersetzen und den Mangel zu überwinden. Zu den Kreditgebern der Landwirtschaft gehörten in der ständisch strukturierten Gesellschaft fast alle sozialen Schichten und Institutionen, die über Geldvermögen verfügten, ohne daß dieses breitgestreute Kreditangebot von recht unterschiedlichem Volumen ausschloß, daß es der Landwirtschaft und zahllosen Landwirten zu allen Zeiten immer wieder an Kredit mangelte.

Dorfgemeinden übernahmen nachweislich schon im 13. Jahrhundert die Funktionen von Darlehensgebern in Notzeiten. 1296 verkaufte die bekannte Winzergemeinde Ihringen im Breisgau eine Weingült „*mit gemeinem rate und willen durch unseres dorfes notdurft und nutz*“[12]. Charakter und Bedeutung der von den Dorfgemeinden selbständig getätigten Finanzgeschäfte wurden von Karl Siegfried Bader einer verdienstvollen ersten eingehenden Betrachtung unterzogen[13]. In ihren Finanzgeschäften waren den Dorfgemeinden bis ins 16. Jahrhundert keine Beschränkungen rechtlicher Art auferlegt. Die erste württembergische Landesordnung von 1495 beklagte zwar, daß an nicht wenigen Orten „*die gericht und gemeind für sich und von frembder personen wegen verschriben und versetzt seind*“[14], aber auch mit den nachfolgenden Landesordnungen, die sich regelmäßig mit dem „Gültaufnehmen“ der Gemeinden befaßten, gelang es nicht, den von alters geübten Brauch zu unterbinden, zur Entlastung verschuldeter Gemeindemitglieder oder um Ver-

---

[11] Vgl. W. Abel, Die Wüstungen des ausgehenden Mittelalters, Stuttgart 1955, S. 127 ff.; zur Lage der Bauern in der spätmittelalterlichen Agrarkrise siehe W. Rösener, Bauern im Mittelalter, München 1985, S. 272 ff.

[12] UB Freiburg, II, Nr. 196.

[13] K.S. Bader, Dorfgenossenschaft und Dorfgemeinde, Köln–Graz 1962, S. 448–459.

[14] A. L. Reyscher, Sammlung württembergischer Gesetze, XII, Tübingen 1841, Nr. 4, S. 11.

armten zu helfen, Schulden selber zu machen[15]. Nicht minder vielseitig war der Kreis der Personen, mit denen Gemeinden Geldgeschäfte tätigten. Auch von ihrer Herrschaft, vom Grund- und vom Landesherrn, wurden sie um Geldleistungen oder Bürgschaften angegangen. Häufiger sind – namentlich im 17./18. Jahrhundert – die Fälle, in denen die Herrschaft ihrerseits der Dorfgemeinde in Form von Darlehen, Zins und Gült finanzielle Hilfe leistete, und zwar in recht beträchtlichem Umfang[16].

Es lag im ureigensten Interesse der Herrschaft, Gemeinden und den Untertanenstand zu erhalten. Aus diesem Grunde waren wohl in allen Teilen Deutschlands in neuerer Zeit die verschiedensten herrschaftlichen Hilfskassen tätig. Eleonore Fürstin zu Hohenlohe-Langenburg führte von 1749 bis zu ihrem Tode im Jahre 1769 unentgeltlich eine Art Depositenkasse zum Zweck der Verzinsung von privaten Geldern der fürstlichen Familie und von privaten Ersparnissen ihrer Bediensteten und Untertanen (etwa 300 private Einleger). Die Einlagen wurden zur Darlehensgewährung an öffentliche Kreditnehmer in Hohenlohe verwendet. Einlagen und Schuldverschreibungen wurden mit 4 bis 5% verzinst[17]. Patrimonialherrschaft im eigentlichen Sinn beruhte auf der wechselseitigen Leistungsverpflichtung von Herrschaft und Untertanen. Die Herrschaft, die zum Empfang von Leistungen berechtigt war, betrachtete es ihrerseits als moralische Verpflichtung, die Existenzrisiken ihrer Untertanen zu lindern. In dieser Rolle übte beispielsweise die Herrschaft Muskau an der Neiße Mitte des 18. Jahrhunderts faktisch, wenn man so will, die Funktionen einer „Kreditbank“ und Assekuranzversicherung aus. Sie teilte sich mit den Gemeinden ferner die Verpflichtung zur Versorgung der Armen, Krüppel und Gebrechlichen, unterhielt zumeist selber eine besondere Kasse für auszuzahlende „Gnadengelder“ und mußte nicht zuletzt in gewissen Grenzen Getreidevorratshaltung betreiben, um bei einfallenden Notzeiten den Untertanen Naturalvorschüsse gewähren zu können[18]. In wohl nicht ganz seltenen Fällen erklärte sich im Spätmittelalter der weltliche oder geistliche Grundherr auch bereit, gegen eine

---

15 Boelcke, Entwicklung, S. 328–329.

16 Bader, Dorfgenossenschaft, S. 453.

17 G. Taddey, Vorformen des Investmentsparens, WÜBA-Gazette. Jubiläumsausgabe 1837–1987, Okt. 1987, S. 83–86.

18 H. Graf v. Arnim-Muskau, W. A. Boelcke, Muskau. Standesherrschaft zwischen Spree und Neiße, Frankfurt/M–Berlin–Wien 1978, S. 111.

einmalige Geldleistung aus seiner Kasse an den Lehnsträger die Jahresgült des ihm als Obereigentümer gehörenden Hofes zu erhöhen. Bäuerliche Schulden führten auf diese Weise zu einer Aufstockung der „ewigen unablösbaren" Jahresgült[19]. Die württembergische Landesordnung von 1495 wollte diesen offenbar üblichen Weg der Mehrbelastung von bäuerlichen Hofgütern nicht dulden und bestimmte, daß mit zusätzlichen Gülten belastete Güter entweder verkauft oder die Gülten binnen vier oder fünf Jahren abgelöst werden sollen. Damit war der Bauer, soweit er grundherrlich abhängige Liegenschaften bewirtschaftete, von der langfristigen Kapitalbeschaffung mit Hilfe des Rentenverkaufs bzw. Rentenkaufs, dem im Mittelalter verbreitetsten „Investmentgeschäft", ausgeschlossen. Nur als freier Eigentümer einer Immobilie bzw. von Mobiliarvermögen konnte er als Rentenverkäufer in Erscheinung treten und dem Kapitalgeber und Rentenkäufer versprechen, ihm eine jährliche Rente zu zahlen[20].

Obwohl die Landwirtschaft grundsätzlich des langfristigen Kredits bedurfte, war sie im Mittelalter und in der Frühen Neuzeit in der Hauptsache auf den kurz- und mittelfristigen Kredit mit möglichst niedrigem Zins verwiesen, so daß die große Zahl städtischer Rentenkäufer für sie als Kreditgeber nicht oder kaum in Betracht kam. Wahrscheinlich lag hierin auch eine der Hauptursachen dafür, daß die Bauern an den im Verlaufe des Mittelalters auf den potenter und flüssiger gewordenen städtischen Kreditmärkten kaum oder nur ausnahmsweise als Geldnehmer auftraten. Der Bauer war auf die Kredithilfe der Gemeinden, seiner Grundherrschaft und vor allem der hierzu offenbar bereiten Geistlichkeit und kirchlicher Institutionen angewiesen. Südwestdeutsche Bauern wandten sich in ihren Geldnöten an die Priester ihrer Kirchspiele mit ihren in katholischer Zeit gut dotierten Altarstiftungen, an die Klöster in nächster Nachbarschaft, an Chorherrenstifte, Spitäler u. a. m.[21]. Seit der Mitte des 15. Jahrhunderts haben sich einige reiche, durch Grundbesitz gut fundierte Spitäler in steigendem Maße Geldgeschäften zugewandt und sich allmählich zu regelrechten Darlehenskassen insbesondere auch

---

[19] Boelcke, Entwicklung, S. 330.

[20] Vgl. O. Stobbe, Zur Geschichte und Theorie des Rentenkaufes, Zeitschrift für deutsches Recht und deutsche Rechtswissenschaft 19 (1859), S. 181.

[21] Boelcke, Entwicklung, S. 326 f.

für die Landbevölkerung entwickelt[22]. Das Spital Horb hatte im Jahre 1560 22630 fl ausgeliehen. Schuldner waren zahlreiche Gemeinden der näheren und weiteren Umgebung. In 163 Dörfern und Weilern saßen die Schuldner des Lindauer Spitals. Auch die Urkunden des Heilig-Geist-Spitals in Isny belegen, daß Bauern häufig als Zinsverkäufer auftraten[23]. Auch das reiche Biberacher Spital wurde im 16. Jahrhundert während mancher Jahre mit mehr als 10000 rheinischen Gulden als Darlehenskasse in Anspruch genommen, nur waren seine Schuldner vor allem die umliegenden geistlichen und weltlichen Herrschaften. Als Kreditgeber für die bäuerliche Landwirtschaft trat es in sehr unbedeutendem Maße auf[24].

Die seit dem 16. Jahrhundert ergangenen Rechtsnormen zum Kreditgeschäft trugen im wesentlichen den schon im Spätmittelalter eingetretenen ökonomischen Tatsachen Rechnung. In der Reichspolizeiordnung von 1530 wurde erstmals für den Rentkauf ein Zinssatz von 5% vorgeschrieben. Seitdem legten in den deutschen Territorien Landesgesetze bzw. Landesordnungen bindende Zinssätze zwischen 5 und 8% für zinsbare Darlehen fest. Die definitive reichsrechtliche Legitimation des Darlehenszins von 5% erfolgte, verzögert durch die Ereignisse des Dreißigjährigen Krieges, durch Reichstagsabschied von 1654. Nur noch das Problem der Höhe des Zinses beschäftigte seit dem 16. Jahrhundert Staaten und Menschen. Der Zins wurde als gegeben hingenommen, war „ein unbezweifelter, vorausgesetzter Tatbestand, der als solcher für den Merkantilisten keiner weiteren Rechtfertigung bedarf“[25].

Auch die Festsetzung eines Zinssatzes von 5%: daß *„nit höher dann von zweintzig guldin ein guldin, auf- und abzurechnen, genommen werden solle“*[26], durch die 5. württembergische Landesordnung von 1552 stellte keine Neuerung dar. Nach dem Gröninger Schatzungsbuch von

[22] B. Zeller, Die schwäbischen Spitäler, Württembergische Zeitschrift für Landesgeschichte 13 (1954), S. 86.

[23] J. Kammerer, Regesten der Urkunden des Spitalarchivs Isny (1331–1792). Inventare der nichtstaatlichen Archive in Baden-Württemberg, Karlsruhe 1960.

[24] C. Heimpel, Die Entwicklung der Einnahmen und Ausgaben des Heiliggeistspitals zu Biberach an der Riß im Zeitalter der Preisrevolution von 1500 bis 1630, Stuttgart 1966, S. 17.

[25] Salin, Ökonomie, S. 43f.

[26] Boelcke, Entwicklung, S. 331; Reyscher, Sammlung, XII, Nr. 48.

1448 war ein Zinsfuß von 5% schon damals üblich. Wenn ferner die Landesordnungen des 16. Jahrhunderts die Ablösung der Gülten binnen 4 bis 5 Jahren vorschrieben und im Übertretungsfall ein Strafgeld in Aussicht stellten, so klafften aber hier Rechtsnorm und Praxis des Agrarkreditgeschäfts auseinander[27]. Darüber hinaus wurden mit sicher nur begrenztem Erfolg Maßnahmen eingeleitet, um alle von Untertanen aufgenommenen Gülten durch die Behörde genehmigungspflichtig zu machen. Die Bemühungen des Territorialstaates des 16. Jahrhunderts, dem Kreditgeschäft mehr Sicherheiten und Rechtsschutz zu verschaffen, waren gerechtfertigt, knüpften zwar ebenfalls an bereits geltende Normen an, die jedoch hier und da eine Verschärfung erfuhren. Aus dem Jahre 1590 ist für Mecklenburg die Verurteilung eines gefangenen Schuldners zur Schuldknechtschaft überliefert[28]. Der verurteilte Schuldner sollte für den Gläubiger wie ein anderer Tagelöhner oder Gesinde arbeiten, notdürftige Speise wie das Gesinde erhalten, dazu täglich 2 Schillinge Lübisch zu Tagelohn, bis die Schuldsumme bezahlt sei. Bestünde die Gefahr des Entlaufens, durfte er in Fesseln gespannt werden.

Der Sicherheit bei der Geldleihe dienten schon im späten Mittelalter die Bürgschaftsleistung, die Einräumung von Unterpfändern mit dem Pfandrecht des Gläubigers (Unterpfand = griechisch: Hypothek), der vom Schuldner ausgestellte Gültbrief und die teilweise von Gerichten oder Ämtern geführten Gültbücher[29]. Das Pfand- und Vollstreckungsrecht, wie es bereits in den württembergischen Dorfordnungen um 1500 niedergelegt war, beweist zugleich die starke Bedeutung, welche dem Kredit schon damals im ländlichen Leben zukam. Stets war der dem Amtmann obliegenden Zwangsvollstreckung, dem sog. *„pfandschetzen“*, ein besonderer Abschnitt in den württembergischen Dorfrechten gewidmet[30]. Dem Schuld- und Pfandrecht ist auch in den Dorfordnungen des 16./17. Jahrhunderts viel Raum gewidmet, um Rechtssicherheit zu gewährleisten und die Gerichte zu entlasten. *„Waß bekanntliche*

---

[27] Boelcke, Entwicklung, S. 335; das dort analysierte Gültkapital des Bauern Minner in Höhe von 38388 fl im Jahre 1599 war etwa zur Hälfte im Zeitraume von 1542 bis 1588 ausgeliehen worden.

[28] Franz, Quellen, S. 92.

[29] Boelcke, Entwicklung, S. 331–332.

[30] F. Wintterlin, Württembertische Ländliche Rechtsquellen, 1910, S. 12 und 30 u. a.

Schulden sein, die sollen mitnichten für Gericht gelaßen, sondern solle der Schuldner in 14 Tagen bezahlen oder ihme Pfand austragen oder in Verhaftung eingezogen werden", bestimmte die Dorfordnung von Weldingsfelden (Kloster Schöntal) von 1656/58[31]. Und einige Artikel danach heißt es: „*Wer Unterpfand hat zu Weldingsfelden umb Schuld, wie die Pfand genant sein, der mag Jahrs, die mit einer Maß Weins vor Gericht erneuern lassen*". Verjährung wurde gegen das Hypothekenbuch des 18./19. Jahrhunderts nicht mehr zugelassen. Die seit dem 16. Jahrhundert in Dörfern östlich der Elbe vom Dorfgericht geführten Schöppenbücher überlieferten alle wichtigen Eintragungen der freiwilligen Gerichtsbarkeit, hauptsächlich Besitzveränderungen (Erbkäufe, Testamente, Erbregelungen, Lossagungen)[32] und verweisen aber nicht selten bei den eingetragenen, mit Wissen und Willen der Grund- und Gerichtsherrschaft geschehenen Besitzwechseln auf die auf den Liegenschaften lastenden Schulden[33]. Am nötigen Gläubigerschutz mangelte es allerorten. Das geltende Unkündbarkeitsprinzip für Zinskapital schützte den Schuldner. Erst ein Reichsabschied von 1600 stand dem Gläubiger eine vertragsmäßige Kündigung zu, falls der Schuldner die Rente nicht leistete[34].

Es war das entartete Pfandrecht des Altertums, das am Schlusse des Mittelalters in Deutschland rezipiert wurde und die deutsche Bodenordnung im wesentlichen unverändert gelassen hat[35]. Dadurch wurde die notwendige zeitgemäße Fortentwicklung des landwirtschaftlichen Kredits behindert. Vielleicht lag das auch im Sinne von kurzsichtigen Kaufleuten, denen ein schlechtes ländliches Hypothekenwesen, um an Roscher anzuknüpfen, gar nicht so unlieb war, „weil die vorhandenen Kapitalien dadurch weniger aus der Stadtwirtschaft herausgelockt wer-

[31] K. u. M. Schumm (Hgg.), Hohenlohische Dorfordnungen, Stuttgart 1985, S. 590f.

[32] B. Hinz, Die Schöppenbücher der Mark Brandenburg. Bearbeitet u. eingeleitet von G. Heinrich, Berlin 1964, S. 31 u. 55f. u. a.; Boelcke, Verfassungswandel, S. 254–266.

[33] Hinz, Schöppenbücher, S. 86 Anm.

[34] H. Bechtel, Wirtschaftsgeschichte Deutschlands – von der Vorzeit bis zum Ende des Mittelalters, München 1951², S. 217.

[35] G. Dahm, Zur Rezeption des Römisch-Italienischen Rechts, Darmstadt 1955, S. 47.

den“[36]. Die Bezeichnung Hypothek tauchte zuerst in der städtischen Kreditwirtschaft schon vor dem Dreißigjährigen Krieg auf. Noch 1634 überließ die Stadtkasse des kleinen Breisach einem Bürger ein als „Spezialhypothek“ ausgewiesenes Darlehen über 300 fl[37]. Um Grundlagen für die Sicherheit von Hypotheken zu bieten, die auf den klassischen Grundsätzen der „Publizität, Spezialität und Priorität“ beruht, war unbedingt die Einschaltung des Staates erforderlich. Durch sein Bestreben um Einrichtung von Hypothekenbüchern wollte Landgraf Wilhelm IV. von Hessen-Kassel (1532–1592) bereits im 16. Jahrhundert die Eigentumsverhältnisse seiner Bauern stabilisieren und den Darlehenszins niedrig halten. In diese Richtung zielte im zeitlichen Abstand von über einem Jahrhundert die angeordnete Einführung von Hypothekenbüchern in der Mark Brandenburg durch kurfürstliches Edikt von 1693, das vom Vorbild des berühmten holländischen Hypothekenwesens des 17. Jahrhunderts beeinflußt wurde. Dörfer, in denen Schöppenbücher geführt wurden, benutzten diese als Hypothekenbücher (für bäuerliche Güter) weiter[38]. Durch Assekuration von 1717 wurden die Lehen (Adelsbesitz) in der Kur- und Altmark allodifiziert. Da hierdurch die Zuständigkeit der Lehnskanzlei aufhörte, wurden zur Verzeichnung der Besitz- und Kreditverhältnisse der Rittergüter in den einzelnen Landesteilen ritterschaftliche Hypothekendirektionen eingerichtet, die fortan Land- und Hypothekenbücher führten[39]. Mit der Hypotheken- und Konkursordnung von 1722, die auf dem Ostpreußischen Landrecht von 1620 basierte, war nicht nur die Einführung von Hypothekenbüchern für alle preußischen Provinzen verbindlich, sondern es fanden in Preußen auch die klassischen Grundsätze der hypothekarischen Belastung Anerkennung: die Publizität des Grundbuchs, die Abgrenzung und

[36] W. Roscher, Nationalökonomik des Ackerbaues und der verwandten Urproduktionen, Stuttgart–Berlin 1912[14], S. 535.

[37] W. A. Boelcke, Wirtschaftsgeschichte Baden-Württembergs von den Römern bis heute, Stuttgart 1987, S. 158.

[38] Hinz, Schöppenbücher, S. 13 Anm.; hierzu auch H. Rössler, Fragen aus der preußischen Grundpfandgesetzgebung im 17. und 18. Jahrhundert, Diss. Leipzig 1933, Kallmünz 1933. Ferner Anm. 40.

[39] R. Lüdicke, Übersicht über die Bestände des Geheimen Staatsarchivs zu Berlin-Dahlem, III, Leipzig 1939, S. 151 f.

Reihenfolge der Belastungen und der öffentliche Glauben der Eintragung[40].

Während der Agrarkonjunktur der zweiten Hälfte des 16. Jahrhunderts war es für die zahlreichen bäuerlichen Darlehensnehmer verhältnismäßig leicht, an Geld zu kommen. Von einem knappen Kapitalangebot konnte damals nicht die Rede sein. Auch waren die bäuerlichen Darlehensgeber zahlreicher geworden, die nach Anlagemöglichkeiten suchten und sich obendrein mit den vielen Stadtbürgern Konkurrenz machten, die nicht minder ihr Geld in „Hauptgütern" anlegen wollten[41]. Der schwäbische Großbauer Jerg Minner (gest. 1599) aus Kornwestheim bei Stuttgart war nur einer von den damals unzähligen Geldverleihern aus dem Bauernstand, aber, wie wir heute wissen, der sicher vermögenste unter ihnen. Er hinterließ ein gerichtlich taxiertes Vermögen von rund 69182 fl[42]. Darunter befand sich ein Gültkapital von insgesamt 38388 fl, gestückelt in 183 Gültbriefe (Rentenbriefe), für die jährlich ein Zins von 5% zu zahlen war. Zu den Schuldnern des Kornwestheimer „Bauernmillionärs" zählten ganz überwiegend Bauern und Handwerker, kleine Leute also, als würden die Kreditmärkte eine schichtenspezifische Aufspaltung erfahren haben. Auf rund 60 Ortschaften – alle bezeichnenderweise im Umkreis von 25 km um Kornwestheim gelegen – verteilte sich sein ausgeliehenes Kapital. Das anlagesuchende Kapital war nicht weniger beträchtlich als die Höhe der auf Immobilien ruhenden Schuldver-

---

[40] M. Weyermann, Zur Geschichte des Immobilienkreditwesens in Preußen, Karlsruhe 1910, S. 3f.; K. Reck, Über das deutsche Kredit- und Hypothekenwesen mit besonderer Berücksichtigung des Kgl. Hannover. und Herzogl. Braunschweig. Landrechts, Göttingen 1830; H. A. Mascher, Das deutsche Grundbuch- und Hypothekenwesen, Berlin 1869, S. 125–137. Die Mängel des römischen Pfandrechtssystems bestanden in der weitgehenden Ausbildung der gesetzlichen (fiskalischen) – das gesamte Vermögen des Schuldners umfassenden – Generalhypotheken und der Pfandprivilegien sowie im Fehlen von öffentlichen Hypothekenbüchern. Die Rangordnung der Hypotheken bestimmte sich nach dem Alter der Pfandrechte. Als 1669 in Bayern Hypothekenbücher eingeführt werden sollten, protestierte heftig der Adel, weil er befürchtete, die Kreditwürdigkeit zu verlieren. In Kursachsen bestanden im 18. Jahrhundert gesetzliche General- und Privathypotheken, in Ritterschaftskantonen General- und Spezialhypotheken. Gesetzliche Hypotheken bedurften nicht des Konsenses der Grundherren.

[41] Boelcke, Entwicklung, S. 336f.

[42] W.A. Boelcke, Bäuerlicher Wohlstand in Württemberg Ende des 16. Jahrhunderts, Jahrbücher für Nationalökonomie und Statistik, 176 (1964), S. 249f.

pflichtungen, unter denen auch sehr alte Kredite nicht selten waren, selbst solche im Alter bis zu 100 Jahren vorkamen[43]. Neu war, daß über den herkömmlichen Gläubigerkreis hinaus (Klöster, herrschaftliche Kellereien, Spitäler, Armenkästen, Heiligenpflegen, Gemeinden) eine unübersehbare Zahl von Privatpersonen fast aller Sozialschichten, der grundherrliche Adel[44], Stadtbürger, höhere Beamte, Bauern und Gewerbetreibende, in die große Schar der Gläubiger aufstieg. In Bayern waren offenbar ebenfalls bäuerliche Familien anzutreffen, die die Geldleihe neben der Landwirtschaft gewerbsmäßig betrieben[45]. Auch viele Juden waren nach wie vor an den Kreditgeschäften vom Kreis Züllichau-Schwiebus östlich der Oder[46] bis an den Oberrhein beteiligt, sofern ihnen nicht hier und da Ausbrüche landesherrlichen Zorns Geschäftskontakte verwehrten[47]. Es war ein Indiz für den Wohlstandszuwachs während der ersten Jahrzehnte des 17. Jahrhunderts, daß viele Dorfbewohner über bemerkenswerte Gültvermögen verfügten. Beispielsweise kam auf je einen Kopf des württembergischen Dorfes Enzweihingen 1629 ein erstaunlich hohes Gültvermögen von 357 Gulden, während das der benachbarten Amtsstadt Vaihingen bei 412 Gulden lag[48]. Bedeutende

[43] W. von Hippel, Bevölkerung und Wirtschaft im Zeitalter des Dreißigjährigen Krieges. Das Beispiel Württemberg, Zeitschrift für Historische Forschung 5 (1978), S. 432f.

[44] Zinsbriefe ganz überwiegend aus der Zeit vor Beendigung des Dreißigjährigen Krieges in Höhe von 60815 fl befanden sich im Portefeuille des zum reichsritterschaftlichen Adel gehörenden Ernst Conrad von Craisburg; G. Kollmer, Die schwäbische Reichsritterschaft zwischen Westfälischem Frieden und Reichsdeputationshauptbeschluß. Untersuchung zur wirtschaftlichen und sozialen Lage der Reichsritterschaft in den Ritterkantonen Neckar-Schwarzwald und Kocher, Stuttgart 1979, S. 63.

[45] Vgl. E. Gothein, Ein Neu vnd Lustiges Colloquium von etlichen Reichstags-Puncten, Insonderheit die Reformation der Zölle, Zinßzahlung vnd Verbesserung der Matricul betreffend, mit Einleitung. Die deutschen Kreditverhältnisse und der Dreißigjährige Krieg. Leipzig 1893; A. Cohen, Die Verschuldung des bäuerlichen Grundbesitzes in Bayern von der Entstehung der Hypothek bis zum Beginn der Aufklärungsperiode (1598–1745), Leipzig 1906, S. 224–226 u. 241. Für Schleswig sind die Bauernanschreibebücher eine hervorragende Quelle für den Agrarkredit. B. Poulsen hat sich um die Erschließung dieser Quelle verdient gemacht.

[46] Hinz, Schöppenbücher, S. 86 Anm.

[47] Boelke, Entwicklung, S. 337f.

[48] K.-O. Bull, Zur Wirtschafts- und Sozialgeschichte der württembergischen

Gültvermögen korrespondierten verständlicherweise mit einer nicht weniger hohen Kapitalverschuldung, deren Zinslast andererseits um so weniger als drückend empfunden wurde, je mehr Anfang des 17. Jahrhunderts der inflationäre Kaufkraftverfall des Geldes Fortschritte machte. Auch ist in diesem Zusamenhang der Unterschied zwischen Schuld- und Zahlgeld zu sehen[49]. Die Zeugnisse über eine relativ hohe bäuerliche Verschuldung sind zahlreich. Sie reichen vom Bistum Straßburg über Württemberg, Bayern und Tirol bis nach Mecklenburg[50]. Nach mecklenburgischen Schuldverzeichnissen von 1620 überstieg die absolut höchste Schuld nicht 100 fl und lastete auch nur auf Großbauern mit 12 bis 14 Pferden. Die sich seit der zweiten Hälfte des 16. Jahrhunderts auch im Zuge des inflationären Preisanstiegs ständig erhöhende Verschuldung mit Gültkapital belief sich in nur 25 meist direkt um Stuttgart gelegenen württembergischen Ämtern bereits im Jahre 1591 auf rund 1451388 fl[51]. 1629 erreichten die versteuerten Gülten einen Betrag von rund 5,1 Mio fl und sanken bis 1655 auf rund 1,2 Mio fl[52] (Verlust um 86,5%). Nach der Katastrierung in den über 60 württembergischen Ämtern von 1726 war das Gült- und sonstige Kapitalvermögen weiter auf 479709 fl geschrumpft[53].

Amtsstadt Vaihingen an der Enz bis zum Dreißigjährigen Krieg, Zeitschrift für Württembergische Landesgeschichte 38 (1979), S. 137.

49 F. von Balluseck, Die Stellung der deutschen Spruchfakultäten zur Frage der Geldschuldenzahlung im 17. und 18. Jahrhundert, Diss. Greiswald, Berlin 1933. In der Kipper- und Wipperzeit tilgten Schuldner in gutem Geld aufgenommene Kredite mit schlechter Münze; M. Ksoll, Die wirtschaftlichen Verhältnisse des bayerischen Adels 1600–1679. Dargestellt an den Familien Töring-Jettenbach, Törring zum Stein sowie Haslang zu Haslangkeit und Haslang zu Hohenkammer, München 1986, S. 9.

50 F. Kiener, Zur Vorgeschichte des Bauernkrieges am Oberrhein, Zeitschrift für die Geschichte des Oberrheins 19 (1904), S. 496; H. Wopfner, Die Lage Tirols zu Ausgang des Mittelalters, Berlin 1908. S.7ff. u. 53; K. Baumgarten u.U. Bentzien, Hof und Wirtschaft der Ribinitzer Bauern, Berlin 1963, S. 231–234, Tabellen S.242–257; grundlegend H. Wunder, Finance in the „Economy of Old Europe“: The Example of Peasant Credit from the Late Middle Ages to the Thirty Years War, P.-C. Witt (Hg.), Wealth and Taxation in Central Europe. The History and Sociology of Public Finance, New York 1987, S.19–47.

51 Boelcke, Entwicklung, S. 342.

52 v. Hippel, Bevölkerung, S.441f.

53 Camerer, Die direkten Steuern vom Ertrag und vom Einkommen in Württemberg, Württembergische Jahrbücher für Statistik und Landeskunde 1879, S.86.

Der Dreißigjährige Krieg hinterließ einen kolossalen Verlust an Kapitalvermögen, während die private Prokopfverschuldung, soweit in Württemberg dafür Daten verfügbar sind, 1655 sogar nominal über dem Stand von 1629 lag. Die Annullierung von 75% der infolge des Krieges aufgelaufenen Zinsrückstände durch Reichstagsabschied war geboten, löste aber nicht das Problem des Kapitalmangels in der Landwirtschaft, der sich noch dazu mit einer jahrzehntelangen Agrarpreisdepression verband. Unter der Ungunst dieser Rahmenbedingungen floß das vorhandene Kapital noch weniger in die Landwirtschaft und suchte sich lohnendere Anlageobjekte. Angesichts der Finanzmisere der Staaten und Städte erschienen auch ländlichen Geldvermögensbesitzern Kapitalanlagen außerhalb der Landwirtschaft als sicherer und attraktiver. Der Finanzierung gähnend leerer Stadtkassen widmete sich seit dem ausgehenden 17. Jahrhundert die einst den „Pfeffersäcken“ nicht wohlgesonnene Adelsfamilie von Reischach. Bei seinem Tode hinterließ Georg Wilhelm Reichsfreiherr von Reischach (1673–1724) auf Nußdorf, Eberdingen, Heimerdingen und Riet ein bis auf zwei Ausnahmen gegen 5% Zins verliehenes Kreditkapital in Höhe von 79485 fl, gestückelt in nur 31 Schuldbriefe. Ein Gültkapital von 36000 fl (= 45%) hatten sich 11 Reichsstädte (Ulm, Esslingen, Giengen, Nördlingen, Heilbronn, Reutlingen, Gmünd, Dinkelsbühl, Weil der Stadt, Aalen und Memmingen) auf dem Wasserschloß Riet beschafft, das damals im Kreditgeschäft offenbar zu den besten südwestdeutschen Adressen zählte[54].

Für den landsässigen Adel (Reichsritterschaft und landesherrliche Lehnsritterschaft) wie auch für die Bauern war in Notsituationen Fremdkapital im 17./18. Jahrhundert oft nur zu höheren Zinsen zu bekommen, als das eigene Leihkapital an Zinserträgen erbrachte. Stadtbürger fielen nicht nur in Bayern seit der Mitte des 17. Jahrhunderts als Kreditgeber der Landwirtschaft aus; sie besaßen nicht einmal das nötige Kapital für ihre eigenen Unternehmungen. Geld- und Kapitalmangel hatten damals in Bayern dazu geführt, „daß die Zinsbriefe die Stelle des baren Geldes vertreten und auch von Edlen, Grafen, Freiherrn deren Töchtern anstatt des Heiratsgutes ein oder mehrere tausend Gulden an Zinsverschreibungen gegeben werden“[55]. Auch Kreditgeschäfte mit dem

[54] Boelcke, Wirtschaftsgeschichte, S. 159.
[55] Cohen, Verschuldung, S. 217–219 u. 303 (zit. nach Schmid).

Charakter des Trucksystems und Wuchergeschäfte bildeten keine Seltenheit und wurden nicht etwa ausschließlich in jüdischen Händlerkreisen beobachtet[56]. Christen und Juden, Kaufleute, Beamte und Bankiers arrangierten sich zu gemeinsamen Vorgehen im Interesse des eigenen Vorteils. Sogar vermögende Reichsritter scheuten sich nicht, den eigenen Standesgenossen „das Fell über die Ohren zu ziehen". Generalfeldzeugmeister Eberhard Friedrich von Neipperg, Gouverneur der Festung Philippsburg, wurde 1710 von dem in Not geratenen Herrn von Burtenbach zu Stammheim um einen Kredit in Höhe von 24000 fl gebeten. Dieser erhielt 12000 fl in bar und 400 Eimer Wein zum überhöhten Preis von 40 fl je Eimer. Die darüber ausgestellte Obligation sprach von einem Barkredit über 24000 fl. Der württembergische Rat Johann Eberhard Wilhelm von Reischach gewährte dem Anton von Sturmfeder angeblich einen Kredit über 12000 fl, der aber tatsächlich aus nur 1800 fl Bargeld, 111 Eimer Wein à 60 fl, 10000 Perlen zum angeblichen Wert von 900 fl und „allerlei Kleinigkeiten" zum Restbetrag von 2340 fl bestand[57]. Es ist schwer vorstellbar, daß notleidenden Agrariern mit solchen Krediten wieder auf die Beine geholfen wurde. Wer Geldvermögen über den Dreißigjährigen Krieg gerettet hatte, wußte gewöhnlich „sein Schäfchen zu scheren". Curt Reinicke I. von Callenberg auf Muskau, kursächsischer Obrist und Landvogt der Oberlausitz, erwarb zwischen 1649 bis 1667 an 17 Dörfer und Vorwerke zwischen Spree und Neiße, alles verschuldeter Adelsbesitz. 1673 wurde der Zugewinn an Besitz auf 56521 Reichstaler „aestimiert", annähernd so hoch, wie damals die „Kaufsumme" der Standesherrschaft Muskau berechnet wurde[58].

Typisch für die Zeit nach dem Dreißigjährigen Krieg war eine große Fluktuation des Grund und Bodens, ein Güterwechsel aus den Händen der Überschuldeten in die der Kapitalbesitzer. In den Jahrzehnten unmittelbar nach dem Dreißigjährigen Krieg verloren in den Ritterschaftskantonen Neckar-Schwarzwald und Kocher infolge Armut bzw. Überschuldung 8 Ritterfamilien von 58 Familien ihren Besitz. Die ermittelten Schulden der Verkäufer summierten sich auf ca. 450000 Gulden.

[56] Kollmer, Reichsritterschaft, S. 78.

[57] Ebenda, S. 79. Nach dieser belief sich der Auszahlungsbetrag auf 11700 fl. Der Weinkauf zu Spekulationszwecken war zeitüblich.

[58] Boelcke, Muskau, S. 62f.

Notorische Schuldner unter dem Adel zeigten sich immer wieder recht findig bei der Geldbeschaffung und gaben, wenn bereits auf dem Immobilienbesitz General- und Spezialhypotheken lasteten, auch voraussichtliche Einkünfte als Unterpfand oder fanden auch christliche und jüdische Kaufleute, die auf Silbergeräte bis hin zur Kutsche Geld liehen[59]. Grundsätzlich lösten die gesunkenen Agrareinkommen nach dem Dreißigjährigen Krieg beim Adel der Ritterschaftskantone eine zunehmende Verschuldung aus. Erst ab ungefähr 1690 begann die Kurve der Kreditaufnahmen anzuziehen[60]. Mit zunehmenden Erlösen aus der Landwirtschaft stiegen nach 1700 nicht nur die Kreditaufnahmen der Reichsbarone, sondern auch ihre Kreditvergaben. Im 18. Jahrhundert aber wurde auch die bürgerliche Liste der Gläubiger der Reichsritterschaft immer länger[61]. Durch den Ausbau der Ritterkorporation zum Kreditinstitut folgte auch der Agrarkredit im reichsritterschaftlichen Gebiet der Tendenz vom Individualkredit zum korporativen bzw. Anstaltskredit.

Als ein Vorspiel der ritterschaftlichen Kreditvereine bezeichnete Roscher den Schwur der Ritterschaft auf dem Stettiner Landtag von 1602, „denjenigen, der richtige Schulden nicht prompt bezahlen werde, für einen Unmann, Schelm und Bösewicht zu halten und mit ihm weder zu essen noch zu trinken“[62]. Im begrenzten Rahmen fungierten nach dem Dreißigjährigen Krieg die Steuereinnahmekassen der Stände in zahlreichen Territorialstaaten als Krediteinrichtungen der ritterschaftlichen lehnsabhängigen Landwirtschaft. Erfolgreich widersetzte sich jahrelang die Ritterschaft der Kurmark und der Neumark den massiven Versuchen des Kurfürsten, Einblick in die ständischen Kassenbücher und damit in das problematische ständische Kreditwerk zu erhalten[63]. Es drohte ihm sogar die Auflösung, aber es wurde nach Aufhebung aller anderen landschaftlichen Kreditkassen durch Friedrich Wilhelm I. von Preußen im Jahre 1717 als Creditwerk der Churmärkischen Landschaft weitergeführt und sollte als zentrale Kreditkasse ausgebaut werden[64]. Das Fehlen

---

[59] Kollmer, Reichsritterschaft, S. 80f.

[60] Ebenda, S. 166 u. 150f.

[61] Ebenda, S. 348–357, hier werden knapp 290 Namen aufgelistet.

[62] Roscher, Nationalökonomik, S. 548.

[63] P.-M. Hahn, Landesstaat und Ständetum im Kurfürstentum Brandenburg während des 16. und 17. Jahrhunderts, P. Baumgart (Hg.), Ständetum und Staatsbildung in Brandenburg-Preußen, Berlin–New York 1983, S. 56f.

[64] H. Jessen, Das landschaftliche Kreditwesen, Wiesbaden 1962, S. 36.

von regionalen ständischen Agrarkreditsystemen seit 1717 ließ in Preußen eine spürbare Agrarkreditlücke entstehen, die dann unter Friedrich II. Preußen zwang, auf dem Kreditsektor neue Wege durch den Aufbau landschaftlicher Kreditinstitute zu gehen[65]. Es waren alles „aristokratische" Institute, die allein zur Verbesserung und Erhaltung eines dauerhaften Kredits der „Ritterschaft" errichtet wurden.

Der bayerische Adel, zu allen Zeiten bedeutender Kreditgeber des Landesherrn, geriet wie auch die Standesgenossen in den anderen Territorien mit dem Dreißigjährigen Krieg in einen Strudel der Verschuldung, die in Bayern aber in erster Linie von adligen Gläubigern finanziert wurde. 1642 wurden die Güter der Grafen von Törring-Jettenbach auf 114888 fl veranschlagt und die Schuldenlast ungefähr auf 56000 fl. Hochadlige Schuldenstände um 50%, maximal bis über 60% des Vermögens an Grund und Boden waren am Ende des Dreißigjährigen Krieges in Bayern nicht ungewöhnlich[66]. Man konnte aber damit leben, nahm weitere Kredite für Wiederaufbauinvestitionen, Gütererwerb, Konsumtivzwecke und Erbteilungen auf, zahlte Zinsen und war sogar zur Schuldtilgung imstande. Die Modernisierung der mecklenburgischen Gutswirtschaft durch Umstellung auf die holsteinische Koppelwirtschaft seit Anfang des 18. Jahrhunderts erforderte eine erhebliche Verstärkung der Betriebsmittel. Da ein größeres Kreditangebot in Mecklenburg zunächst vorhanden und die Agrarkonjunktur günstig war, wurden den Rittergütern reichlich Hypothekarkredite eingeräumt, obwohl die Gutsherren im allgemeinen keine Hypothekenbücher eingerichtet hatten. In Mecklenburg bestand an den Tagen während der landesüblichen Zahlungstermine (Antoni- und Trinitatistermin), an denen in der Regel die gekündigten Hypotheken, die Hypothekenzinsen, Pachtsummen usw. zur Auszahlung fällig wurden, eine Art Landeskapitalmarkt in den Städten Rostock, Schwerin und Güstrow. Kreditsuchende Grundbesitzer

---

[65] Gründung der sog. älteren Landschaften in Preußen: 1770 in Schlesien, 1776 in der Mark Brandenburg neben dem ständischen Creditwerk, 1781 in Pommern, 1788 in Ostpreußen. Vorausgegangen sind außerhalb Preußens seit 1766 die Gründungsverhandlungen für das Ritterschaftliche Kreditinstitut des Fürstentums Lüneburg in Celle; Jessen, Kreditwesen, S. 57–64; W. von Altrock, Der ländliche Personalkredit in der Provinz Brandenburg, Berlin 1900, S. 13f.; Ders., Der landwirtschaftliche Kredit in Preußen, I: die ostpreußische Landschaft, Berlin 1914, S. 16.

[66] Ksoll, Verhältnisse, S. 71, 101f., 114f., 145, 177.

und Geldvermögensbesitzer kamen hier zusammen, um ihre größeren Geldgeschäfte abzuwickeln und den Zinssatz festzulegen[67]. Seit Anfang des 18. Jahrhunderts floß zunehmend auch Kredit aus den benachbarten Städten wie Lübeck, Hamburg u.a. in die mecklenburgische Gutswirtschaft. Der Aufschwung in der Landwirtschaft seit den 1730er Jahren ließ die Güterpreise anziehen, steigerte den Wohlstand, erleichterte die Kreditaufnahme, die nicht immer produktiven Zwecken diente, und mündete aber nach dem Siebenjährigen Krieg – ähnlich wie in Preußen – in eine schwere Kreditkrise[68].

Über die Verschuldung der bäuerlichen Bevölkerung nach dem Dreißigjährigen Krieg berichtete ein bayerischer Rentmeister der Hofkammer 1651, daß die Untertanen in ihrer großen Armut von verschiedenen Schulden bedrückt werden, von den grundherrschaftlichen Abgaben, Gülten usw., ferner von ihren eigenen Schulden, den auf viele Untertanen zugekommenen Bürgschaftsschulden und darüber hinaus durch angeschwollene Prozeßkosten[69]. Der bayerische Visitationsrat führte in seinem Gutachten von 1671 die Tatsache, daß „die Untertanen mit den Borgschaften schwerlich mehr aufkommen können", darauf zurück, daß der Kredit derzeit sehr mangele und keiner dem anderen mehr traue. Auch nach dem Dreißigjährigen Krieg und bis ins 18. Jahrhundert bildeten die Kirchengelder verschiedenster Art die Hauptmasse des in Bayern und anderen katholischen Regionen „zerstreut vorhandenen Leihkapitals und die wichtigste unter den Kreditquellen, aus denen die bäuerliche Bevölkerung schöpfte"[70]. Die Tendenz zur steigenden Bodenverschuldung setzte sich zumindest auf bäuerlichem Eigenland ungehindert vom Mittelalter bis in die Frühe Neuzeit fort, zumal während der Agrarkrise des 17. Jahrhunderts auf das bereits stark verschuldete Eigengut von notleidenden Untertanen in der üblichen Praxis der Rentenverkäufe weitere Schuld aufgesattelt wurde. Ein Untertan aus Isny verkaufte beispielsweise um 60 fl an das Spital Isny 3 fl jährlich ablösbaren Zins aus seinem Haus und Hof, obwohl diese bereits mit einem Kapital von 20 Pfd.

[67] G. Körber, Das Kreditwesen des ritterschaftlichen Grundbesitzes in Mecklenburg nach dem Siebenjährigen Krieg bis zur Gründung des Ritterschaftlichen Kreditvereins im Jahre 1819, Jahrbuch des Vereins für mecklenburgische Geschichte und Altertumskunde 93 (1929), LS. 163f.

[68] Ebenda, S. 194 u. 206f.

[69] Cohen, Verschuldung, S. 304 und zum Folgenden S. 415.

[70] Ebenda, S. 231.

Schill. von Amt Staufen und 50 fl des armen Sonderhauses belastet waren[71].

Eine Veräußerung und Verschuldung von grundherrlich abhängigen Bauerngütern konnte dagegen im Extremfall durch das grundherrliche Konsensrecht unmöglich gemacht werden. Viele Fragen sind in diesem Zusammenhang noch offen: ob das Konsensrecht beachtet wurde oder nicht, ob es für das herrschaftliche Interesse – etwa zur Erhöhung der Laudemialabgaben – mißbraucht wurde oder auch tatsächlich eine bäuerliche Verschuldung in jedem Fall ausschließen konnte? Die kredithindernde Wirkung des Konsensrechtes ist jedenfalls nicht zu bestreiten und erwies sich letzten Endes in Verbindung mit der Beschränktheit des Kapitalmarkts für Agrarkredite als ein säkulares Hemmnis für die Modernisierung der bäuerlichen Landwirtschaft bis ins 19. Jahrhundert[72]. Im Fürstentum Hohenlohe war die Verschuldungsbegrenzung für grundherrliche „liegende unbewegliche Güter" (Erbzinsgüter) im Hohenloher Landrecht fixiert worden. Möglicherweise hat diese Belastungsbeschränkung mit dazu geführt, daß die bäuerliche Verschuldung, soweit faßbar von der Mitte des 17. bis Mitte des 18. Jahrhunderts „in vielen Fällen in Hohenloher Dörfern bereits durch die fahrende Habe, d. h. also den Viehbestand und das Inventar", welche Eigentum des Bauern waren, gedeckt und damit relativ gering war. Stichproben ergaben, daß der Verschuldungsprozentsatz am bäuerlichen Vermögen bei etwa 20 bis 25% lag[73]. Ein deutlich negatives Bild wurde demgegenüber von den Vermögens- und Verschuldungsverhältnissen der Bauern des Fürstentums Nassau-Saarbrücken in der ersten Hälfte des 18. Jahrhunderts gezeichnet. Ermittelt wurden durchschnittliche Belastungen je nach Hofgröße von 90 bis 1200 fl, die einem Verschuldungsprozentsatz von über 40% bis 21% (bei Betrieben über 20 ha) in etwa entsprachen[74].

Die Höhe der Verschuldung bzw. die sog. Überschuldung von Landwirtschaftsgütern bildete im Mittelalter und in Früher Neuzeit einen sehr relativen Maßstab für das Verhältnis von Güterwert und Schulden-

[71] Kammerer, Regesten Isny, S. 250; weitere Belege auf den folgenden Seiten.

[72] Hierzu besonders Cohen, Verschuldung, S. 143–165 u. 393–395.

[73] P. Steinle, Die Vermögensverhältnisse der Landbevölkerung in Hohenlohe im 17. und 18. Jahrhundert, Diss. Hohenheim 1971, S. 156–157.

[74] J. Karbach, Die Bauernwirtschaften des Fürstentums Nassau-Saarbrücken im 18. Jahrhundert, Saarbrücken 1977, S. 89-91.

belastung. Dahinter verbarg sich das zu allen Zeiten strittige Problem der Verschuldungsgrenze, für die sich trotz der bekannten Faustregel, daß der Kredit nicht die ersten drei Fünftel des Wertes des beliehenen Grundstücks überschreiten sollte, eine gleichermaßen für Krisen und Konjunkturen gültige und anwendbare Grenzmarkierung oder Hemmschwelle nicht finden ließ. Allgemein wuchs die Verschuldung des Grundbesitzes mit zunehmender Ausbreitung der Geldwirtschaft und mit Entstehen von Kapitalmärkten. Dabei schlossen sich Verschuldung und Kreditmangel nicht aus, sofern die Kreditgewährung sich an der jeweiligen Höhe der Verschuldung orientierte. Seit dem Mittelalter gingen die Verfechter der Verschuldungsbeschränkungen von der Vorstellung aus, daß deren Aufhebung die Schuldenlast der Landwirtschaft zwangsläufig bis zu ihrer Unwirtschaftlichkeit steigern würde. Es soll auch nicht bestritten werden, daß das Entstehen von Schulden vom gewährten Kredit abhängig war und ist[75]. Andererseits ist nicht zu übersehen, daß die Beseitigung krediterschwerender Hemmnisse die Möglichkeiten der Kapitalaufnahme in der Landwirtschaft verbesserte und erst dadurch die Überwindung kritischer Liquiditätsengpässe sowie die Rettung der wirtschaftlichen Existenz ermöglichte. In einer solchen oder ähnlichen Situation, in der die Existenz- und Kreditkrise nur die zwei Seiten ein und derselben Medaille waren, befanden sich nach 1760 große Teile der aristokratischen Landwirtschaft Nord-, Mittel- und Ostdeutschlands. Man überwand sie durch Erweiterung des Verschuldungsspielraums für den Adelsbesitz im Zuge der Verbesserung der hypothekarischen Sicherheiten für das Leihkapital und vermehrte sein Angebot gleichzeitig mit der Einrichtung landwirtschaftlicher Kreditinstitute bzw. -vereine. Am Ende des 18. Jahrhunderts stellten in Preußen Hypotheken im Wert von 307 Mio. Talern (= 72,5% des damaligen Wertpapierumfangs der Volkswirtschaft) die wichtigste Anlageform des privaten Kapitals in noch agrarischer Zeit dar[76]. Nutznießer der erfolgten Reform des Hypothekarrechts aber war kaum die bäuerliche Landwirt-

[75] Hierzu auch die ähnliche Argumentation von Cohen, Verschuldung, S. 440–442; A. Cohen, Kredit- und Verschuldungsbeschränkungen beim bäuerlichen Grundbesitz in Bayern im 17. und 18. Jahrhundert, Jahrbücher für Nationalökonomie und Statistik 139 (1933), S. 705–715.

[76] H. Maurer, Die private Kapitalanlage in Preußen während des 18. Jahrhunderts. Aus dem Nachlaß hgg. v. E. Wagner, Mannheim–Berlin, Leipzig 1921.

schaft, da ihre Kreditaufnahme bis ins 19. Jahrhundert durch das grundherrliche Konsensrecht beschränkt blieb und die eingeschränkte Verkehrsfähigkeit der bäuerlichen Grundstücke fortbestand. Darüber hinaus mehrten sich noch bis in diese Zeit die Stimmen, die es völlig ablehnten, dem Bauern überhaupt Kredit einzuräumen.

FORSCHUNGEN ZUR GESCHICHTE DES PRIVATEN KREDITS

Ein methodologischer Überblick*

von

Herman Van der Wee

Nur wenige Historiker suchen sich das private Kreditwesen des Spätmittelalters und der Frühen Neuzeit als Forschungsthema aus. Die Materie ist zäh und komplex: sie setzt nicht nur eine gründliche Kenntnis der Wirtschaft, insbesondere der Betriebswirtschaft, voraus, sondern sie verlangt auch eine Vertrautheit mit dem Handelsrecht und besondere Kompetenz auf dem Gebiet der allgemeinen Geschichte; und ohne paläographische Fertigkeiten geht sowieso nichts. Wenn der Historiker aber diese Anforderungen erfüllt, wird er durch ein unvergleichlich spannendes Forschungsgebiet belohnt. Die Vorträge des Zweiten Salzau-Kolloquiums zeigen überdeutlich, wie nützlich die Finanzgeschichte für allgemeinhistorische Untersuchungen sein kann. Das Kreditwesen bildete seit dem späten Mittelalter den Eckstein der lokalen, regionalen und interregionalen Handelstransaktionen. Entsprechend ist die wirtschaftliche Entwicklung dieser Zeit nur dann völlig zu verstehen, wenn die Neuerungen auf dem Finanzsektor in die Überlegungen einbezogen werden. Außerdem war der Kredit bereits im Spätmittelalter tief in das tägliche Leben der städtischen Handwerker und der Bauern eingedrungen. Auch die gewerbliche und agrarische Entwicklung kann daher nur befriedigend untersucht werden, indem man den finanztechnischen Neuerungen die gebührende Aufmerksamkeit schenkt.

Die hier veröffentlichten Vorträge des Zweiten Salzau-Kolloquiums sind aber noch aus einem anderen Grunde wichtig: sie zeigen, wie weit-

* Aus dem Niederländischen übertragen von Michael North.

räumig das Feld der Finanzgeschichte ist und welch großes Terrain noch unbeackert ist. Die interessanten Ergebnisse des Kolloquiums spornen dann auch zu weiteren Forschungen auf diesem Teilgebiet der Geschichtswissenschaft an. Meine Bemerkungen sollen daher als Unterstützung methodologischer Art für künftige Untersuchungen in der Finanz- und Kreditgeschichte dienen.

Bei der Erforschung des privaten Kreditwesens kann man folgende vier Aspekte unterscheiden:
- die Entwicklung der Kredittechniken;
- den Einfluß dieser Techniken auf das Kreditwesen, die konjunkturellen Schwankungen und die strukturellen Veränderungen der Wirtschaft;
- die sozialen Aspekte des Kredits (Wucher, kirchliches Zinsverbot, Einkommensverteilung etc.);
- den Einfluß des Kreditwesens auf die ökonomische Theorie.

Die technischen Innovationen auf dem Gebiet der Kreditgewährung haben vor allem in den Studien zur Entstehung und Ausbildung der öffentlichen und privaten Banken im Mittelalter und in der Frühen Neuzeit einige Beachtung gefunden. Aber auch eine kürzlich abgeschlossene Untersuchung über Ursprung und Entwicklung der Börsen beschäftigt sich mit den Innovationen auf dem Kreditsektor. Trotzdem sind noch viele Aspekte der finanztechnischen Entwicklung in der Vergangenheit unvollständig oder überhaupt nicht bekannt. Einige Beispiele sollen das verdeutlichen. Der Niedergang der privaten Depositen- und Girobanken in Nordwesteuropa und zum Teil auch in Südwesteuropa bleibt noch immer ein Rätsel. Die Anfänge der Übertragbarkeit von Kreditpapieren im spätmittelalterlichen Hanseraum einerseits und der Übergang von der Übertragbarkeit zur Veräußerbarkeit der Kreditinstrumente im frühneuzeitlichen Nordwesteuropa andererseits sind ungenügend bekannt. Auch wurde die Expansion des privaten Depositen-, Giro- und Diskontbankwesens im Amsterdam des 17. Jahrhunderts bisher noch nicht gründlich untersucht. Außerdem weiß man sehr wenig über die Entwicklung der Banken im frühneuzeitlichen Nord- und Osteuropa.

Der Einfluß des finanztechnischen Fortschritts auf die langfristige wirtschaftliche Entwicklung, insbesondere auf die sich aus „sustained growth" in der Wirtschaft ergebenden Strukturveränderungen, wurde für das Ancien Régime noch nie systematisch untersucht. Es ist dennoch sehr wahrscheinlich, daß die Innovationen der Kreditgewährung einen stimulierenden Effekt auf lang- und kurzfristige Investitionen hatten und damit die Effizienz der Wirtschaft auf der Angebotsseite deutlich erhöhten.

Mit großer Wahrscheinlichkeit stimulierten die erwähnten Innovationen aber ebenfalls den Konsum und begünstigten so die Nachfrageseite der Wirtschaft. Die Forschung hat nachgewiesen, daß sich seit dem späten Mittelalter zahlreiche neue Formen des Konsumtivkredits einbürgerten und allgemeine Verbreitung fanden, z.B. der Pfandkredit, der Kredit auf Kerbholz, der Kredit auf laufende Rechnung. Die Pfandleihhäuser, die die Konsumtivkredite gaben, wurden bereits gründlich für bestimmte Regionen auf der Grundlage der überlieferten Buchführung untersucht. Man interessierte sich dabei vor allem für den Aspekt des finanztechnischen Fortschritts, d.h. für organisatorische Verbesserungen bei der Kreditvergabe, die eine deutliche Senkung des Zinssatzes ermöglichten. Daneben galt die besondere Aufmerksamkeit der Entwicklung des Kreditvolumens. So konnten die Auswirkungen des finanztechnischen Fortschritts auf den Pfandkredit und damit gleichfalls auf die allgemeine wirtschaftliche Aktivität untersucht werden.

Wie bedeutend auch immer der Pfandkredit in der Zeit des Ancien Régime war, bezogen auf den gesamten Kreditumsatz stellte er nur einen kleinen Teil dar. Denn er betraf vor allem den Konsum und diesen mit einem spezifischen sozialen Unterton: Pfandkredit nahmen immer oder überwiegend die niederen Einkommensgruppen auf, die in Zeiten von Krieg und Hunger oder in persönlicher durch Krankheit, Alter oder Arbeitslosigkeit verursachter Not das Pfandleihhaus um ein Darlehen baten.

Über den Einfluß des finanztechnischen Fortschritts auf andere Formen des Konsumtivkredits wissen wir weniger gut Bescheid. Noch schlechter sind unsere Kenntnisse über die Zusammenhänge zwischen den finanztechnischen Innovationen und den Investitionen. In den Handbüchern über die Buchführung und in den erhaltenen Firmenarchiven kann die Verbreitung der Innovationen zwar konkret verfolgt werden, aber dem Einfluß, der sich hieraus auf Investor und Investitionsvolumen ergab, ist viel mühsamer nachzuspüren. Dieselben Schwierigkeiten ergeben sich bei Untersuchungen, die die Wechselwirkung zwischen Kredit und Wirtschaftskonjunktur zum Gegenstand haben. Qualitative Informationen liefert die Kaufmannskorrespondenz, aber an die statistische Rekonstruktion der Makrovariablen Kredit und Konjunktur aufgrund erhaltenen Rechnungsmaterials hat man sich wegen der fragmentarischen Überlieferung bisher selten gewagt, und dann nicht immer in überzeugender Manier.

Die sozialen Aspekte des Kreditwesens bilden das dritte wichtige Untersuchungsgebiet. Einer dieser sozialen Gesichtspunkte kam bereits zur Sprache, als die Bedeutung des Pfandkredits als Konsumtivkredit der niederen Einkommensgruppen in Notzeiten hervorgehoben wurde. Das Kreditwesen besitzt aber noch andere Berührungspunkte mit der gesellschaftlichen Entwicklung. Der Zins, d.h. die Vergütung für die Kreditgewährung, war für die Kirche seit alters ein großer Streitpunkt.

Die Ursachen lagen zuerst in der Lehre: aus der Schrift wurde abgeleitet, daß Einkommen nur mit Arbeit erworben werden könne, so daß Gewinne aus dem Geldverleih unstatthaft waren. Aber auch soziale Gründe erklären die ablehnende Haltung der Kirche gegenüber Zinsforderungen. Geldverleih gegen Zinsen verführte zum Machtmißbrauch und störte so die von Gott gewollte gesellschaftliche Harmonie. Auch solche Erwägungen spielten bei der Verkündung und der jahrhundertelangen Handhabung des kirchlichen Zinsverbots eine Rolle.

Die kirchlichen Anti-Wucher-Gesetze sind lange Zeit intensiv erforscht worden. Auch die großen Bankiersfamilien, die sich u.a. durch den Geldverleih gegen Zins bereicherten, hat man oft untersucht. Da die großen Bankiers umfangreiche Darlehen an die Fürsten gaben und nicht selten als Gegenleistung dafür die Verwaltung der Staatsfinanzen übernahmen, erlangten sie politische Macht. Deshalb kann dem Einfluß der Bankiers, d.h. einer besonders hohen Einkommensgruppe, auf die politische Entwicklung in einem bestimmten Land oder einer Region nachgegangen werden. Dagegen wurde die Bedeutung des Kredits auf die Einkommen der kleineren Finanziers bisher sehr wenig erforscht. Zu dieser Mittelgruppe gehörten nicht nur zahlreiche Notare, Schreiber, Kaufleute und Rentiers, sondern auch kirchliche und städtische Institutionen. Es ist daher auch danach zu fragen, in welchem Maße die Ausweitung des Kreditwesens in der Frühen Neuzeit die allgemeine Einkommensverteilung beeinflußte. Hat durch die Expansion des Kreditwesens der Anteil der Kapitalerträge an den Einkommen – auf Kosten der Einkünfte aus Arbeit – zugenommen, oder ist die relative Steigerung marginal geblieben? Hatte diese Steigerung einen spürbaren Effekt auf die wirtschaftliche Entwicklung des Ancien Régime, oder ist dieser Effekt zu vernachlässigen? Spielte diese Steigerung eine Rolle in der

Mentalitätsveränderung der europäischen Bevölkerung im Laufe des 18. Jahrhunderts, oder war ihre Rolle unbedeutend?

Ein viertes und letztes Untersuchungsgebiet betrifft die Beziehungen des Kreditwesens zur ökonomischen Theoriebildung. Es ist allgemein bekannt, daß die spektakuläre Expansion des Kreditwesens während des 20. Jahrhunderts einen wichtigen Impuls zur Entwicklung der ökonomischen Theorie gegeben und u. a. den Durchbruch des Neomonetarismus mitbestimmt hat. Nach der modernen Theorie übte das expandierende Kreditwesen auch einen deutlich spürbaren Einfluß auf die Herausbildung der modernen Staatsverwaltung aus. Kann dasselbe auch für die Entwicklung des Kreditwesens in Spätmittelalter und Früher Neuzeit gesagt werden? Schriften, wie die von Nicolas Oresme im Spätmittelalter und Thomas Mun in der Frühen Neuzeit, lassen vermuten, daß zwischen Kredit, Theorie und Politik auch während des Ancien Régime gegenseitige Beziehungen bestanden. Jedoch wurde diese Problematik bis jetzt noch nicht gründlich untersucht.

Der Überblick über die vier Untersuchungsgebiete der Kreditgeschichte verdeutlicht, daß viele Bereiche überhaupt noch nicht bearbeitet sind. Ein Teil dieser betrifft zentrale Aspekte der Finanzgeschichte, die auch für die allgemeine Wirtschaftsgeschichte entscheidende Bedeutung besitzen. Das Zweite Salzau-Kolloquium hat gezeigt, daß neue Untersuchungen im Gang sind und wichtige Erkenntnisse versprechen. Es ist daher mein Wunsch, daß das Kolloquium ein Ansporn für die Intensivierung dieser Forschungen sein wird.

VERZEICHNIS DER AUTOREN

Prof. Dr. Willi A. Boelcke
Universität Hohenheim
Stuttgart-Hohenheim

Prof. Dr. Troels Dahlerup
Århus Universitet
Århus

Prof. Dr. Giuseppe Felloni
Università di Genova
Genova

PD Dr. Natalie Fryde
Burg Grünsberg
Altdorf

PD Dr. Rudolf Holbach
Universität Trier
Trier

Prof. Dr. Stuart Jenks
Universität Erlangen-Nürnberg
Erlangen

Prof. Dr. Erling Ladewig Petersen
Odense Universitet
Odense

Dr. Klaus-Joachim Lorenzen-Schmidt
Staatsarchiv Hamburg
Hamburg

Prof. Dr. John H. Munro
University of Toronto
Toronto

PD Dr. Michael North
Christian-Albrechts-Universität zu Kiel
Kiel

Minister Prof. Dr. Henryk Samsonowicz
Minsterstwo Edukacji Narodowej
Warszawa

Dr. Peter Spufford
Queens' College
Cambridge

Prof. Dr. Herman Van der Wee
Katholieke Universiteit Leuven
Leuven